【中华实用对联系列】

书画家必备对联

李文郑 主编
李文郑 张景社 陈竹 编

中州古籍出版社
·郑州·

图书在版编目（CIP）数据

书画家必备对联 / 李文郑主编. —郑州：中州古籍出版社，2018.6

ISBN 978-7-5348-6160-4

Ⅰ. ①书… Ⅱ. ①李… Ⅲ. ①对联 – 作品集 – 中国 Ⅳ.①I269

中国版本图书馆CIP数据核字（2017）第014081号

出 版 社： 中州古籍出版社

（地址：郑州市经五路66号　邮政编码：450002）

发行单位： 新华书店

承印单位： 河南瑞之光印刷股份有限公司

开本： 890mm × 1240 mm　1/32

印张： 13.5

版次： 2018年6月第1版

印次： 2018年6月第1次印刷

定价： 26.00元

前　言

对联是中华民族最具特色的传统文学体裁,也是使用最为广泛的文体之一。举凡新春佳节、婚丧嫁娶、寿诞喜庆、建房迁居等,都要用到对联。在中华大地,上至皇帝的宫殿、官府衙门,下至乡间的草房,以及山水园林、寺庙道观、亭台楼阁、关隘城寨、桥梁渡口、牌坊陵墓……都可以看到对联。

对联贯穿于中国人的一生。男婚女嫁,有婚联;生儿育女,有贺联;过生日,有寿联;去世,有挽联。在中华民族最隆重的传统节日春节到来之际,村村寨寨,家家户户,地无论南北,人不分男女,家不论贫富,门不讲大小,都要贴春联。从大门(院门)、正房门、厢房门、厨房门(包括门框、门心、门头),到粮囤、牛屋、猪圈、鸡笼、纺织机、大小车辆,直至桌子、椅子、蜡台、灶台……到处是红彤彤的一片。春联被看成一家人对外的"门面",更是一家人对新年的期盼和祝福。

对联自成为一种独立的文学艺术形式以来,一千多年间,上至帝王将相,下至贩夫走卒,创作了难以计数的各类优秀对联作品。这些对联名作,脍炙人口,长期流传不衰,已经成为我们中华民族文学艺术宝库中的璀璨明珠。

《书画家必备对联》是为书画家朋友选编的。中国画中题写对联,是由来已久的普遍现象。从古至今有许多对联题写在中国画上。

如今的书画爱好者非常多，但懂对联的人不是很多。基于这些考虑，我们搜集、整理了数千副适合书画家欣赏、借鉴、品味、使用的对联，分为上、下两编。上编为分类对联，下编为书画家常用的集句、集字对联。这些对联主要源于清代梁章钜的《楹联丛话》系列和民国胡君复的《古今联语汇选》系列。附录部分收录了《声律启蒙》《笠翁对韵》，或许对书画家朋友学习对联有所帮助。

编选过程中难免有疏漏、不妥之处，欢迎读者批评、指正。

编　者

2017 年初秋

目　录

上　编

客厅对联

一轮明月
四壁清风

竹无俗韵
梅有奇香

九州永泰
四季长安

名昭图史
言炳丹青

文悬日月
庭列钟彝

事理通达
心气平和

以文会友
与德为邻

松风煮茗
竹雨谈诗

四时佳景
满座高朋

贫不学吝
默无过言

春风得意
丽日抒怀

庭堂有福
华宇聚和

高堂日永
绮阁春生

鸿飞鹤舞
凤翥龙翔

太平真富贵
春色大文章

千流归大海
高路入云端

门墙多古意
家世重儒风

天长落日远
意重泰山轻

天和随所寄
风气若心怀

户牖观天地
诗书见古今

竹风留客饮
松月伴宾荣

江山开眼界
风雪炼精神

松竹秀而古
山水清且明

诗礼袭遗训
风云入壮怀

恪勤在朝夕
怀抱观古今

院闭青霞入
松高老鹤寻

高怀同霁月
雅量洽春风

祥光环玉树
瑞气绕金兰

清风挺松柏
逸气上烟霞

海内存知己
天涯若比邻

海为龙世界
云是鹤家乡

博览增见识
广交得观摩

雅量涵高远
清言见古今

勤为摇钱树
俭是聚宝盆

福家多美德
华室有春风

静与鱼读月
笑对鸟谈天

云无心以出岫
鸟倦飞而知还

竹雨松风梧月
茶烟琴韵书声

铁石梅花气概
山川香草风流

虚心莫过竹节
人品应如兰馨

一帘花影云拖地
半户书声月在天

一庭花影三更月
千里松荫百道泉

人间岁月闲难得
天下知交老更深

九穗嘉禾征国瑞
几株丹桂振家声

广庭有露桂花湿
小院无风松子香

天近彩云连紫极
堂开东阁引青阳

无欲常教心似水
有言自觉气如霜

华堂翠幕春风至
绮阁金屏曙色开

无情岁月忙中乐
有味诗书苦后甜

华厦生辉三春暖
锦堂添福五世昌

不求金玉重重贵
但愿子孙个个贤

好山入座清如洗
嘉树当窗翠欲流

日映芝兰长焕彩
天开奎壁近增辉

好月当楼惟近盏
清言对客总如兰

风度鹤声闻远谷
山横雨色卷浮岚

丽日楼台春似海
清风杖履客如仙

为爱鸟声多种树
因留花气久垂帘

闲饮窗前三杯酒
笑看堂外一树花

玉堂映日开丹桂
金屋藏春醉碧桃

怀若竹虚临碧水
气同兰静在春风

有无不争家之乐
上下相亲国乃康

劲松迎客人同寿
雅韵满堂气自高

传家有道惟忠厚
处世无奇但率真

松窗翠绕凌云久
兰畹香清得露多

鱼龙寂寞秋江冷
碧水春风野外春

栽竹尽成双凤尾
种松皆作老龙鳞

奎壁光生云汉晓
芝兰香霭玉堂春

和气春风贤者座
静山流水玉人怀

修身岂为名传世
做事唯思利及人

庭阶日暖舒麟趾
桂阁风高起凤毛

庭除花色邀文藻
座有兰言惬素心

庭前瑞发花成锦
门外春来鸟奏歌

莫放春秋佳日过
最难风雨故人来

桂殿花开香满座
兰宫春到瑞盈阶

爱客襟怀春满院
照人肝胆月盈庭

胸中云梦波澜阔
眼底沧浪宇宙宽

流水断桥芳草路
淡云微雨养花天

读书满座风云气
良友一堂富贵春

能受苦方为志士
肯吃亏不是痴人

随时静录古今事
尽日放怀天地间

野树穿花月在洞
清风拂座竹环门

欲论古今兴废事
须平自己是非心

清风无私雅自爱
修竹有节长呼君

动心忍性反求诸己
深思多察薄责于人

淑气和风光栋宇
芝兰玉树满庭阶

好鸟名花自成眷属
和风朗月别有情怀

瑞霭阶前生玉树
光辉堂上映云椿

春风来处宜会良友
秋月明时常忆故乡

新得园林种树法
喜闻子弟读书声

桂蕊开时香云成海
月轮高处广寒有宫

满院繁花红隐蝶
盈庭细柳绿藏莺

得山水情其人多寿
绕诗书气有子必贤

入画青山华堂掩映
芳林碧树玉宇生辉

霁月光风高人器度
春华秋实大块文章

云现吉祥星明福寿
花开富贵竹报平安

德沐春风名高金鼎
神凝秋水节映冰壶

丹霞表襟庆云扶质
柏叶长翠梅花古香

以天地为家休嫌室小
转乾坤作志堪称怀宽

立言不朽志并天极
种德收福乐享康宁

室有余香谢草郑兰窦桂树
家无长物唐诗晋字汉文章

至乐莫过读书至要莫如教子　　春意从来浓墙角梅花新岁月
寡智乃能习静寡营乃可养生　　书卷何处是案头经史旧乾坤

必孝友乃可传家兄弟式好无他即外侮何由而入
唯诗书常能裕后子孙见闻止此虽中材不致为非

书斋画室对联

一帘花气　　文章江海
四壁书香　　书籍林泉

山高月小　　心同流水
水远松青　　身比闲云

广撷众彩　　书中况味
博览群书　　诗外功夫

云山气度　　书中况味
松柏精神　　画外功夫

五车诗胆　　书林漫步
八斗雄才　　学海遨游

手心并用　　书斋不俗
书画同源　　画苑常新

友天下士
读古今书

诗情画意
剑胆琴心

芝兰气味
湖海襟怀

诗情画意
琴韵书声

光阴有限
学问无穷

诗含清味
画蕴古香

竹荫在水
兰气随风

荆条独茂
芳实再繁

词近旨远
书浅功深

砚生云海
笔舞龙蛇

杯浮梅蕊
诗伴雪花

砚磨雾起
笔染云生

卧游五岳
坐拥百城

亲师取友
敬业乐群

斧藻其德
竹柏之怀

笔酣墨畅
心旷神怡

诗书益寿
金石延年

爱书若命
惜墨如金

胸中波浪
笔底风雷

读书索理
照烛求明

琴书吐润
笔墨生香

博通上下
雅集古今

精诚所至
金石为开

嚼书品味
泼墨闻香

一窗金石气
满室墨花香

一榻春风暖
四时墨韵长

几净云生砚
窗明月映书

山峰起翰墨
江海焕文章

门前桂花落
阁中笔墨香

开卷延三益
挑灯到五更

开窗纳宇宙
挥笔走龙蛇

云来画檐宿
龙向墨池归

云卷千峰色
梅供一枕香

友古今善士
读中外奇书

风云三尺剑
花鸟一床书

风月畅怀抱
琴书悦性灵

风来书卷动
花落墨池香

风助飞雪舞
诗伴落梅吟

文心清若水
诗胆大如天

文史三冬足
芝兰一室香

文房藏四宝
书架列千秋

文章千古事
书画一帘香

文章千古事
花月一帘春

文章清似玉
画卷贵如金

斗室何妨陋
奇书不厌多

户牖观天地
诗书见古今

书开得益处
斋乐畅春时

书内乾坤大
笔头天地宽

书存金石气
室有芝兰香

书江山春意
画人物风流

书里乾坤大
画中故事多

书林含馥郁
艺海贮英华

书画怡而乐
吉金寿且康

书卷连三味
墨池润八方

书香透梅蕊
竹韵偕春风

书香最有味
室陋本无惭

书诵三更月
笔挥万里风

书载古今事
笔挥天地春

书镜照千古
笔花开四时

功高斯不伐
理定自无争

古法出新意
奇书源巧思

龙从书海跃
鹏自笔山飞

鸟鸣雨后竹
书枕雪中梅

句得王维意
弦调居易情

立德齐今古
藏书教子孙

兰香盈素室
岳色染书窗

兰香满素室
月色映书窗

东壁图书府
西园翰墨林

有书真富贵
无欲小神仙

有书堆满案
惟德自成邻

有思书外得
无物眼前来

吐言如溅玉
落笔若成风

竹影摇三径
书声溢一堂

壮怀书浩气
大胆写涛声

江山开眼界
风雪炼精神

江山无墨画
花鸟有情诗

灯火三更灿
书声午夜清

灯火云间月
书声雨外天

花月联知己
诗书结静缘

花园成画谱
鸟语入诗章

芳图三月景
华佩十年书

吟雪诗情热
摹松画笔娇

伴我书千卷
可人花一帘

坐对贤人酒
喜吟智者诗

闲里忙开卷
苦中乐著书

闲情寄墨趣
逸致品书香

辞赋千秋笔
风云一代书

纵谈中外声
洞彻古今情

雨过琴书润
风来翰墨香

松竹秀而古
山水清且明

卧薪尝胆日
喝墨啃书人

性癖耽佳句
心清闻妙香

画室风流在
书窗逸兴多

学贯天人际
名争日月光

画笔调春色
诗人唱大风

诗书得古趣
风月畅真情

画意如归境
书香自有声

诗书堆净几
风月照寒窗

画题随意选
诗句即兴吟

诗浓笺长叶
墨润笔生花

图书缘所好
梅竹得其真

辞赋千秋笔
风云一代书

图画参生动
文章有古缘

弦随书韵雅
诗带墨花香

佳韵邀明月
雅怀托素风

细雨闲开卷
微风独弄琴

独酌花为友
孤眠月伴书

研朱点周易
饮酒和陶诗

挥毫如锦绣
落纸带云烟

笔力千军阵
词源万马兵

泉清洗宝砚
室雅藏奇书

笔端通造化
意表画云霞

泉清堪洗砚
室雅可藏书

胸中养浩气
腕下展风云

剑气冲星斗
文光射云霞

胸中存画稿
室内驻春光

剑气非关月
书香不是花

胸中藏宇宙
笔下走风雷

庭栽兰桂树
室有汉唐书

高怀同霁月
雅量洽春风

养天地正气
法古今完人

斋内无铜臭
笔端有墨香

室藏无价画
月赏有声诗

益我书千卷
惊人笔一支

素笺生雅气
紫砚溢清香

海阔凭鱼跃
天高任鸟飞

读书寻妙句
润墨得奇观

读书思借鉴
攻玉必抛砖

读书清磬外
春雨暮钟时

祥光环玉树
瑞气绕金兰

聊收静者趣
且读古人书

著书惊日短
看剑引杯长

萧散云林画
纵横海岳书

推窗观日月
挥笔吐云烟

雪来书幌润
花落墨池香

得句当风立
开函对月吟

得句邀新月
披书坐落花

欲知天下事
须读古今书

欲知中外事
须读古今书

情缰系妙笔
意缆动奇书

清风吹斗室
明月照冰心

清风挺松柏
逸气上烟霞

琴焦无俗韵
松古有长风

朝处案前事
夜攻架上书

落笔撼五岳
成诗凌九州

墨韵留香久
文章受益多

雅琴飞白雪
高论横青云

藏书如蓄宝
破卷为求真

智慧生灵感
功夫在笔端

藏古今学术
聚天地精华

道德为原本
知识极诚明

慧眼观天下
妙笔写春秋

鼓琴仙度曲
种杏客传书

一世清风明月
满庭名画法书

慷慨谈时事
卓荦览好书

一室诗书翰墨
千年古画新跋

潇洒存高雅
超然见远怀

大同无少长老
至乐有天地人

墨王香晋帖
诗李雅唐风

与书画为知己
集古今之大观

墨花凝紫露
笔阵起雄风

山水依然清秀
文章独领风骚

少时饱经磨砺
老来不畏风霜

少言不生闲气
静修可以永年

风采三秋明月
文章万里长江

文气曲于流水
胸怀和若春风

文情发若春水
弦咏寄之天风

书山千仞磨志
学海万里在胸

书画千帧悦目
素琴一曲赏心

未能一日寡过
恨不十年读书

四绝诗书画印
一堂竹菊梅兰

戒骄风清日朗
除躁海阔天空

近知近仁近勇
希贤希圣希天

其人贤于管乐
斯文品自随和

挟风云于翰墨
罗山水在心胸

挟风云于翰墨
罗象纬在心胸

看我用心作画
邀君对酒赋诗

笔架砚池辞海
诗花墨雨书林

笑谈天地今古
苦究字词句篇

俯仰无愧天地
褒贬自有春秋

读书寄怀秋水
对友如坐春风

一帘风雨王维画
四壁云山杜甫诗

虚心莫过竹节
人品应如兰馨

一室图书皆典雅
百家文墨足风流

得其名得其寿
多所见多所闻

一室图书称博雅
百家文史足风流

喜有图书做伴
最难翰墨同心

一室图书勤阅览
两行对句费琢磨

雅言诗书执礼
益友直谅多闻

一窗月影兼花影
满室书香并墨香

瑞雪松涛竹韵
春风鸟语花香

人书俱老天真趣
岁月更新烂漫春

墨海千帆竞发
书林万卉争芳

人间岁月闲难得
天下知交老更深

燕雀应思壮志
梅兰珍重年华

人品无瑕玉界地
文章有骨绣屏风

一支秃笔心常泰
半卷奇书梦亦香

入妙文章频改得
出神书画偶濡来

几上江湖书一卷
窗前灯火月三更

万卷图书天禄上
四时风物月华中

三尺书斋容世界
一支秃笔写春秋

万卷诗书常在眼
一天春色自临门

三间斋室藏书古
万里江山入画新

与贤者游信足乐
集古人文亦大观

三面绿云新世界
半间书室小沧桑

口吟古韵七言绝
笔吐奇葩一室香

三春景象辉天地
一室图书鉴古今

山川雨露图书室
风月琴尊水竹村

工部文章建安骨
米家图画邺侯书

山川佳色澄悬镜
松竹清荫静读书

万代文章尊李杜
千秋翰墨秉苏黄

千古风流今胜昔
一池翰墨笔传神

万里云烟笔下起
千寻瀑布案头生

千古文章书卷里
百花消息雨声中

万卷古今消永日
一窗昏晓送流年

千古文章书卷里
百花消息春风中

千卷诗书争色彩
万家笔墨竞风流

无穷诗思窗前草
不了功夫架上书

门前莫约频来客
案上同观未见书

无欲常教心似水
有言自觉气如霜

小院月明书韵雅
纱窗风静墨花香

无瑕人品清于玉
不俗文章淡若仙

小院花香春雨后
一声书韵午晴初

云护屏山开画卷
雨催花气入诗笺

小苑诗风笼翠墨
怡亭笔兴拜青藤

云苑喜裁新著稿
风帘闲校旧抄书

五更月色来书榻
一片冰心在玉壶

云海奇峰诗意境
水流杂树画源泉

五际诗听匡鼎说
八分碑看蔡邕书

云淡雨稀书世界
意浓情切赋长江

天地风光由我写
古今历史任君评

不尽波涛归学海
长春花木在书林

天趣偶从言外得
古香常在静中生

友如作画须求淡
文似看山不喜平

日暮清风满衣袖
夜阑寒气入书斋

凤毛五色文章美
骏马千金声价荣

长虹垂地呈书卷
晴岫插天列画屏

文如秋水尘埃净
诗似春云态度妍

长留天地无穷趣
最爱书田不老春

文经百读初明意
字历千书始见功

月圆月缺书常读
云卷云舒笔自挥

文姿笔态云山里
画意诗情烟树中

月悬绿树遮书室
风送鲜花落砚池

文笔如春江出峡
心灵似皓月当空

风送柳烟浮笔架
月移梅影上书窗

文能换骨无余法
学到寻源自不疑

风度鹤声闻远谷
山横雨色卷浮岚

文章似水清无玷
气节如松直有心

风送书声来小院
月移花影上珠帘

文章得体诗如画
桃李飘香景胜春

风送花香研笔砚
月移竹影上栏杆

文章醉我非关酒
风雅宜人不在山

为寻妙句搜肠肚
不觉清香到眼眉

书未读时原有梦
笔经搁后更无诗

斗斋大雅诗书画
天地长明日月星

书似青山常乱叠
灯如红豆最相思

心无俗虑精神爽
室有清香智慧开

书声读落三更月
笔阵扫开万里云

心中常贮千重志
笔底能开顷刻花

书到心融真有味
事非身历且休言

心静自得诗书味
室雅时闻翰墨香

书到极时书似画
画臻妙处画如书

书山有路勤为径
学海无涯苦作舟

书味本长宜细索
砚田可种勿抛荒

书无虫蛀因常览
笔有神传赖苦研

书临北宋黄山谷
画学南湘白石翁

书从疑处翻成悟
文到无心始见奇

书屋风和花正茂
画廊日暖桂生香

书分八法中郎秘
赋就三都左氏雄

书能化古巧求拙
笔到传神缺补圆

书腹能容骐骥走
笔头应效大鹏飞

四壁墨花飞丽藻
一联佳句占阳春

书倾墨砚三江水
画展黄山一段云

未妨白发风流性
何惧青蝇浪荡名

书藏文史通今古
笔走龙蛇效柳颜

白发已然心未老
青春犹在笔不衰

书藏应满三千卷
人品当居第一流

外隐一窗三径绿
内藏万卷百科书

水环画室声变细
兰护书窗香更多

立志须存千载想
闲谈莫过五分钟

古墨半浓评砚谱
新泉初沸补茶经

兰香满室书为友
竹影一窗月作邻

古榻藏书真无价
素屏挂画却有情

半支秃笔能扛鼎
一片丹心不染尘

石是米颠袖里出
诗从摩诘画中来

半榻有诗邀月共
一春无事为花忙

四序一荣春色艳
千年不败墨花香

半榻茶烟邀素月
一帘花雨读华章

半山岩画别文野
一代龛图论古今

竹荫遮几琴书润
花气熏窗笔砚香

宁当谢饮千樽酒
不愿空燃半盏灯

竹荫遮几琴生韵
花气熏窗砚载香

对弈一奁分黑白
藏书万卷杂朱黄

竹雨暗滋书带绿
梅风徐送墨飘香

芝兰入室香俱化
书画当庭韵最清

竹畔奇书云快读
琴中古曲月偷听

执笔风雷双管下
吟诗云物一齐收

竹榻花香新酒具
芸窗春暖旧书斋

此地只宜明月到
有书合共故人披

竹露松风蕉叶雨
茶香琴韵读书声

师竹友梅高格调
临书作画雅门庭

自拂烟霞安笔格
坐穷今古掩书堂

光借青藜鸡唱晓
香飘丹桂鹿鸣秋

名画要如诗句读
古琴兼作水声听

吐艳丹青皆有意
流香水墨自多情

衣襟半染烟霞气
诗卷常留天地间

闭户读书忘岁月
挥毫落纸走云烟

花木清香庭院翠
琴书雅趣画堂幽

宋词元曲明书画
晋字唐诗汉锦章

花气欲浮金翡翠
墨香常护玉蟾蜍

安得闭门常对月
更思筑室为藏书

花草满庭生雅趣
诗书万卷有奇香

收入云山归画卷
品题风月到诗篇

花香满座细研墨
灯影隔帘静读书

阳羡春茶瑶草碧
兰陵美酒郁金香

花落砚池香透字
竹摇窗格韵浸书

观书到老眼如月
得句惊人胸有珠

芝兰入室香先化
书画当庭韵最清

好书时下三春雨
妙笔常开二月花

两袖清风存正气
一间陋室透书香

红滴砚池花泻露
绿藏书榻树团云

求学何分年长幼
藏书不论价高低

花开笔底文章妙
春在心头翰墨香

吟情潇洒诗无敌
醉墨淋漓笔有神

吟成佳句花皆笑
谈到奇书兴欲狂

雨醒诗梦来蕉叶
风载书声出藕花

肝胆照人如雪色
书篇掷地作金声

放胆挥毫称勇士
凝神磨墨似痴夫

删繁就简三秋树
领异标新二月花

泼墨成峰惊五岳
挥毫行草卷三江

闲庭草色迷三径
深院书香醉六经

宝剑锋从磨砺出
梅花香自苦寒来

杯沾花露留佳客
案接云山检异书

诗传画意王摩诘
船载书声米舍人

松涛润笔生诗意
竹影落笺作画题

诗书千载经纶事
松竹四时潇洒心

事能知足心常惬
人到无求品自高

诗书浩瀚通今古
翰墨才华惊地天

画中岁月浑忘老
诗里乾坤别有天

诗兴作春多丽藻
斋心如水自澄澜

雨余试墨情无限
月照吟诗兴更浓

诗宗杜老难工瘦
书法坡仙不碍肥

春山兰蕙秋山菊
吏部文章工部诗

重帘不卷留香久
古砚微凹聚墨多

春云夏雨秋夜月
唐诗晋字汉文章

秋水为神玉为骨
词源如海笔如椽

春风展卷书犹绿
明月临窗句亦香

追摹古人得高趣
别出心裁在一家

春秋风月供新赏
左右图书结古欢

剑气必须涵正气
书香应得会清香

春庭草色和烟暖
午夜书声带月寒

闻得书香心自悦
深通画理品能高

春意犹融文明意
花香更带翰墨香

洗砚新添三尺水
藏书又布五重峰

珍藏今古书香久
独爱竹梅品格高

室中常挂明清画
心里远怀山水情

砚池花落香描字
窗外竹摇韵入书

室有奇书穷亦富
心无俗虑乐而安

挥毫写意透花气
泼墨抒情闻水声

室藏今古书千卷
门对叮咚水一湾

屋连山色琴书润
窗近湖光笔墨香

笔花墨宝聚一榻
警句名篇阅万年

昼日明窗闲试墨
寒泉古鼎自烹茶

笔带风云春不老
心怀日月韵独奇

陋室一间天地阔
诗书万卷古今香

笔砚常存无限乐
书斋独坐有心人

除去读书无所好
偶题诗句不须编

笔底一诗能撼世
砚池半面可容天

院有竹兰能悦目
室藏书画可清心

笔舞行云书赤壁
池研泼墨写黄山

架藏二酉图书贵
室积三都翰墨香

笔墨纵横生雅趣
胸怀坦荡自逍遥

勇排学海千层浪
敢跃书山万仞峰

胸藏万汇凭吞吐
笔有千钧任翕张

素壁有琴藏太古
虚窗留月待新诗

胸罗文史尽人见
腹有诗书旷世珍

笔老诗新疑有物
格高气俊好传人

爱看春山疑读画
静研古墨试听香

高山流水诗千首
明月清风酒一船

能挥五色生花笔
必是十年面壁人

斋中雅静诗留韵
心境逸然志著书

真抒情意多文采
苦练笔功达自然

座满春风书带翠
夜临光月剑浮青

著书不向时流说
得句难为俗者知

瓶花落砚香归字
窗竹鸣琴韵入弦

著书台迥名繁露
入画山多学富春

酒香暗度梅香阵
心迹常游墨迹间

著书惯作惊人语
对酒常存敬客心

涂成蕉叶风犹绿
点到梅花笔亦香

倚枕旧游来眼底
掩书余味在胸中

读书心细丝抽茧
炼句功深石补天

调好墨香笼古迹
拨明烛蕊照真藏

读书满座风云气
会友一堂富贵春

梅月横窗成画本
兰风度槛入诗情

谈诗客至风生座
论画人归月透帘

梅横画阁有寒艳
雪映书窗生夜明

梦中得咏诗无字
醉后挥毫笔有神

惜花意欲春常在
落笔乃与天同功

盛世书风多浩气
晚年翰墨大精神

清茶饮后神尤爽
佳句拈来梦更香

晨舞壁间三尺剑
夜翻室内一橱书

清新隽永诗书气
朴素天真翰墨情

做事岂关真学问
立身自有大文章

深院尘稀书韵雅
明窗风静墨花香

得见奇书心自喜
常吟妙句口生香

深院抄书桐叶雨
小池寻句藕花风

得意春风歌大雅
含辛秃笔著新书

宿雨暗滋书带草
春风光报墨生花

彩毫闲试金壶墨
青案时看玉字书

琴弹绿绮横蕉影
帘卷青山读易经

逸情老我书千卷
淡意可人梅一窗

琴窗古韵长生趣
艺苑温馨足慰情

望月怀人书简密
长歌对酒墨花新

博藏书画清香满
独爱芝兰志趣高

雄词脱手坚如铸
秀语生花灿欲飞

雅言不在诗文外
琴德原超丝竹间

雅斋翰墨溢香气
小院芭蕉听雨声

赋成犹梦横江鸭
书罢应笼泛渚鸥

愧无媚骨难谐俗
赖有痴心苦著书

窗对青山门对柳
胸藏远志壁藏书

窗竹影摇书案上
山泉声入砚池中

窗含春色墨生艳
笔吐真情诗出新

窗临水曲琴书润
人读花间字画香

勤者读书夜达旦
鸡声绕屋露连云

勤研书画增新趣
闲弄琴棋度晚年

蓄得奇书勤阅览
携来旧友喜同游

新得园林种树法
喜闻子弟读书声

群书博览春中景
一室尽观世外天

静观书画精神爽
闲逗儿孙乐趣多

精神到处文章老
学问深时意气平

潇洒自如书卷气
恢宏不羁大家风

蕉分新碧侵书架
茶带余香入砚池

墨池水暖烟波壮
画室春浓气象新

墨池烟霭花间露
茗鼎香浮竹外云

墨花点笔浓云黑
瑶草入帘春雨香

墨宝笔花聚一榻
佳篇警句励千秋

墨海名流集翰苑
书林精品聚斋门

藏书万卷可教子
买地十坪皆种松

藏书藏画藏真品
聚德聚才聚宝斋

藜火光联书案月
墨花香蘸砚池春

藤根揉就充书架
蕉叶斜分作砚田

入画青山华堂掩映
芳林碧树玉宇生辉

山水幽深襟怀妙远
诗书博雅心气和平

山径摘花春初酿酒
竹窗留月夜半评茶

广交天下名人雅士
博览世间妙画奇书

玉树临风冰壶映水
珊瑚架笔玳瑁装书

左壁观图右壁观史
东牖养蕙西牖养兰

东庐书声西园琴韵
南山竹雨北岭松风

四座春风蔼如瑞玉
一樽秋月淡比晴川

半榻茶烟一帘明月
三间茅屋四壁图书

汉石周金鸿文永宝
林风山月雅兴长留

学士青莲尚书红杏
中郎绿绮太史黄庭

有兴赋诗无心酌酒
书山探宝联海泛舟

春风来时宜会良友
秋月明处常忆故乡

吃墨看茶听香读画
吞花饮酒喝月担风

家有藏书墨庄香远
门无俗客竹径风清

闭门自精开卷有益
垂露在手清风入怀

研史鉴今寒窗古月
观云听雨奇石空潭

好花四时明月千古
远峰一角奇书半床

雪后寻梅霜前访菊
风中听竹雨际培兰

花鸟鱼虫陶情养性
琴棋书画益寿延年

得山水情其人多寿
富诗书气有子必贤

花竹满庭四时生趣
诗书万卷一理精深

博览群书见多识广
兼收各代目明耳聪

杜甫草堂清风瘦月
石涛画稿响水奇峰

锦卷凝香花敷书苑
晴窗叠翠霞染玉屏

作画如痴爱书如命
室中写意野外写生

霁月光风高人器度
春华秋实大块文章

德沐春风名高金鼎
神凝秋水节映冰壶

修竹茂林五夜灯光辉画室
奇花异卉四时墨韵润楼台

室虽陋但有文房四宝
人纵微然凭正气一身

室有余香谢草郑兰窦桂树
家无长物唐诗晋字汉文章

苦志时黄卷青灯听夜雨
得意处玉堂金马醉春风

染翰挥毫字外功夫能自得
抚琴弄曲个中滋味有谁谙

昨夜读书瓦雀闻香化凤
今朝洗砚池鱼吞墨成龙

大本领人当时不见有奇异处
敏学问者终生无所谓满足时

丈夫当死中图生祸中求福
古人有困而修德穷而著书

春意从来浓墙角梅花新岁月
书卷何处是案头经史旧乾坤

乐以忘忧行现在可行之乐
书能益智读平生未读之书

做数件可流传趣事消磨岁月
会几位有见识高人谈笑古今

学海无涯万里航程千里志
光阴有限三更灯火五更鸡

潇洒谢红尘满架图书朝试笔
光明生玉叶一窗风月夜弹琴

春亦多情鸟向枝头催笔意
人共得意梅从窗外放诗怀

到门莫问姓名花草一庭欣有主
入室自分雅俗图书四壁可留人

咬定几句有用书可忘饮食
养成数竿新生竹直似儿孙

内室对联

梅香入梦
竹影横窗

松烟冲翠幄
云径绕花源

才高鹦鹉赋
春暖凤凰楼

画阁和风暖
深闺化日长

开窗明月白
倚枕竹风清

春满芙蓉帐
香浓翡翠床

云卷千峰色
梅供一枕香

绣户祥光满
纱窗曙色新

月映妆台晓
风延绣阁春

绣帘闲不卷
宝篆细生香

月影窗前静
琴声雨后清

绣屋藏金凤
香闺兆玉麟

风清杨柳梦
月淡海棠阴

绮窗延皓月
绣幕引清风

对镜青鸾舞
当窗紫燕飞

窗闲留夕照
月出染秋霜

溪声来枕上
山翠落樽前

春晓凝妆窥柳色
天寒同梦爱梅花

瑶窗弄翠幌
宝镜耀新妆

秋月当窗云影淡
春风拂槛露花浓

月侵一帘花景瘦
风摇半榻竹荫凉

珠帘日暖调鹦鹉
画槛春深醉海棠

半窗月落梅无影
三径风来竹有声

珠窗夜卷邀明月
绣闼春深护彩云

池上水光开镜浪
庭前草色映帘风

菱花光映纱窗晓
竹叶春浮绣户春

安居乐业乐无限
身卧福门福有源

梅窗引月形同瘦
纸帐迎风梦亦清

芙蓉夜月开天镜
杨柳春风拥画图

窗前草色侵吟席
帘外花香入睡轩

雨卷珠帘绣阁晓
风开斑竹画楼春

碧纱映月烹新茗
红袖添香读奇书

春入翠帏花有色
风来绣阁玉生香

竹影横窗花香入室
春光交梦秋月沁心

住虽只三尺地且喜安心小堂屋中任我横行直闯
睡足了五更天若嫌无事大堤坡上看他高去低来

格言对联

一言九鼎
只字千钧

失意休馁
得势莫狂

干家国事
读圣贤书

光明正大
朴诚坚贞

云山风度
松柏精神

刚毅多略
文雅少俦

不攻人短
莫矜己长

竹梅品格
松柏精神

文为人表
礼是身基

好花半绽
美酒微醺

以身作则
与德为邻

苦由欲出
悲自心来

生作人杰
死为鬼雄

英雄无种
良玉须雕

事理通达　淑身涉世
心气平和　谨行慎言

抱素怀朴　宽以济猛
安性约身　俭能养廉

忠信难克　宽宏大量
坚贞不移　高瞻远瞩

知足常乐　读圣贤书
无欺自安　行仁义事

秉心真实　愿闻己过
矢口贞诚　求通民情

贫不学吝　精神万古
默无过言　气节千秋

笃礼崇义　澡身浴德
抱淑守真　矩步规行

莫笑人短　淡泊明志
勿恃己长　宁静致远

胸中正气　藏器学海
雪里芭蕉　崇德效山

人无信不立
天有日方明

不随时俯仰
自得古风流

三思方举步
百折不回头

升高必自下
谨始惟其终

己过勿惮改
未然当先思

长笑对高柳
贞心比古松

无过方自慰
有理始心安

片言寄心语
一纸报平安

无言先立意
未啸已生风

文品清时贵
功名晚节难

无欲而名立
有理则心安

心平欲不入
气和意自安

不矜威益重
无私功自高

心在水晶域
直如朱丝绳

不俗即仙骨
多情乃佛心

心净知雪白
意淡识松青

不息身方健
无私心自宽

心净得真趣
意闲自平安

心淡神如水
恩重义是天

心静少烦恼
语杂多是非

心静笔墨老
人闲字句工

只须分中取
不可缘外求

失意休气馁
得势莫猖狂

立身宜得地
歇足易求安

立品同白玉
读书到青云

让人非我弱
得志莫离群

礼貌风流美
文明大雅存

有书藏满架
惟德自成邻

有容德乃大
无私心自安

至人无异趣
静者得长生

竹因虚受益
松以静延年

行修而名立
理得则心安

名利淡如水
事业重如山

多言即少味
无欲斯有为

守分身无辱
知机心自闲

如意事常少
敢言人所难

把酒知今是
观书悟昨非

知足苦亦乐
无欲凡已仙

乖逆而心顺
荣辱以自安

知命真君子
安贫古达人

伴我书千卷
可人花一帘

经纶涵万物
磊落冠群英

改过如芟草
育才似栽花

终身争一息
每事必三思

忍中乾坤大
笑里学问多

修身立宦海
持德鉴青天

忍而宽子路
笑则喜颜回

修身如执玉
种德胜遗金

若知天下事
须读古今书

待人胜待己
推腹更推心

事业由凡始
道德在躬行

恪勤在朝夕
言行寡悔尤

明耻志始立
知怒身方行

格超梅以上
品在竹之间

砺勤以养志
持简而修身

道德为原本
知识极诚明

殊姿各独立
素志庶可求

静坐思三益
闲居守四箴

恩怨挥手断
是非随心平

静思天下事
多读古人书

积学以储宝
酌理而富才

静种心中地
谨行脚底船

读书必提要
处世在通情

攀山将磨志
瞰海能忘忧

读书得真趣
怀古生远思

人生当知自足
静修可与贤齐

海量由船荡
宽怀任马驰

大着肚皮容物
立定脚跟做人

虚心成大器
劲节见奇才

节比真金铄石
心如秋月春云

涵养须用静
进学在致知

处事当克己短
交友应学人长

行止无愧天地 褒贬自有春秋	造物所忌者巧 与人相见以诚
戒骄风清日朗 除躁海阔天空	养心莫若寡欲 至乐无如读书
饮量岂止于醉 雅怀乃游乎仙	骄傲来自浅薄 狂妄出于无知
若能坦坦荡荡 何必战战兢兢	俯仰无愧天地 褒贬自有春秋
卧下野莫幽怨 居高位不骄矜	敬胜怠义胜欲 知其雄守其雌
知者乐仁者寿 居之安资之深	端正心态干事 挺直腰板做人
放怀于天地外 得气在山水间	静坐自然有得 虚怀初若无能
终生为善不足 一日作恶有余	一人知己亦已足 毕生自修无尽期
厚性情薄嗜欲 直心思曲文章	人心似水宜疏导 世事如棋须洞穿

人心若路直行好
世事如棋宽着高

万古在怀日有得
一生知足天与游

人各有能我何与
身所未得心难安

万事尽从忙里错
一心须向静中安

人明法度知分寸
物无规矩难方圆

万卷读书如好友
一樽谈笑伴高人

人品若山极崇峻
情怀与水同清幽

与人最宜宽一丈
用权且须留三分

人遇误解休怨恨
事逢得意莫轻狂

与世不言人所短
临文期集古之长

人情阅尽浮云厚
世事经过蜀道平

与有肝胆人共事
从无字句处读书

了去烦恼即正果
忘却生死是菩提

才短自知能事少
礼疏常觉慢人多

士必遇真人而礼
计当与国士为谋

凡事忍让即为福
一心无求便是安

大器量天空海阔
真聪明岳峙渊停

凡事皆须苦后得
一心从来恒而成

广交三教九流友
遍读先秦后汉书

无瑕人品清于玉
不俗文章淡似仙

习勤不止能祛欲
闻过则喜自得师

不见古人真恨晚
力当时事莫辞难

开怀一笑世间事
闭口不论天下人

不可娇奢溺子女
须以忠孝传儿孙

天有慧眼惜勤苦
世存公道在人心

不因财色毁心志
应须清寒磨悟根

无求便是安心法
不饱真为祛病方

不悲镜里容颜瘦
且喜心头疆域宽

无事在怀为极乐
有长可取不虚生

少年说剑气横斗
长夜读书声满天

无易事则无难事
有虚心方有实心

日食三餐须三省
身经一事求一明

无能事乃能无事
不善言而善不言

气清更觉山川近
心远愈知宇宙宽

无情未必真豪杰
有度方为大丈夫

长留天地无穷趣
最爱书田不老春

反观自己难全是
细论人家未尽非

月无贫富家家有
燕不炎凉岁岁来

风月一庭为良友
诗书半榻是严师

文章似玉清无玷
气节如松直有心

文章最忌随人后
道德无多只本心

为人应怀度人志
处世当持济世心

为人树起脊梁铁
把卷撑开眼海银

为人清闲精神爽
处事从容日月长

为官须自做人起
处世先从修德行

为吟雪月诗句冷
因画风花笔墨香

心无定则诗无语
志不坚而事不成

心无所累行必果
事多牵挂飞难高

心收静里求真乐
眼放长空得大观

心如山石牢守拙
意似海天勤抱朴

心怀天地心常阔
意在山水意自闲

心明机巧形若累
意黯精明语如拙

人怀淡泊失意少
心期过望无奈多

心静自觉眼中景
意空方悟法外天

心静如水清见底
意闲似风淡无痕

古人所重在大节
君子于学无常师

书有未曾经我读
事无不可对人言

节用爱人能报国
正心诚意乃修身

书到心融真有味
是非身历且休言

平时不说无情话
每日常观有用书

水惟善下能成海
山不争高自极天

用心计较般般易
退步思量事事难

世上本无常照月
身边还有再来春

处事何妨真面目
待人总要大肚皮

世本无先觉之验
人贵有自知之明

宁守寒窗独寂寞
勿滥交游乱身心

世间唯有读书好
天下无如吃饭难

扫来竹叶烹茶叶
劈碎松根煮菜根

世事洞明皆学问
人情练达即文章

此间有崇山峻岭
何处无明月清风

世事洞明莫玩世
人情练达应助人

当如曾子日三省
更为张公加半思

当慎世事与自事
莫将人间比梦间

观天地生灵气象
学圣贤克己功夫

岂有文章惊海内
但留清白在人间

坎坷人生作笑骂
鬼狐文章写春秋

行不得反求诸己
躬自厚薄责于人

时将山水换肠胃
常把风物洗心灵

行事莫将天理错
立身当与古人争

旷心将江海齐远
宏量与宇宙同宽

行端何惧身外语
德馨自有林下蹊

利人时出平常语
修己常存改过心

多查自己得和失
少管他人是与非

利刀割体痕易合
恶语伤人恨难消

闭户读书真得计
当官持廉且不烦

每省自我成动力
常越本心是阶梯

守正行权真事业
平矜节欲大功夫

每逢大事有静气
不信身旁无高才

观人不可以貌取
处事岂能随心为

言以思忠归厚道
气因善养得和平

沧桑世事从容对
坎坷人生恬淡为

知识学以经世用
点滴悟而修身为

忌我安知非赏识
欺人到底不英雄

所贵立身无苟且
岂容应事太分明

忍一言风平浪静
退半步海阔天空

治学当思日精进
为官应效清正廉

妒我安知非弱小
欺人绝不是英雄

学不自满能言博
修而无我可达尊

事到盛时须警省
境当逆处要从容

学问多自虚心得
风物长宜放眼量

英雄不于剑上论
丈夫只在智中赢

学浅自知能事少
礼疏常觉慢人多

松间明月长如此
身外浮云何足论

诗可修心必时嚼
墨能养性宜常磨

贤者所怀虚若谷
圣人之气静于兰

居心中正明如镜
接物宽和蔼若春

知足是人生大乐
无为得天地自然

经多实践思方壮
看破浮名意自平

经商标准唯诚信
从政要点尚清廉

宦海须持隐逸志
禅林不忘济世心

持身勿使白璧玷
立志直与青云齐

除净私心终世乐
洗清俗念满身轻

轻研竹露裁唐句
细嚼梅花读汉书

素甘淡泊心常泰
曾履忧危体愈坚

品若梅花香在骨
人如秋水玉为神

素琴有韵随心拨
短笛无腔信口吹

省吃俭用溪间水
挥霍浪费瓦上霜

莫言前路无知己
但恐此心难对天

修身岂为名传世
做事唯思利及人

莫道浮云终蔽日
应知绿叶乐扶花

闻过知非须改过
见贤思齐贵超贤

根深不怕风摇动
干正何愁月影斜

度是春风常长物
心如清水不沾尘

特立独行有如此
进德修业须及时

洞悉世事胸襟阔
阅尽人情眼界宽

胸阔千愁如粟粒
心轻万事似鸿毛

效梅傲霜休傲友
学竹虚心莫虚情

能受苦方为志士
肯吃亏不是痴人

酒欲醉人人不醉
花香袭我我自清

菜根浓淡宜慢嚼
人生苦乐须细尝

酒常知节狂言少
心不能清乱梦多

菜根滋味知君惯
潭水交情爱我深

涤烦除俗寻真乐
临水登山得至情

虚心竹有低头叶
傲骨梅无仰面花

读书有味千回少
对客无情一句多

虚竹幽兰生静气
和风朗月喻天怀

读书身健即为福
种树花开亦是缘

常觉胸中春意满
须知世上好人多

读能明达耕能富
成自谦虚败自骄

眼于局外看自我
人在心中求真如

陶情不出琴书外
遣兴多在山水间

眼界高时无碍物
心源开处有清波

能知足者常知乐
到不求时便不忧

喻义自无非理事
爱名常葆不贪心

做人谦恭持骨气
处世踏实摈虚伪

清心方觉景中趣
淡欲自结尘外缘

得失一笑任之也
成败静观随其然

清廉人品洁如玉
脱俗文章淡若仙

欲无后悔须修己
各有前因莫羡人

淫逸能废卧龙志
骄奢可夺帝王心

欲知世味须尝胆
不识人情且卧薪

渔樵以外清景少
松竹之间风骨多

欲除烦恼须无我
历尽艰难好做人

淡饭粗茶有真味
明窗净几是安居

望远能知风浪小
凌空始觉海波平

渡海当如鱼力健
凌云可信鸟情豪

断送一生唯有酒
寻思百计不如闲

窗间白发催愁境
烛底苍头劝读书

情于牵挂点滴事
爱具包容过失心

缄口不语是非事
冷眼静观名利人

情超哀乐三杯足
心有阴晴万象殊

勤能补拙才偏敏
廉不沽名品益高

勤浴无病勤欲病
学道不忧学盗忧

煤须烈火识清白
人必风浪辨忠奸

精神到处文章老
学问深时意气平

德高言语多滋味
品端举止溢馨香

鹦鹉前头休多语
小人身边须慎行

鹰隼入云睐所向
骅骝得路慎于平

人须凭道义擎天地
文当以精神贯古今

于进步中求退步想
在忙时节作闲时游

与有肝胆人交朋友
从无字句处读诗书

与其轻人不如重我
但求无过非必有功

口莫多言情莫妄滥
名可强立功可强成

开卷有益益临此境
寓教于乐乐在其中

天道人道忌盈忌满
逆境顺境知后知前

片言九鼎源于智慧
一诺千金始自信诚

见人之过若己有失
于理既得即心所安

心平气和千祥骈集
意粗性躁一事无成

古训是式威仪是力
功崇惟志业广惟勤

立千仞巅慕鲁连子
无片言妄希司马公

让美归功功自易集
分怨共过过亦何伤

罔谈彼短我亦有短
靡恃己长人孰无长

有德有操可仪可象
克文克敏乃惠乃时

护体面不如重廉耻
求医药莫若养性情

存深沉思养浩然气
视已成事读未完书

知之为知未容妄作
止其所止何敢奢求

竹柏旷怀心神共远
智仁雅乐山水同深

诚意正心只四字学
读书静坐各半日功

色即是空空即是色
恩生于害害生于恩

临类恒和取诸无妄
随时观感咸与人同

尽交天下贤豪长者
常作江山烟月主人

俭可助廉勤可补拙
恭以持己恕以待人

好大喜功终为怨府
贪多务得哪有闲时

食莫多贪能饱便罢
酒防狂饮不醉方佳

玩人丧德玩物丧志
多见缺殆多闻缺疑

度比江河细流兼纳
气如春夏群物发生

束身如圭澄怀似镜
种德类树养心若鱼

美言不信信言不美
疑人莫用用人莫疑

既动复止初念不及
自昧而明群疑尽除

静以养性俭以树德
入则笃行出则友贤

结友交朋冰心慧眼
做人处世霁月光风

一片忠诚是长寿之本
满怀善良乃快乐之源

莲出绿波有君子德
兰生幽谷为众人香

一月休贪二十九日醉
百年须笑三万六千场

高情若云朗抱如月
和气当春节清为秋

立身当似泰山以刚直
处世须如空谷而虚怀

酒能成事酒能败事
水可载舟水可覆舟

行事休处处忘形得意
做人要时时知足虚心

读经典书做本分事
吃有菜饭着可补衣

待足几时足知足自足
求闲何日闲偷闲便闲

得山水清其人多寿
饶诗书气有子必贤

多记格言胸中藏尺度
静观成败眼里燃烛灯

清品犹兰虚怀若竹
澄襟似水朗抱如冰

苟有恒无须订章罚款
最无益莫过嗜酒吸烟

静气得兰清风引竹
朗怀映日和气当春

种十里名花何如种德
修万间广厦不若修身

喜有两眼明多交益友
恨无十年暇尽读其书

见落花飞絮莫愁春老色褪
仰翠竹苍松当效节亮风高

想如何为人便如何做
要怎样收获先怎样栽

风声雨声读书声声声入耳
家事国事天下事事事关心

不省事不怕事自然无事
能爱人能恶人方是正人

丹心一颗千金哪比人格贵
清风两袖万贯不移品行贞

克去死心当如斩钉截铁
养成静性要似止水澄波

书未成名叹尔今生空伏案
酒能丧命劝君来世莫贪杯

老老实实做人此为真理
勤勤恳恳工作乃是正途

世上几百岁旧家无非积德
天下第一件好事还是读书

自长非所增自短非所损
独立不惭影独寝不惭衾

古今来许多世家无非积德
天地间第一人品还是读书

话虽未到口边三思更好
事纵放得心下再慎何妨

同是肚皮饱者不知饥者苦
一般面目得时休笑失时人

莫对失意人而谈得意事
从来有名士不取无名钱

好人多自苦中来莫图便宜
凡事皆缘忙里错且更从容

浮躁一分到处便招忧悔
因循二字从来误尽英雄

读古人书须处地设身一想
论天下事要揆情度理三思

气忌躁言忌浮才忌满学忌浅
胆欲大心欲细智欲圆行欲方

仁者不忧知者不惑勇者不惧
视其所以观其所由察其所安

为人莫恋欢娱欢娱即是烦恼
处世休辞劳苦劳苦乃得安康

学海阔千里绝无缺志人敢渡
书山高万仞惟有勤奋者能攀

为官半纸空文何须作威作福
做人一世得失宜当戒躁戒骄

盘中餐粒粒皆辛苦弃之可惜
杯中酒滴滴均醇美酌量而斟

且静坐抚良心尽日所为何事
莫乱行从正道前途自遇好人

醴泉无源芝草无根人贵自立
流水不腐户枢不蠹民生在勤

发上等愿结中等缘享下等福
向高处立在平处坐从宽处行

人间无莫教之人但恐诚心未至
事里少难为之事需防立志不坚

百折不回头遇事虚怀观一是
三思方举步与人和气察群言

无贪心无私心心存清白真快乐
不寻事不怕事事留余地自逍遥

好学近智力行近仁知耻近勇
在官惟明莅事惟平立身惟清

爱半文不值半文莫谓世无知者
做一事须精一事庶几心乃安然

何须读尽圣贤书能全孝友即实学
纵尔周知天下事不晓进退总愚人

富贵贫贱总难称意知足即为称意
山水花竹无恒主人得闲便是主人

人生为酒色机关须百炼此身成铁汉
世上有是非门户要三缄其口学金人

无私奉献换人人安居乐业我苦何碍
有志作为看家家丰衣足食余心亦甜

无事莫生事有事莫畏事此之为解事
有官勿旷官去官勿恋官乃可以服官

宠辱不惊看庭前花开花落去留无意
沉浮莫叹知天上云卷云舒聚散任风

傲不可长欲不可纵志不可满乐不可极
动莫若敬居莫若俭德莫若让事莫若咨

著书忌早处事忌扰立朝忌巧居室忌好
制行欲方行事欲圆存心欲拙作文欲华

智不求稳辨不求给明不求难行不求异
进莫若让勇莫若义贵莫若仁富莫若廉

戴天履地并称才七尺伟岸须作几分事业
往古来今中有我百年诗书当思千载姓名

吃苦是良图做苦事用苦心费苦劲苦境终成乐境
偷闲非善策说闲话好闲游成闲汉闲人就是废人

读圣贤书岂图摘句寻章需将践履功夫尽所人道
处世间事何必三心二意但求本分去做求个天知

立品如岩上松必历千百载风霜方可柱明堂而成大厦
检身若璞中玉经磨数十番沙石乃堪琢圭璋而宝庙廊

清闲对联

一寸春心红到老
半生诗思冷如斯

山水之间有清契
林亭以外无世情

一帘风月王维画
四壁云山杜甫诗

千秋笔墨惊天地
万里云山入画图

几上江湖书一卷
窗前灯火夜三更

门掩梨花深见月
寺藏松叶远闻钟

几树梅花半轮月
数篇诗卷一炉香

飞电流云绝潇洒
野鸟游鱼信往还

万壑松声山雨过
一川花气水风生

云封萝屋常疑雨
泉响松岩半是风

山川佳色澄悬镜
松竹清荫静读书

云带钟声穿树出
风摇塔影过江来

云喷笔花腾虎豹
风翻墨浪走蛟龙

世间清品至兰极
贤者虚怀与竹同

风月有情常似旧
丹青妙处不可传

古拓况余仁寿字
隶文犹刻建安年

风声度竹有琴韵
月影写梅无墨痕

古琴百衲弹清散
名帖双钩拓硬黄

文章真处性情见
谈笑深时风雨来

右军书法晚为善
庾信文章老更成

六经读尽方拈笔
五岳归来不看山

平明拂剑朝天去
薄暮垂鞭醉酒归

为寻西寺山前月
更得南岩雪后花

白沙翠竹江村暮
碧水春风野外昏

书因鸟迹方成篆
文是龙心不待雕

鸟啼碧树闲临水
竹映高墙似傍山

书到精时方弄险
诗穷滞处更吟豪

半空月影流云碎
十里梅花作雪飞

水流任急境常静
花落虽频意自闲

吉金乐石有真好
读史校碑无俗情

百草萧条知秋肃
万山遥远逐日佳

老去诗篇浑漫兴
天涯风俗自相亲

吟成不觉野花语
睡起忽闻山鸟鸣

吟望红树余诗客
唤醒青山付画家

曲径烟深寻古刹
高城月朗听经文

竹里敲诗随鹤步
池边鼓瑟与鱼听

自种黄花添野景
旋移高竹听秋声

自喜轩窗无俗韵
亦知草木有真情

闭户读书真岁月
挥毫落纸如云烟

灯火夜深书有味
墨花晨湛字生光

江月转空为白昼
岭云积厚作黄昏

尽收城郭归檐下
全贮湖山在目中

花木清香庭院翠
琴书雅趣书堂幽

花气袭人知骤暖
鸟声穿树喜新晴

苍龙日暮还行雨
老树春深更着花

两三竿竹见君子
十万卷书思古人

秀水绕门蓝作带
远山当户翠为屏

每向花间逃俗客
偶从书里近骚人

每闻善事心先喜
得见奇书手自抄

雨余窗竹图书润
风过瓶梅笔砚香

闲看秋水心无事
坐对长松气自豪

雨醒诗梦来蕉叶
风载书声出藕花

闲临静案修茶品
高敞吟轩近钓湾

奇石尽含千古秀
异花长占四时春

闲苑有书皆附鹤
春城无处不飞花

岩边树色含风冷
石上泉声带雨秋

词源倒倾三峡水
笔阵横扫千人军

鱼龙寂寞秋江冷
关塞萧条行路难

林花经雨香犹在
芳草留人意自闲

放怀楚水吴山外
得意唐诗晋帖间

林间暖酒烧红叶
石上题诗扫绿苔

郑虔三绝诗书画
坡老一生儒佛仙

杯沾花露留佳客
案接云山检异书

春风大雅能容物
秋水文章不染尘

雨过兴来临竹圃
雪晴淡墨点梅花

春雨一帘苏子赋
秋烟半壁米家山

春庭草色和烟暖
午夜书声带月寒

庭前细雨东坡竹
池上清风茂叔莲

树影不随明月去
荷香时与好风来

浣溪石上窥明月
向日楼中吹落梅

临晋帖观鹅会意
品唐诗望月生情

绝壁过云开锦绣
石门斜日到林丘

背树楼高迎月早
临湖窗小占山多

荷尽已无擎雨盖
菊残犹有傲霜枝

看竹客来双履雨
寻诗人坐一庭秋

倾壶待客花开后
出竹吟诗月上初

重帘不卷留香久
古砚微凹聚墨多

爱竹不除当路笋
借花留得碍人枝

秋风古道题诗瘦
落日平原纵马豪

座右图书娱画景
庭前松竹蕴春风

秋水共长天一色
落霞与孤鹜齐飞

瓶花落砚香归字
窗竹鸣琴韵入弦

追拾旧欢如梦里
横生幽趣在闲时

烟雨楼台山外寺
画图城郭水中天

酒对一杯怀我友
花明四壁是君家

得好友来如对月
有奇书读胜看花

海鸥戏墨朝临帖
藜火凌云夜校书

望月怀人书简密
长歌对酒墨花新

流水小池垂钓影
暖风迟日卖花声

禅心朗照千江月
真性清涵万里天

怒潮上岸月如水
黄叶下山秋满天

清和法书趣高古
激扬文章理意齐

雪岭草堂读周易
梅山古刹阅金经

骑驴应为寻诗出
放鹤还知有客来

雪窗快展时晴帖
山馆闲临欲雨图

琴曲少声重勘谱
歌词自作别生情

梅花带雪飞琴上
柳色和烟入酒中

疏影横斜水清浅
暗香浮动月黄昏

梅横画阁有寒艳
雪照书窗生夜明

新诗好酒能留客
奇石名花不赠人

偶呼明月问千古
曾拜梅花共一山

新诗老酒眼前梦
剩墨零笺身后名

满眼云山长画卷
一壶天地小书楼

题品云山归画卷
收罗风月入诗篇

静夜不嫌鱼读月
闲时还爱鸟谈天

墨池水暖波澜壮
古砚香浓气象新

瘦影在窗梅得月
凉云满地竹笼烟

醉崖卧波观秋月
危石伴云听寒钟

横云层外千重树
流水声中三两家

修身对联

人品若山极崇峻
情怀与水共清幽

布衣得暖皆是福
草室能安即是春

无瑕人品清于玉
不俗文章淡似仙

立志不随流俗转
留心学到古人难

气清更觉山川近
心远愈知宇宙宽

立定脚跟竖起脊
展开眼界放平心

水能性淡是吾友
竹解心虚是我师

传家有道惟存厚
处世无奇但率真

闲中观事身常健
淡处论交味转佳

怀若竹虚临曲水
气同兰静洽春风

若能杯水如名淡
应信村茶比酒香

刻意为文应善变
平情应物不须雕

持身每戒珠弹雀
学技要如刀解牛

品若梅花香在骨
人如秋水玉为神

思其艰以图其易
言有物而行有恒

修竹气同贤者静
春山情若故人长

度是春风常长物
心如秋水不沾尘

养就大拙方为妙
学到愚时始见成

素甘淡泊心常泰
曾履忧危体愈坚

酒常知节狂言少
心不能清乱梦多

润到圭璋成品格
坚于松柏见精神

读书当观其气象
交游求益于身心

虚竹幽兰生静气
和风朗月喻天怀

眼界高时无物碍
心源开处有波清

喻义自无非理事
爱名常抱不贪心

精神到处文章老
学问深时意气平

劝学对联

万卷古书消永日
一窗昏晓送流年

业精于勤荒于嬉
行成于思毁于随

久病始知求药误
衰年方悔读书迟

立品宜思真君子
读书须下苦功夫

天下奇观书卷好
世间滋味菜根长

休说已穷千里目
当须更上一层楼

无情岁月增中减
有味诗书苦后甜

求知无厌知无尽
治学有恒学有成

文成蕉叶书犹绿
吟到梅花字亦香

过如新竹芟难尽
学似春潮涨不高

文能换骨无余法
学到寻源自不疑

运笔不灵看燕舞
行文无序赏花开

书从疑处翻成悟
文到穷时始有神

学海无边勤是岸
前程有阻志为梯

书到用时方恨少
事非经过不知难

宝剑锋从磨砺出
梅花香自苦寒来

茧纸闲临初断帖
胆瓶长养欲开花

得古剑如交杰士
读奇书似览名山

品高皆自伦常起
文厚须从典籍来

清新隽永诗书气
朴素天真翰墨情

莫道文章垂手得
须知经纬用心裁

寒香嚼得成诗句
新月邀将入酒杯

真抒情意多文采
苦练笔功达自然

雅言不在诗文外
琴德原超丝竹间

读书众壑归沧海
下笔微云起泰山

踏遍书山忧且乐
磨穿铁砚苦还甜

盛世书风多浩气
晚年池墨大精神

励志对联

为善最乐
见恶必除

存忠孝心
立修齐志

心贞昆玉
志烈冰霜

事亲为大
养志宜先

鱼翔浅底　　文章刻意少
鹰击长空　　佳句随心多

学无止境　　心高言路窄
教有所长　　志远恨天低

学知不足　　书内乾坤大
业精于勤　　笔头天地宽

学知不足　　正气辉天地
事留有余　　清名著乾坤

读古人书　　自觉丹心壮
友天下士　　岂忧白发斑

唯他世界　　壮心欲填海
忘我乾坤　　苦胆为忧天

绳锯木断　　江山开眼界
水滴石穿　　风雪炼精神

曾三颜四　　字句铭肺腑
禹寸陶分　　身心入篇章

境由心造　　远想出宏域
事在人为　　高步超常伦

弃燕雀小志
作鸿鹄高翔

倚天磨长剑
碧血炼丹心

奇书手不释
旧友心相知

剑中吟妙句
马上著华章

尚流云致远
须奋翩高飞

剑锋出磨砺
梅馥发苦寒

诗贵留风远
句高立意深

海阔凭鱼跃
天高任鸟飞

诗随心泉出
意从山色生

读书必提要
处事在通情

威不屈所志
富难淫其心

得句疑人有
看书不厌忘

修业勤为贵
行文意必高

欲养鲲鹏志
先收燕雀心

闻鸡晨舞剑
借萤夜读书

博览增见识
广交得观摩

养浩然正气
极风云壮观

超世绝行迹
封剑守心田

精心成大业
着力启宏图

天下奇观书卷好
世间滋味菜根长

少壮饱经磨砺
老来不畏风霜

无尽波涛归学海
长春花木在词林

百尺竿头进步
千层浪里翻身

风月一天诗酒料
文章千古性灵花

有理何妨胆大
无私尽管心雄

文于穷处工方巧
苦到尽时甘自来

求学将以致用
读书贵在虚心

书味本长宜思索
砚田可种勿抛荒

红心一点容沧海
赤胆半拳擎碧天

书城高大能藏道
心地光明自爱才

三尺青毡宜耐冷
五更黄卷莫辞勤

未下笔时心早酌
欲挥毫处意先成

万卷古今消永日
一窗昏晓送流年

功夫尽在诗书外
字句且看山水中

门前莫约频来客
座上同观未见书

巧思孕就千秋句
大德唤开二月花

旧书不厌百回读
新作写来万种情

白首壮心驯大海
青春浩气走高山

鸟欲高飞先振翅
人求上进早读书

有奇书读无他好
与古人游何所期

有笔墨间识字句
无书本处作文章

有俯仰处不下笔
无名利时可言诗

当怀破雾凌云志
须练安邦济世才

任事者必以实学
谨言人每有奇文

自古圣贤多磨难
从来才俊倍艰辛

闭户著书忘岁月
挥毫落纸走云烟

论文不外才识学
博物能通天地人

尽日相亲惟有石
长年可乐莫如书

远求海内珍藏本
快读人间未见书

闲散可消才思尽
坎坷当增学识多

纸上读来终觉浅
心中悟出始知深

卧薪尝胆英雄志
刺股悬梁学子心

知识无涯须勤学
青春有限贵惜阴

学力根深方蒂固
功名水到自渠成

学海无涯须纵艇
驹光过隙不留踪

读书心细丝抽茧
练句功深石补天

学海无涯勤可渡
书山万仞志能攀

读书常戒自欺处
谨身不可有闲时

学海无涯勤是岸
云程有路志为梯

读有益书精力爽
行无愧事梦魂安

学海勤游穿夜幕
书山勇上捧晨星

黄卷催人朝起早
青灯伴我夜眠迟

经世上几番风雨
孕胸中万种才情

捻断数须吟一字
思通长夜酌三言

茫原荒夜鸡前舞
书海文山萤下读

脚下行程千里远
腹中书卷万篇多

炼成锋锷真关学
历尽艰难始算才

博学深思增智慧
更新除旧见精神

笔下拙时字始活
心头苦处句方奇

窗下坐来日与夜
案头翻遍古和今

笔头时费灵泉力
字眼常磨造化功

摘来天上惊人语
铸就人间传世文

藏书万卷可教子
买地十顷皆种松

开卷一瞥受益匪浅
破书五车造诣必深

闭户自精开卷有益
垂露在手清风入怀

身无半亩心通天下
读破万卷神交古人

学问无穷曾三颜四
光阴有限禹寸陶分

博览万卷才识豪迈
记述百家文翰昌明

勤为小径攀书峰必然有路
苦作舶船泛学海岂怕无边

海无涯山有路五湖访友自能多识广见
谦受益满招损四海拜师所谓博学鸿词

远必自迩高必自卑为学在进行不为中道所阻
德成而上艺成而下读书皆有用要凭全力以求

开卷有益知识就是力量
自强不息光阴贵于黄金

学如逆水行舟不进则退
心似平原走马易放难收

学贵有恒切莫半途而废
才须积累休忘一篑之功

学无先后白发同青丝共勉
志有因果春华与秋实相辉

学业在专精阶梯统由层累
新知经培养功修日久深沉

富不读书纵有银钱身何贵
贫而好学虽无功名志更高

处世对联

升迁忌大骤
分量怕常盈

君子心田极坦
小人情态堪羞

知非迁善易
说好误人多

君子衷肠易见
小人口语难凭

侈奢逐祸马
恭俭载福车

蜉蝣岂能撼树
聚蚊亦可成雷

能见苦为乐
方知淡是甘

人情冷暖炼心地
世路风霜忍性天

福来应有兆
祸集岂无端

力虽猛撼山易竭
心惟平过海不惊

慕义真君子
轻财大丈夫

口头言语难欺世
草野衷肠可服人

见彻性灵不易
破除烦恼更难

小人阴狡勿延揽
君子阳明可定交

水惟平则远到
车偏重则难行

无情最是利名客
耐久莫如贫贱交

文行俱优花映锦
福缘相凑水淘金

幸灾具有招灾理
享福当存知福心

心静方能知白日
眼明始会识青天

刻薄门面须防祸
忠厚人家可结姻

他山有石能攻玉
众口铄金莫傲人

治家无忽眼前事
守夜当防脚底人

处己让三分是福
待人退一步为高

居下流则归恶易
罹陷阱而呼救难

舌头无骨能招祸
眼里有神更显良

待人不可疏于虑
处己勿要伤于察

闭门守己宁为陋
却步让人不是痴

骄人只为心胸隘
涉世当思宇宙宽

阴功善事由心造
顺理直行即命长

前辙车为后者鉴
古代事是今人模

男子心邪多见鬼
妇人欲宠每招淫

栽榴宜向阳春地
种竹当思君子亭

君子出言心是口
小人说话口非心

做人最忌尽头处
凡事当思收尾时

博览群书广识见
寡交匪类少是非

理财开利孔不如塞弊窦
处事念结局自当慎发端

善水河边鱼比目
福田土上树连枝

恻隐慈祥君子衷肠易见
回邪曲僻小人路径多歧

路头一错难回步
舌底千翻莫浪传

博学人称书橱随取随有
不学者比乞丐旋讨旋寻

阖族逞威威易损
满家招祸祸非迟

九重福字六亲分大家享用
一介书生十手指独力难支

德胜千祥非妄语
仁除百祸要留心

守分富家留不匮都缘俭素
发狂浪子自无多只为骄奢

攘利争名今世事
渊临冰履古人心

否自泰来遇圆满当思缺陷
衰从盛出履优秾须慎胚胎

仁厚刻薄是修短理
谦抑盈满为祸福关

莫厌贫寒困穷历历成佳境
勿矜富贵豪横生生是尽头

乔木之下不生茂草
大丰之后必有凶年

萍水相逢杯酒欢朝秦暮楚
金兰结契寸心约一日千秋

观物宜从木落草枯后
取人当自声稀味淡中

舟有溺骑有坠行有蹶皆能致毙
寝有魇饮有醉食有噎多寓危机

山水对联

青山藏画意
绿水酿诗情

四岭八峰摇路转
三溪百瀑抱云流

一生情注山河景
四季联吟日月歌

青山不墨千秋画
绿水无弦万古琴

八面峤峰四面画
半江绣水满江春

枝摇鸟语惊甜梦
风遣梅香入翠楼

万叠云山图画里
一楼风月笑谈中

到此已无尘半点
上来更有碧千寻

月缺月圆收眼底
花开花落树心间

岭上飘霞霞似岭
堤边拂柳柳如堤

风吹云彩花齐放
水泻山崖雪乱飞

牧笛一吹春柳韵
杜鹃齐放火山云

户外春风催柳绿
园中花蕊吐诗红

春风作彩染千树
流水为弦弹万溪

未发岭前鲜嫩草
哪流谷底透明泉

春来百草闹芳意
冬去万溪弹妙琴

高山既得赏枫叶
深谷无妨听瀑声

涧边杨柳枝枝坠
天上云霞朵朵飘

高低岭逗春风闹
大小溪牵云彩飞

斜阳染树满山锦
绿水飞崖一幅帘

浮游薄雾笼芳意
长短新枝着翠装

清风暗抱东西岭
明月轻敲远近门

流水轻牵堤上柳
落花香染石边泉

鸟兽虫鱼对联

春观鱼变
秋听鹿鸣

四蹄碧玉片
双眼黄金瞳　马

虽能悦耳
只会学舌　鹦鹉

白毛浮绿水
红掌拨清波　鹅

人皆悦丹顶
我尤赏洁身　丹顶鹤

竹批双耳峻
风入四蹄轻　马

目随槐叶长
形逐桂条飞　兔

村静鸟声乐
山低雁影遥

夜玉含星动
晨毡映雪开　羊

鸿鸟犹知守纪
官僚竟敢胡行　大雁

晓读云水静
夜吟山月高　虎

螃蟹浑身甲胄
蜘蛛满腹经纶

能识新时节
不忘旧主人　燕子

一鸣长啸惊百兽
万顷松涛荡千峦　虎

萧萧窗竹影
磔磔水禽声

长啸一声风括地
雄跳三励兽奔群　虎

掉舌翻红焰
盘身蹙白花　蛇

攻坚历险破难点
耐苦忍劳除害虫　啄木鸟

逸足还同骥
奇毛自偶麟　牛

本能只会除公害
何故却蒙不白冤　猫头鹰

路旁看骤影
鞍底卷旋毛　马

母鸭无鞋空洗脚
公鸡有髻不梳头

翠衿浑短尽
红嘴漫多知　鹦鹉

池中青蛙穿绿袄
锅里螃蟹着红袍

鞍上留明月
嘶间动朔风　马

花明锦襜垂杨下
露湿朱缨细草中　马

苍藤枯树身形隐
昼伏夜行怪影来　猫头鹰

楼峰厦谷筑巢暖
盈地充天奏乐鸣　鸽子

抢掠不分时与地
凶残可比虎与狼　老鹰

凝神细想仰窗外
东拐西弯刷雨帘　雨燕

邻肩抵尾乍依隈
横去斜奔忽分散　牛

翱翔大海迎朝日
搏击长空斗恶风　海燕

苦雨凄风三两只
穿云破雾几多秋　麻雀

檐头殿角观晨景
老树荒林送夕阳　乌鸦

奋志凌霄展长翼
纵情拼命奔远程　大鹏

鳞甓翠光抽璀璨
腹连金彩动弯环　蛇

信宿渔人还泛泛
清秋燕子故飞飞

鸡随犬行遍地梅花竹叶
羊跟马走连路松子核桃

穿云自怪身如电
煞兔谁知吻胜刀　鹰

鲈鱼四腮独占松江一府
螃蟹八足横行天下九州

绿玉嘴攒鸡脑破
玄金爪擘兔心开　鹰

蟹入鱼罾恰如蜘蛛结网
鼠偷蚕茧浑似狮子抛球

隔篱犬吠窥人过
满箔蚕饥待叶归

一串无鳞鳝长鳅短鳗有耳
三盘有壳鳖圆龟扁蟹无头

白犬当门两眼睁睁惟顾主
黄蜂出洞一心耿耿只随王

树影横江鱼游枝头鸦宿浪
山光倒海龙吟岩畔虎眠滩

白鸭和鹅羽毛一般声各别
乌龟共鳖形状相似壳不同

鹊噪鸦啼并立枝头谈祸福
燕来雁往相逢路上话春秋

日照纱窗莺蝶飞来映出芙蓉芍药
雪落板桥鸡犬行过踏出竹叶梅花

花草竹木对联

风舒柳眼
雪润梅腮

宝珠助艳
寒玉分香

朱紫粉黛
铁骨金山　花卉

梅开五福
竹誉七贤

竹无俗韵
梅有奇香

梅香入梦
竹影横窗

竹称君子
梅号花魁

虚心唯竹
解语有花

花借月色
竹谐溪声

与朝霞辉映
将大地染红　一串红

云霞出海曙　仙冠裁样巧
梅柳渡春江　彩笔费功深　兰草

风来花自舞　立身当出众
春入鸟能言　生世便忘忧　萱草

风声读竹韵　宁知霜雪后
月影写梅痕　独见松竹心

书香透梅蕊　老柏摇新翠
竹韵借春风　幽花茁晚春

节坚知竹挺　岁寒青竹瘦
叶隐显梅芳　春暖白梅香

叶圆排虎耳　竹才生便直
花弱折蜂腰　金丝荷叶　梅到死犹香

叶密雨偏重　竹开霜后翠
枝垂雾不消　雨竹　梅动雪前香

叶聚棱棱峭　竹径经风雨
花垂娜娜稠　百合花　梅花傲雪霜

冉冉柳丝碧　竹疏烟补密
娟娟桃蕊红　梅瘦雪添肥

竹影侵棋局
梅香入酒杯

雨洗娟娟净
风吹细细香　竹

论官已居相
救命甘献身　芍药

放香送清气
除臭驱害虫　晚香玉

红英宜照日
碧叶喜翻风

帘下垂垂雨
春残日日雷　雨竹

芳菲酣蝶梦
馥郁醉蜂魂

孤芳何晚到
一现最稀奇　昙花

陇麦欣欣绿
山桃寂寂红

细叶抽轻翠
圆花簇嫩黄　菊花

报春梅抖擞
沐雨竹葱茏

经霜红似火
映日灿若霞　枫树

吟竹诗含翠
画梅笔带香

春到红梅上
莺歌绿柳前

乱叶犹能劲
柔枝不受吹　竹

牵花怜共蒂
折藕爱连丝　荷花

青松多寿色
丹桂有丛香

香开梅映日
爽挹竹鸣秋

庭院唯栽竹
溪山半是梅

盈盈当雪杏
艳艳待春梅

素艳雪凝树
清香风满枝　梅花

卿云辉柳眼
春色灿梅腮

桂树生南海
芳香送北山

格超梅以上
品在竹之间

黄花簪翠叶
舒朵系金丝　金丝花

雪妆梅骨黛
春染柳丝青

梅花铁为骨
绿竹虚作心

矫若凤翎奋
灿如鹤顶奇　凤仙花

得雨添新绿
倚风生嫩凉　雨竹

望梅堪止渴
化竹可成龙

野棠开未落
山樱发欲燃

雪映梅花艳
风摇竹影娇

清香驱世臭
圣洁唤心贞　瑞香

清露洒兰藻
幽香拂素风

绮树堪蠲忿
清香最惬心　合欢

绿垂风折笋
红绽雨肥梅

锐似青龙剑
洁如白玉兰　剑麻

腊去梅香久
春来竹节新

寒生烟柳绿
风定雪梅香

隔岁无他种
先春独此枝　梅花

睟容闲整整
娇节傲亭亭　水仙

粲粲黄金带
亭亭白玉肤　菊花

碧叶垂清露
金英侧晓风

嫩白应期雪
清香不让梅　水仙

粹然金玉相
承以翠羽仪　水仙

翠竹添新笋
红梅报早春

翠盖摇晴日
红粉媚晓风　荷花

繁花红烂漫
百子乐团圆　石榴

瓣疑是玉盏
根惑谪瑶台　水仙

不向寒霜俯首
岂因酷暑低眉　柏树

无意争名夺利
唯知斗雪迎春　迎春花

芝草满庭吐秀
杏花遍地生香

劲节虚心竹翠
耐寒傲骨梅馨

柳摇春风白昼
梅弄月影黄昏

铁石梅花气概
山川香草风流

九秋未晚疏篱紫
三径不荒冷月香　菊花

梅花冰肌玉骨
竹茎亮节高风

三月春来开翠幕
一枝花放起红云　樱花

落落英雄气概
熊熊赤焰霞光　木棉花

三春风拂青桑叶
九夏雨肥赤槿花　扶桑

鄙视趋炎附势
长留傲骨英风　菊花

万紫千红期不老
三荆一树庆长春　紫荆

一天春雨红梅笑
万里东风翠竹摇

千里荷花开世界
一堤杨柳占春风

一雨快晴云放树
小窗朝爽日筛帘

门前种柳深似巷
轩外栽竹翠如云

一篱绿绕含烟秀
千萼红开带雨香　蔷薇

天上碧桃和露种
日边红杏倚云栽

十日轮流千萼秀
一年占得四时春　月季

天连碧树春滋雨
地满红花香送风

几点梅花几点雨
半含冬景半含春

天暖竹摇风度翠
春归梅放雪生香

无须春染便成锦
尽管霜欺仍绽香　月季

少妇鬓边犹胜雪
黄昏月下更添香　茉莉

云生涧户衣裳润
窗近花荫笔砚香

化魄他年锁子骨
点唇何处箭头砂　牡丹花

云淡枝头春意闹
风轻墙外杂花红

月色横分窗一半
秋声正在树中间

天上遥遥银汉里
人间纷纷篱落边　牵牛花

月移梅影横窗瘦
风送兰香入座清

不由宝贵任驱遣
独领风骚自芬芳　牡丹花

风过依稀鸣玉磬
雨来仿佛洗金钟　吊钟

不负盛名桃共竹
全凭颜色白兼红　夹竹桃

风弄花影惊梦蝶
月涌桂香激士情

不许淤泥侵皓素
全凭风露发幽妍　水仙

风吹竹叶龙摆尾
雨打鸡冠凤点头

瓦砚秃毫写好语
松窗竹楼瞰秋涛

风摇竹影有声画
雨打梅花无字诗

日移竹影遮棋局
风送梅香入酒杯

水晶宫里成仙女
香醉山中得道人　水仙

心肠铁石梅知己
肌骨冰霜竹可人

叶厚有棱犀甲健
花深少态鹤头丹　山茶花

玉龙百万春增色
蜜汁一滴脾沁甜　梨花

叶鞘细韧织精品
枝干挺拔效鬼雄　棕榈

玉骨无尘依白石
冰心有意守清泉　水仙

白衣紫绶如天使
吉利温馨兆和平　珙桐

玉洁冰清君子品
兰幽香郁美人风　玉兰

白花红果是良药
健胃益肝属妙丹　山楂

玉葩夜静清馨远
簪叶风寒翠色浓　玉簪

白璧无瑕称至宝
青莲不染发奇香

甘为白丁遭白眼
愿牵红线作红娘　槐树

半窗月落梅无影
三径风来竹有声

叶似掌形多旖旎
品如璞玉少骄矜　槭树

幼年带刺嫌酸涩
他日结实却脆甜　枣树

叶如鹅掌可餐秀
梗作锹耙能鼎新　鹅掌楸

芝兰得气一庭秀
桃李成荫四海春

叶如翡翠花如玉
色赛牡丹韵赛梅　水仙

扬州明月红栏畔
宝殿春风暮霭中　芍药

百尺青藤争绕树
半空紫蕊欲穿云　凌霄花

似倚兰舟并桂楫
羞称金盏共银台　水仙

曲栏小院添花障
细叶柔藤绕竹篱　茑萝

名既呼莲不在水
花虽是菊未因秋　番莲

刚锐挺拔存剑气
雍容雅致聚诗魂　君子兰

冲寒料峭纤枝弱
带雪芬芳嫩蕊黄　迎春花

竹节虚心学大雅
梅花傲雪迓长春

冰心玉质瑶池种
杏类熊猫华夏珍　银杏

竹因临水情斯畅
兰以当风气亦和

异彩纷呈堆锦绣
丛芳迭起竞风流　石竹

竹凌高节迎新岁
梅傲寒春壮锦程

羽冠唱晓人间白
锦衣经霜篱角红　鸡冠花

竹浴清风添劲节
梅迎瑞雪放奇香

红子性温能爽目
绿枝刺硬警粗心　枸杞

伤风选用枇杷露
和事善施消气丸　枇杷

红红白白花临水
碧碧黄黄麦际天

向阳几树梅初放
弄暖千竿竹自青

花木正值二月景
人家疑近武陵春

花中君子三湘客
王者之香九畹心　兰花

松枝遒劲如君子
柏叶细尖似绣针　松柏

花团雨绣雕栏侧
锦簇风摇密叶中　绣球花

杨枝垂水细拨浪
柳絮入帘乍惹春

花似红桃春犹在
质如碧玉色常新　夹竹桃

杨柳垂丝风展绿
桃花绚锦日蒸红　桃柳

花色缤纷招蝶舞
木枝柔韧作筐挑　木槿

丽人指染朱栏曲
金凤花栖碧梧枝　凤仙花

花如旭日映山艳
果似蜜桃沁脾津　樱桃

来从山野鸟啼血
却向庭园花映红　杜鹃

花呈多色有奇趣
人变巧言无实心　三色槿

秀叶枝旖旎美景
珠点缀锦绣文章　葡萄

花果叶根全是药
色形香韵俱怡人　栀子

体端身正仪仗卒
质朴心实可塑才　白杨

花果纷呈叶翡翠
绿红并秀玉珊瑚　冬珊瑚

但得片时花灿烂
何求终岁气从容　昙花

芳露淡匀腮粉腻
暖风轻度口脂香　牡丹花

迎风竹叶融诗趣
傲雪梅花铸画魂

怀若竹虚临曲水
气如兰静在春风

冷垂串串玲珑雪
香送幽幽露簌风　白丁香

附势攀援欣得志
靠山倾垮倒栽葱　牵牛花

劲节虚心存傲骨
栉风沐雨展雄姿　竹

劲竹在前方见节
蜡梅去后尚留香

苞挺繁枝文士笔
花开紫艳女郎笺　木兰

枝丫雕根长日紫
蕤芳画萼满堂红　紫薇

枝摇鸟语惊甜梦
风遣梅香入翠楼

松竹梅共经寒岁
天地人同乐阳春

松竹梅岁寒三友
桃李杏春色一家

松荫一径白云湿
花影半帘红日迟

松花遍地千年药
桐叶满云五色香

画栏绣幄围红玉
云锦霞裳涓翠茵　牡丹花

雨后作书夸墨润
花前得句觉诗香

雨丝愁见红心结
风片喜闻紫蕊香　丁香

雨余窗竹图书润
风过瓶梅笔砚香

雨洗风梳竹增色
霜铺月照梅添香

势拔五岳掩霄汉
心挂九州兴故园　望天树

虎行雪地梅花五
鹤立霜田竹叶三

质似金刚经火炼
心如璞玉愿刀雕　蚬木

果汁清香馨四海
树枝常碧映三江　槟榔

郊外红梅融腊雪
门前翠竹醉春风

牧笛一吹春柳韵
杜鹃齐放火山云

夜月飞霜秋瑟瑟
寒风吹笛雨潇潇　芦花

金花灿灿惹人爱
茶叶莹莹受世崇　金花茶

夜帐佳人红袖舞
楚宫幽恨翠眉颦　虞美人

金黄灿灿仙桃秀
碧绿莹莹华夏新　橘树

河阳树茂青林翠
金谷花繁白雪香　李花

金黄硕果香甜脆
瑰丽稀珍细嫩鲜　柚树

春风吹到桃花浪
秋月飘来桂子香

金桂飘香秋气爽
繁花溢蜜世风淳

春时林下悬红玉
冬节霜前赏宝珠　山茶

金粟花繁明夜月
蟾宫叶绿剪春云　桂花

春睡最宜烧烛照
晓妆犹待卷帘看　海棠

金碧辉煌招彩凤
晶莹剔透映明星　梧桐

故作小红桃李色
尚余孤瘦雪霜姿　红梅

南国花繁红似锦
东方珠耀彩如虹　洋紫荆

庭前种竹窗前绿
院里栽梅屋里香

柏节松贞持晚景
兰芳桂实灿朝霞

送寒迎暖报春讯
凌雪傲霜见骨风

栀花粉白馨香远
果药杏黄疗效深　栀子

洛阳宫里杨妃醉
吴国台前西子妆　牡丹花

柠檬饮料炙人口
酸奶果浆称世珍　柠檬

屋后松竹添秀色
门前梅兰吐幽香

树高叶阔不分杈
果硕汁甜最惹人　椰子

参天绿竹迎风舞
立地红梅对雪开

耐旱耐涝先士卒
无悔无怨挡风沙　水杉

参差枝蔓随晨暮
深浅丛花染白黄　金银花

香逾淡处偏成蜜
色到真时欲化云　兰花

参差素影瑶台映
绰约雪蕊玉殿香　玉兰

独具风流老来少
别开生面叶即花　雁来红

耿耿清香崖菊淡
依依秀色岭梅如　山茶

亭亭翠盖朝听雨
款款红衣晚送香　荷花

桤林碍日吟风叶
笼竹和烟滴露梢

造船耐水经风浪
负重担肩作脊梁　榉树

涛生松盖晴宜雨
风掠竹窗夏亦寒

徒有红花添画意
可怜苍玉满皮囊　罂粟花

涧底松摇千尺雨
庭中竹撼一窗秋　松竹

爱心换取九冬暖
霜叶胜于二月春　枫树

桑葚紫红真脍口
金枝柔韧最经年

胸怀赤子为民意
果坦丹心报国情　石榴

黄褐花开多烂漫
碧莹果熟最甘津　榛树

高柳深荫微雨后
好花流水夕阳天

雪化红梅呈异彩
春回芳草发新芽

高秋总馈贫人实
来岁还舒满眼花　桃

雪压竹枝头着地
风翻荷叶背朝天

竞夸天下双无绝
独立人间第一枝　牡丹花

雪里梅花红烂漫
霜间竹叶碧玲珑

效梅傲霜休傲友
学竹虚心莫虚情

雪里梅花称俊杰
霜中菊蕊是英豪

粉白香痕春带雨
轻红酒晕晓含风　梨花

雪映红梅生画意
春催墨竹蕴诗情

雪傲梅园梅傲雪
春传竹苑竹传春

梅花相叠春千簇
竹影横斜月一轮

梅花落水流芳远
竹影摇窗惹梦长

野桃含笑竹篱短
溪柳自摇沙水清

欲雨红花含晓露
乍晴紫陌笑春风　桃花

清新俊逸风流韵
磊落光明纯正身　荷花

绮帐天寒添露紫
锦城秋艳作霜红　木芙蓉

绿叶青枝添秀色
繁花丽质放清香　桂花

绿竹别具三分景
红梅报来万里春

绿蜡初寒蕉叶雨
红香好运稻花风　美人蕉

裁衣暑雨三分绿
织锦重风一丈红　蜀葵

雁来时节逢秋色
霜洗年华驻赭颜　雁来红

喷红吐翠戏飞雪
排险历艰报早春　红梅

喂蚕染料制中药
济世利民献赤心　槲树

蜡梅一院无凋谢
风竹十里有瑞香

善养百花惟晓露
能生万物是春风

富丽堂皇无俗态
雍容华贵有贞心　大丽花

疏影横斜水清浅
暗香浮动月黄昏　梅花

疏篱鸟雀迎风噪
春渚草花映日红　蓼花

献宝捐躯皆入药
披肝沥胆尽涓尘　柑树

楚臣襟佩三年瑞
天女袖添千里香　瑞香

暖日和风香不尽
伸枝展叶碧无穷　荷花

新枝晚萼蒸云赤
翠幄绛绡照眼明　石榴

碧叶摇风藤绕架
紫珠戴露香喷人　葡萄

碧落仙葩和露种
桃源华萼倚云栽　碧桃

瑶台月下无双艳
春色人间第一枝　牡丹花

稳称轻奁匀粉后
细添薄鬓洗妆中　白丁香

遮天红艳花如火
飘絮白飞实似棉　木棉

瘦影在窗梅得月
凉云满地竹笼烟

嫣红牢系情人结
姹紫相连爱侣心　玫瑰

潇潇竹韵能驱暑
袭袭梅香却耐寒

翠叶有情增茂盛
红葩何惧易凋零　木槿

翠竹凌云迎旭日
红梅展眼笑春风

翠竹凌霜添劲节
红梅吻雪吐清香

篁竹乍舒岗上绿
梅花早绽岭头红

磬口素妆含绿萼
檀心蜡蕊溢清香　蜡梅

擢秀凌霄依老树
高标老树扶凌霄　凌霄花

竹茎迎风一身青白
梅枝戴雪遍体无瑕

篱边野菊凝霜艳
桥畔幽兰映水丹

桃李芬芳艳弥园圃
桂兰馥郁丽满神州

繁花有色明如火
寒蕊无香愧作兰　蟹爪兰

榴花着雨斑斑红泪
竹林生烟朵朵碧云　榴竹

繁枝容易纷纷落
嫩叶商量细细开

翠挺井冈竹丛秀丽
香飘庾岭梅萼清奇

藤架数重香雾合
花光一片紫云堆　紫藤

绿竹破土只因思节出
红梅含苞缘为待春来

簪冷恨添思妇泪
靥红悔作断肠花　秋海棠

犬过雪桥五点梅花落地
鸡行霜路三片竹叶朝天

瓣色艳娇分白紫
花香馥郁属椰蕉　含笑

竹本无心偏生许多枝节
梅虽有蕊不染半点风尘

白云既开远山齐出
清风所至流水与遭

红梅傲雪凌霜可贞可雅
绿竹参天入地能屈能伸

芝砌春光兰池夏气
菊含秋馥梅映冬荣

水隔笙簧白日鸟鸣花竹里
庭园锦绣青春人在画图中

竹节外张自古久传未有变　　绿竹虚怀满腔诚意迎风展
梅香内蓄至今深锁不曾开　　红梅香蕊一片丹心向阳开

雪里白梅雪映白梅梅映雪　　瑞雪红梅寒厉从无蜂蝶戏
风中绿竹风翻绿竹竹翻风　　清风绿竹幽深自有凤凰仪

片月为船满载桂花撑入银河七姊买
明星布局变成棋子携归玉洞八仙移

茶对联

松风煮茗　　尘虑一时净
竹雨谈诗　　清风两腋生

一日无虚座　　闲情常品茗
四时有香茶　　豪气快登楼

三江待贵客　　陆羽点头去
四海迎春风　　卢仝拍手来

小径山茶绿　　诗写梅花月
疏篱木槿红　　茶煎谷雨春

扬子江中水　　春共山中采
蒙山顶上茶　　香宜竹里煎

茶香飘四海
友谊播九州

一杯春露暂留客
两腋清风几欲仙

茶香飘四海
叶味流三江

九曲夷山采雀舌
一溪活水煮龙团

香分花上露
水吸石中泉

山光四面因朝雨
江水回头为晚潮

客至心常热
人走茶不凉

从来名士能评水
自古高僧爱斗茶

煮沸三江水
同饮五岳茶

风动茗香来竹坞
雨催花气入珠帘

清泉烹雀舌
活水煮龙团

为爱清香频入座
欣同知己细谈心

淡酒邀明月
香茶迎故人

水流清影通茶灶
风递幽香入酒筵

趣言能适意
茶品可清心

瓦罐煎茶烧树叶
石泉流水洗椰瓢

凝成云雾顶
飘出晨露香

扫来竹叶烹茶叶
挖得松根煮菜根

扫雪应凭陶学士
辨泉犹待陆仙人

茶亦醉人何必酒
花还耐雪况于松

四海咸来不速客
一堂相聚知音人

茶清数盏堪交友
馆小一隅可品联

兰芽雀舌今之贵
凤饼龙团古所珍

茗外风清赏月影
壶边夜静听松涛

名苑清风仙曲妙
石潭秋水道心空

柳井有泉好作饮
君山无处不宜茶

花间渴想相如露
竹下闲参陆羽经

幽借山头云雾质
香分岩面蕙兰魂

阳羡春茶瑶草碧
兰陵美酒郁金香

泉从石出情宜冽
茶自峰生味更圆

陆羽闲说常品茗
元龙豪气快登楼

泉香好解相如渴
火红闲评坡老诗

松涛烹雪醒诗梦
竹院浮烟荡俗尘

独携天上小团月
来试人间第二泉

茶亦醉人何必酒
书能香我不须花

座逢世外三山客
心奉人间一品香

消愁不用一杯酒
遣兴当喝几碗茶

雀舌未经三月雨
龙芽已点上时春

欲把西湖比西子
从来佳茗似佳人

鸿雁贺春衔柳枝
和风迎客带茶香

淡中有味茶偏好
清茗一杯情更真

淡饭粗茶有厚味
明窗净几是安居

瑞草抽芽分雀舌
名花采蕊结龙团

雷文古泉八九个
日煮新茶三两瓯

碧泉涌出山腹事
玉壶映进苍天心

墨兰数枝宣德纸
苦茗一杯成化窑

龙团雀舌香自幽谷
鼎彝玉盏灿若烟霞

采向雨前烹宜竹里
经翻陆羽歌记卢仝

饮茶思源何曾望极
吃菇念树岂可忘恩

陆羽谱经卢仝解渴
武夷选品顾渚分香

阁构三层读书论世
泉飞万壑听瀑煮茶

美酒千杯难成知己
清茶一盏也能醉人

活火烹泉价增卢陆
春风啜茗谱品旗枪

酒可宁心少饮有益
茶能醒脑常喝无妨

喜辞旧岁春风梳柳
笑迎新春苗润茶新

小种岩崖风采茶旗云谷气
正山岚雾天和叶韵雨灵心

天衣泓碧晕水心清淑
地魄炳灵香仙品厚淳

风采福缘山岚抚月生灵气
雪融茶韵云水摩天沁绿音

饭香茶香八方客常暖
茶好汤好四季店如春

文化叶缘茶香雅逸三元气
武夷岩韵月魄清扬九曲风

茶煮三江水柔情似水
烟飞万里霞笑态如霞

斗品分甘邀山月江风入座
寄情托兴有龙芽雀舌相怡

来路可数歇一刻知味
前途无量品两杯何妨

水天拂晓壶中泡幻岚峰翠
茶韵开元杯里清和地骨香

小天地大场合让我一席
论英雄谈古今喝他几杯

水抱山环新屋绕园林茶趣
春华秋实生活胜城市风光

心魄钟灵左海天工一叶
花魂沁韵中华闽蜜香茶

四大皆空坐片时何分尔我
两头是路吃一盏各走东西

茶萃绿音灵响瓣香天福
叶缘春素窨陶岩韵地仙

红透夕阳好趁余晖停马足
烹茶活水须从前路汲龙泉

一掬甘泉好把清凉洗热客
两头岭路须将危险话行人

茶话语丝壶中脉搏幽岚月
叶函天韵杯里神清绿野风

茶韵话题亲热忘情和气宇
叶缘萍水品心回味解风尘

半榻梦刚回活火初煎新涧水
一帘春欲暮茶烟细临落花风

和气神凝业儒家探珠联韵
观音碧落茶灵界含露采风

品鲜活绿音七泡涵濡闽海月
化穆清岩韵五枞拂晓武夷风

闽都茉莉花魂月魄生灵韵
海市英华茶叶心香沁福音

霞披小绿叶武夷九曲岩阿韵
碧落大红袍灵品三元骨梗茶

弈叶祥华天演绿音撒野外
文心福地海涵春韵沁茶中

山好好水好好开门一笑无烦恼
来匆匆去匆匆饮茶几杯各西东

宵月换花金桂钟灵融地魄
晓岚腾讯乌龙泡韵透天香

瓦壶水沸邀宾客列位请进请进
茗碗香腾破睡魔诸君快来快来

霞晕富春洒落岚光飞碧凤
韵流空翠清和旭霁采灵芽

来不请去不辞无束无拘方便地
烟自抽茶自酌说长说短自由天

兀兀醉翁情欲借斗杓共酌酒
田田诗客句闲倾荷露试烹茶

最宜茶梦同圆海上壶天容小隐
休得酒家借问座中秀色自常春

叶脉藏生气韵致花魂岚岭月
茶灵沁绿音香融地魄霁岩泉

灵和闽蜜朝泉一泡沁逍遥叶韵
通感天真福气三盅品茉莉花茶

为名忙为利忙忙里偷闲且喝两杯茶去
劳心苦劳力苦苦中作乐再倒三碗酒来

仙境喜重游探胜寻幽休问那文章虚实
茶楼堪小憩谈天说地莫管他秦汉兴亡

世间重担实难挑菱角凹中也好息肩聊坐凳
天下长途不易走梅花岭上何妨歇脚且斟茶

好事不容易做大包不容易卖针鼻铁薄利只凭微中削
携子饮茶者多同父饮茶者少檐前水点滴何曾倒转流

酒对联

好花半放
美酒微醺

同饮幸福酒
齐绘和谐图

人走茶不冷
客来酒尤香

金凤飘菊蕊
玉露泣荑枝

勺盛九域菜
杯有万般情

香浮郁金酒
烟绕凤凰樽

开坛十里醉
上桌诸君香

适意琴三弄
抒怀酒一杯

对酒歌盛世
举杯庆升平

捧杯消倦意
把酒振精神

楼小乾坤大
酒香顾客多

饮量岂止于醉
雅怀乃游乎仙

一杯香露微沾口
千粒珍珠滚下喉

三杯入腹浑身爽
一滴沾唇满口香

三杯能壮英雄胆
两盏便成锦绣文

万户酒歌庆盛世
满天焰火旭春光

千树梨花几瓮酒
一庄水竹数房书

风来隔壁三家醉
雨过开瓶十里香

仙醴酿成天上露
香风占到世间春

陈酿美酒迎风醉
琼浆玉液透瓶香

酒常知节狂言少
心不能清乱梦多

酒间吟诗句带味
醉后挥墨笔生花

酒香十里春无价
醉买三杯梦也甜

酒欲醉人人不醉
花香袭我我常清

笙歌曲中千家月
风酒香里万颗珠

海盟山誓期百岁
情投意合乐千觞

屠苏醉饮新春酒
爆竹联欢富裕年

绿酒红梅迎旭日
黄莺紫燕舞春风

椒酒千年歌大治
桃红万户颂新猷

酒气冲天飞鸟闻香化凤
糟粕落地游鱼得味成龙

食莫多贪能饱便罢
酒防狂饮不醉方佳

店有佳肴但可随心挑几样
客爱名酒不妨就此喝三杯

酒能成事酒能败事
水可载舟水可覆舟

花好月圆岭上梅花双喜字
情深爱永筵前酒醉合欢杯

韩愈送穷江淹作赋
刘伶醉酒王粲登楼

远客来沽只因开坛香十里
近邻不饮原为隔壁醉三家

美食烹美肴美味可口
热情温热酒热气暖心

酌酒杜烟八秩老翁无芥疾
清心寡欲四时佳兴乐松年

请勿入座三杯醉者也
须防出门一拱歪之乎

菜蔬本无奇厨师巧制十样锦
酒肉真有味顾客能闻五里香

古香古色古名实遂古意
醉地醉天醉酒莫如醉心

春酒绿彩灯红围炉共话长征路
玉梅开瑞雪舞把盏齐歌大有年

交不可滥谨防良莠难辨
酒勿过量慎止乐极生悲

挹东海以为觞三楚云山浮海里
酿长江而做醴四方豪杰聚楼头

周文王访太公闻香下马
汉萧何追韩信知味停车

值此良辰任玉漏催更还须彻夜
躬逢美酒不金鱼换盏尚待何时

华屋杂茅庐于西子湖边别开胜境
停桡来把盏在刘伶庄畔应集酒仙

不拘乎山水之形云阵皆山月光皆水
有得于酒诗之意花酣也酒鸟叫也诗

丘壑在胸中看叠石疏泉有自然画意
园林甲天下愿楼琴载酒作世外清游

东西盛馔南北珍馐酒溢奇香香四海
城乡嘉宾中外贵友店归众望望三江

聚首几何时且看云树诗成此别千古
伤心难自已且借屠苏酒熟聊酹一杯

筵前青嶂迎人当画里寻诗添我得闲小坐处
槛外杨柳如许恐客中买醉惹他兴起故乡情

翘首仰仙踪白也仙林也仙苏也仙我今买醉湖山里非仙亦仙
及时行乐地春亦乐夏亦乐秋亦乐冬来寻诗风雪里不乐也乐

下　编

集句对联

十目所视　　不狩不猎
四体不勤　　以雌以雄

三元及第　　友于兄弟
五世同堂　　乐尔妻孥

与子偕作　　升彼大阜
不我以归　　陟其高山

千寻玉海　　方外集侣
丈六金身　　江上浮家

不仙亦爽　　为尔寂寂
惟真乃华　　对此芒芒

心平意正
耳聪目明

以作尔宝
来献其琛

四方来贺
万邦作孚

白石凿凿
绿竹猗猗

乐善不倦
强恕而行

再斯可矣
一以贯之

百禄是总
三寿作朋

有震且业
克咸厥功

行不由径
游必有方

夙兴夜寐
日就月将

交交黄鸟
皎皎白驹

宁惟真固
不事浮华

如山如阜
为冈为陵

如江如汉
克岐克嶷

好学为福
惟道集虚

好是稼穑
询于刍荛

声闻于野
翰飞戾天

杨华江上
仙禽山家

言语必信　　虽狎必变
礼貌未衰　　又敬不违

犹湍水也　　畇畇原隰
若大路然　　涤涤山川

君乃真侣　　看日早晚
家于仙山　　与时浮沉

若合符节　　秬鬯一卣
如鼓瑟琴　　清酒百壶

雨露之养　　修其天爵
日月有明　　教以人伦

斧藻其德　　亭石浮爽
竹柏之怀　　江流荡阴

故益伊尹　　施于四体
若禹皋陶　　执其两端

显显令德　　举酬逸逸
抑抑威仪　　奉璋峨峨

虽无旨酒　　既诒我肄
亦有和羹　　无使君劳

既饱以德　尊其瞻视
由醉之言　善为说辞

焉得谖草　遍为尔德
爰求柔桑　实获我心

黄石得侣　遨游仁宇
丹山以铭　坐立欢门

虚室生白　馌彼南亩
飞阁流丹　游于北园

晨凫夜鲤　麀鹿攸伏
早雁初莺　凤凰于飞

煮鸭炊米　篆于亭石
画卵雕薪　家留仙山

惠此南国　譬若掘井
保彼东方　可使在山

朝夕从事　一生如土梗
夙夜在公　万事皆波澜

椅桐梓漆　一花一世界
黍稷稻粱　三藐三菩提

一经传旧德
八座起文昌

万事已华发
一身为轻舟

一泉留月色
万瓦照山光

与道本无隔
将诗莫浪传

人分千里外
兴在一杯中

上客能论道
虚怀只爱才

人生思幼日
秋士多春心

山公惜美景
小谢有新诗

力守非有党
心静得奇闻

山晚浮云合
江鸣夜雨悬

三光悬圣藻
一气转洪钧

夕来秋兴满
朝坐落花间

士生要宏毅
情在强诗篇

卫门罗戟棨
遂性各琴尊

大贤秉高鉴
上德表鸿名

小阁尊彝古
春泉茗碗清

大哉霜雪干
得之烟山春

飞文何洒落
摇笔起风霜

飞鸟逐前侣
好峰隐半规

天才任操倚
经训乃菑畲

子无嫌母丑
狗不厌家贫

天势围平野
河流入断山

云山起翰墨
星斗焕文章

天晴一雁远
海阔孤帆迟

云岫不知远
花房未肯开

无事此静坐
有情且赋诗

云霞成伴侣
冰雪净聪明

不愿乎其外
又顾而之他

开牖邀新月
题诗问落霞

巨石摩天碧
遥峰映日黄

井灶有余处
林园无俗情

日落江湖白
秋清木石奇

天与三台坐
儒开百代宗

气蒙杨柳重
寒勒牡丹迟

天地埋忧毕
关山拭剑行

长剑一杯酒
孤蓬万里征

长笑对高柳
贞心比古松

风暖鸟声碎
日高花影重

长歌白石涧
高卧香山云

凤栖常近日
鹤梦不离云

长歌尽落日
杯古醉余筋

水声巫峡里
山色夜郎西

竹石得幽秉
壶觞多雅游

水闲明镜转
山逐泛舟行

仁声被八表
妙花开六尘

丹霞夹明月
华星出云间

从来多古意
可以赋新诗

文字都无著
光景不少留

月下飞天镜
云生结海楼

文章天然好
其人春气腴

丹青不独任
心迹喜双清

文章开窔奥
节制收英髦

风骚共推激
华实相芬敷

文章有定价
邂逅得初心

文章自娱戏
忠义老研磨

玉人无俗用
达士惜穷居

文章负奇色
事业富清机

未曾一日闷
犹有五湖期

文章辉五色
心迹喜双清

古抱不可写
长空有所思

为学日务益
将诗待物华

古春伴忧患
奇气无等伦

计阔道愈密
实大华亦荣

可为具臣矣
愿为小相焉

心在水精域
直如朱丝绳

石高孤岸迥
霜净一峰真

心同孤鹤静
节效古松贞

石壁开精舍
瑶华振雅音

书乱谁能识
诗成觉有神

平生怀直道
大化扬仁风

水涌孤城白
云蟠万木深

业篁蔽白日
矫鹤盘苍穹

且坐互相视
有约待归来

此乐最为极
小病不胜春

丘壑趣如此
鸾鹤心悠然

尘襟谅昭洗
贤路不崎岖

鸟鸣时一再
家住水东西

先进于礼乐
夫子之文章

永路当自勖
清光应更多

传家有衣钵
听履上星辰

发兴自我辈
赏心惟良知

行年迨壮盛
结心愧平生

百岁真过客
一身为轻舟

名香泛窗户
达岫对壶觞

在家常起早
偶地即安居

名随市人隐
心与古佛闲

达生幸可托
得句不妨清

名香播兰蕙
妙墨挥岩泉

此心即佛者
明月吾故人

名香播兰蕙
雕藻迈琼琚

各勉日新志
能为岁寒姿

江山澄气象
冰雪净聪明

壮心感伏骥
高议动华轩

江声喧草阁
人影出烟萝

忏悔首文字
霹雳应弓弦

江城带素月
风岸叠青琴

灯近遥知市
溪回别有村

江树临洲晚
沙禽对水寒

兴来每独往
道集由中虚

江湖白秀色
山水多奇踪

江山九秋后
风月六朝余

汲古得修绠
开怀畅远襟

江山连楚蜀
钟鼓起华林

守道不封己
择交如求师

江山助磅礴
文物照光辉

好语时见广
此身良自如

江山助磅礴
烟月资清真

羽仪呈鹫鹭
藻思焕琼琚

红颜愁落日
白雨映寒山

抚剑怀壮士
开尊召友生

约失之鲜矣
诚乐莫大焉

连嶂浮翠霭
扁舟泛绿波

远水明浮棹
低云压怒雕

杖策寻盘石
开轩眺层霄

远水浮沙屿
千花夹寺门

坚姿聊自傲
素履期不渝

远意发孤鹤
思波起涸鳞

旷怀扫氛翳
公论悬日星

声华满冰雪
节操方松筠

听琴知道性
避酒怕狂名

苇管书柿叶
瓦瓶担石泉

乱山来众响
清磬出层阴

花竹有和气
风泉无俗情

低回吟冶句
金石成苦音

李杜文章在
荀陈地望清

余心无采缋
对书不簪缨

含情结芳树
捻香散名花

妙心苦难住
多士业未空

肝胆不楚越
眉宇真天人

妙心苦难住
禅悦讵可期

忘身学草木
委怀在琴书

其故家遗俗
有孝子慈孙

汪汪无尽意
落落亦高风

英年须阅历
贱士感蹉跎

汪汪无尽意
鹤鹤一闲官

林烟横积素
溪月湛芳尊

君为来见也
吾其与闻之

松风清耳目
蕙气袭衣襟

即事须尝胆
论诗一解颜

松柏有本性
园林无俗情

即事已可悦
赋诗何必多

吾心富丘壑
细语道家常

即事已可悦
赏心还自怡

披云炼琼液
坐月观宝书

或制闲居赋
新编杂体诗

知音在霄汉
时分占风烟

奇书窥鸟迹
赐茗出龙团

佳句喧众口
古人惜寸阴

顷来树佳政
时还读我书

径隐千重石
园开四季花

非求益者也
其寡过矣乎

所得静而简
其人勇且英

明月劝我饮
黄尘污人衣

金石响高宇
桂松比真风

明月松间照
春风柳上归

贪多嚼不烂
见小事难成

典坟探奥旨
诗礼挹余波

服理辨昭昧
秉心识本源

岸曲花藏钓
风高笛倚阑

放意弄晴快
叩奇独冥搜

知音在霄汉
高步蹑华嵩

学业醇儒富
文章大雅存

宝剑双龙舞
孤城一叶浮

空王开觉路
大药可延年

诗思竹间得
道心尘外逢

诗眼自增损
德容自清温

试吟青玉案
如登黄金台

居敬而行简
修己以安人

居简而行简
执柯以伐柯

细鳞漾深涧
老马识前途

经声入寒竹
人影出渔竿

经纶皆新语
鸾凤本高翔

春秋补小月
山水有清音

春夏各有实
鱼鸟亦相亲

春耕庶秋获
茶兴复诗心

草木含清色
岩廊挹大犹

草圣秘难得
诗人思无邪

荣华肖天秀
谈笑安边隅

荣名知自鄙
闻道岂独难

苔石随人古
山花拂面香

柳深陶令宅　　独鸟冲烟去
月静庾公楼　　幽花抱岫开

树木发春华　　飒爽动秋骨
清池激长流　　廉折配春温

树交花两色　　闻一以知十
溪合水重流　　枉尺而直寻

轻舟漾落日　　美花多映竹
叠嶂聚寒烟　　乔木自成林

幽人常坦步　　举头望明月
稚子总能文　　荡胸生层云

幽怀契贞柏　　举杯邀明月
清吟应晓钟　　焚香看道书

秋山宜落日　　烂漫晋宋谑
春思结垂杨　　出入仙佛间

秋草灵光殿　　语默寄前哲
寒云曲阜城　　邂逅承清尘

泉拖千丈白　　结交指松柏
云歇数峰青　　述作凌江山

结念属霄汉
委怀在琴书

晒书因阅画
闲坐但焚香

始得观览富
特以风期亲

恩怨谁为主
哀乐恒过人

敖曹地上虎
希夷人中龙

倚杖看孤石
开林出远山

素雨昏丛薄
微云知故山

积照涵德镜
素怀寄清琴

素琴将暇日
佳句染华笺

逢人觅诗句
留客听山泉

起舞拂长剑
赠言搂宝刀

高才食旧德
流藻垂华芬

荷锄觇泉脉
移石动云根

高文有风雅
新渥照乾坤

荷锄修药圃
煮茗就花栏

高松来好月
野竹上青霄

殊姿各独立
素志庶可求

阅古宗文举
临风怀谢公

粉墙犹竹色
虚阁自松声

兼入竹三昧
时有燕双高

烟开孤树迥
月出万山低

烟鸟窗中灭
湖光树杪悬

酒气和芳杜
诗篇占白蘋

酒香留客住
诗成倩鸟吟

酒香留客住
诗好带风吟

海石分棋子
江波近酒壶

浮菰落寒翠
平畴上余青

涧松寒转直
碧海阔逾澄

容光无不照
怀古亦何深

读书因阅画
闲坐但焚香

读书先审器
稽古有遥源

读书破万卷
落笔超群英

谁知大隐者
乃是不羁人

谁将佳句并
真与古人齐

朗抱开晓月
高文激颓波

朗抱开晓月
高情属天云

朗鉴谅不远
清言得未尝

虚白道所集
静专神自归

弱龄羡高隐
秀句镌春心

虚舟任所适
飞鸟相与还

桑竹垂余荫
圭璋满清班

虚亭闲落照
孤艇接残春

聊将斗酒乐
共话故园心

野云低度水
老树饱经霜

黄卷真如律
素琴本无弦

野竹分青霭
疏杨挂绿丝

萦情无余泽
扬论展寸心

野翠生松竹
潭香闻芰荷

雪云虚点缀
词气浩纵横

寤言纷在瞩
惠心清且闲

掬水皆花气
读书此云房

唱妍酬亦丽
我适物自闲

接垣分竹径
微路入花源

偶值栖遁迹
何异清凉山

得句忍不吐
好古意所耽

清川含藻景
丹华耀阳林

得尽所历妙
应缘不耐闲

清风左右至
苦调短长吟

得其心有道
反诸身不诚

清泉泻万仞
落日衔千峰

得众则得国
有土此有财

清溪全抱岭
斜日半吞山

船多不碍港
树大好遮阴

淑气回春甸
流光杂绮筵

脚著谢公屐
身披莱子衣

深峦带遥画
空谷有孤芳

逸气感清识
良辰入奇怀

深情托瑶瑟
逸兴横素襟

颇得湖山趣
不知城市喧

谋猷归哲匠
辞赋引文雄

颇阅升沉趣
能消魄磊怀

弹琴复长啸
读书仍隐居

绿水绕飞阁
青天扫画屏

智理周万物
远怀柔九州

琴将天籁合
幔卷浪花浮

道力战万籁
雅俗共一源

煮石敲新火
开轩迟良朋

道为诗书重
心缘启沃留

雅琴飞白雪
逸翰怀青霄

孳孳为善者
郁郁乎文哉

晴岚依极浦
余露敛遥岑

湖清双镜晓
涛落浙江秋

量力守故辙
荡胸生层云

游鳞乐静渚
独鹤下荒池

跌宕孔文举
风流贺季真

隔沼连香芰
缘岩覆绿萝

短歌能驻日
闲坐但闻香

疏峰抗高馆
稳字入新联

智勇冠当代
卓荦观群书

填词浑已懒
闻道幸不迟

楼看沧海日　　碧波澄倒影
门听浙江潮　　新燕有和声

暗水流花径　　静坐观众妙
斜阵转树腰　　端居味天和

暗水流花径　　暮雨怜幽草
清风满竹林　　诗声破苦空

微烟依碧树　　愿持山作寿
明月澄清秋　　常与鹤为群

鹏鹗励羽翼　　端居喜良友
龙鸾炳文章　　独立占古风

新诗如洗出　　端景缘直表
好鸟不妄飞　　茂实偶英声

溪静云生石　　蕴真惬所遇
窗虚日弄纱　　振藻若有神

骞腾坐可致　　蕴真惬所遇
洒扫今其初　　澄虑观此身

碧知红外草　　墨研清露月
红见海东云　　琴响碧天秋

澄潭映远竹
广殿炯寒灯

翰墨三余隙
陂塘五月秋

翰墨缘情制
山林引兴长

避人焚谏草
弹剑拂秋莲

霜空极大静
寒月带江流

露晓红兰重
云晴碧树高

麟笔删金篆
霓裳侍玉除

人生百事辛苦
青溪一曲盘桓

切莫悲欢自诉
可能纫佩同归

仁者无不爱也
君子亦有恶乎

今有璞玉于此
吾岂匏瓜也哉

凶拳不打笑脸
气话莫说过头

白日消磨无绪
碧云垂到而今

共明月隔千里
采甘露宴群臣

此景不比那景
他心怎似我心

则吾未之有得
于人何所不容

行义以达其道
当仁不让于师

交尽美人名士
记得汉武秦皇

江淮河汉是也
日月星辰系焉

独见不敌众识
一富难救十贫

远水不救近火
小舶常傍大船

活到老学到老
赚来多用来多

吟断锦云消息
斜排玉柱停匀

读书不求甚解
鼓琴足以自娱

何处三年吟绪
才见一抹斜阳

骏马明珠投赠
粥鱼茶饭荒寒

画屏犹自银烛
茅庵小有梅花

兽蹄鸟迹之道
鸡鸣狗吠相闻

吾斯之未能信
人皆有所不为

舜其大智也与
禹吾无间然矣

春雨劝伊同听
云萍依旧飘萧

漫漫评尽今古
重重阁住春阳

残香半销金兽
沉烟闲拨钗梁

橹声荡入云水
低鬟小按霓裳

是闻也非达也
虽得之必失之

一寸春心红到死
四厢花影怒于潮

一门鼎盛亲风雅
九边烂熟等雕虫

一剑还君君莫问
貂毫署年年甫中

一门鼎盛亲风雅
少年奇气称才华

一样楼台低隔水
隔墙花气暖于春

一曲正愁江上笛
十年如见梦中花

一家喜气如春酿
小筑幽栖与拙宜

一州典故闲征遍
半生中外小回翔

一箫一剑平生意
灵鬼灵山独此声

一花一石有款识
为儒为仙无滓尘

一榻空山曾小住
满船明月照无眠

一事平生无齮龁
五行阴骘谁平均

一樽春酿葡萄绿
满瓮秋香竹叶青

一事平生无齮龁
对门踪迹各清真

一襟新月横空碧
半篙湘波生晓寒

一卧沧江惊岁晚
千家山廓静朝晖

二十高名动都市
九州生气恃风雷

一种春声忘不得
四更急雨何曾停

二十高名动都市
五百学士偷文词

十万狂花如梦寐
九州生气恃风雷

入妙文章本平淡
逸群翰墨争传夸

十万狂花如梦寐
一身孤注掷温柔

几多怪石全胜画
无限好山都上心

十年松竹谁留守
九关虎豹不讥诃

九重树影连清汉
三殿花香入紫薇

七译来同稿街宴
三人皆隶桐君仙

九重霄汉天将近
万转云山路更赊

七重宝树围金界
千里名山入酒船

又被北山猿鹤笑
勿使满园蝴蝶窥

七德龙韬开玉帐
三千犀甲拥朱轮

三千士里文章伯
十二楼前侍从臣

八龄梦到夔相圃
一编聊献郑侨书

三更忽轸哀鸿思
十日无需逆旅金

人世几回伤往事
愁心一倍长离忧

三春景色佳期误
半夜雨声前计非

人生有酒须当醉
世上浮名好是闲

三湘愁鬓逢秋色
半壁残灯照病容

于法不说断灭相
此地可称坚固林

大人不计小人过
前事每为后事师

大隐本来无境界
胜游都为好山川

大抵好花终易落
争教红粉不成灰

万人侧目千人诺
七客沉吟一客言

万古焦山一痕石
三十华年四牡骓

万里悲秋长作客
一官羁绊实藏身

万事会须咨伯始
一班我亦愧真长

万卷图书天禄上
四时云物月华中

万卷藏书宜子弟
一日过海收风帆

万卷藏书宜子弟
三田聚宝真生涯

万壑松风和涧水
十分烟雨簇渔乡

山人生死无消息
大宙东南久寂寥

山中习静观朝槿
洞口经春长薜萝

山泉酿酒香仍洌
芳草留人意自闲

山陬法物千年在
册府苍凉六幕孤

山僧许我移茶灶
天仙偶厌住琼楼

山横故国三年别
江至浔阳九派分

千古风流有诗在
一生怀抱与山开

千树桃花万年药
半潭秋水一房山

千古知言汉武帝
六朝文苑李男香

千秋决无土花蚀
六艺但许庄骚邻

千年大富万年乐
二分梁父一分骚

千秋名教吾谁愧
一代人才有岁差

千年大富万年乐
七客沉吟一客言

千秋箓纪朱鸾诰
五色光生彩凤毛

千年大富万年乐
胸中海岳梦中飞

千赊无如八百现
一错便误百年身

千里云山何处好
十年书剑总堪怜

川原缭绕浮云外
台榭参差积翠间

千里关山千里梦
一番风雨一番啼

久病床前无孝子
富家山里有远亲

千首放怀风月里
一尊时对画图开

门开左掖风云近
阙对南山雨露通

千首新诗一竿竹
墙西明月水东亭

门寒地远性悦荡
珠明玉暖春朦胧

已办青鞋为老圃
细倾白堕赋新诗

已发政声如召杜
不惟诗句似阴何

已闻童子骑青竹
唤取佳人舞绣筵

小札回文翻旧谱
孤亭一角锁寒花

小园新展西南角
和气先熏草木心

小诗试拟孟东野
款段曾陪马少游

小院回廊春寂寂
鸣环动佩暗珊珊

小院回廊春寂寂
前峰后岭碧蒙蒙

飞罗半卷银题影
芳草长含玉辇尘

子固精神老坡气
茶山衣钵放翁诗

乡月夜临仙掌动
御烟曾见衮龙浮

天下名士有部落
古来情语爱迷离

天下苍生待霖雨
此间风物属诗人

天下何曾有山水
人间岂不是神仙

天下何曾有山水
老夫不出长蓬蒿

天上吹笙王子晋
云边度曲许飞琼

天气已寒宜薄醉
人间有味是清欢

天长地久有时尽
物在人亡无见期

天花岂用铃幡护
美人幸有错刀投

五亩自栽池上竹
一尊径醉溪中云

天临玉几班初合
露拂金茎曙欲分

五夜漏声催晓箭
千门曙色锁寒梅

元亮本无适俗韵
东坡也是可怜人

五经烂熟家常饮
百劫修成忍辱功

云开日月临青琐
花拥弦歌咽画楼

五侯门第非依宅
八部天龙礼我言

云生涧户衣裳润
窗近花阴笔研香

五都黍尺无人校
一代人才有岁差

云生紫殿幡花湿
月射珠光贝阙寒

五野绿云笼稼穑
一庭红叶掩衡茅

云收雨散知何处
燕语莺啼亦可伤

不用先王之道也
是以后世无传焉

云渡琐窗金牍湿
月当银汉玉绳低

不堪红叶青苔地
早是伤春梦雨天

五千里外三年客
一寸心中万斛愁

不随天市为消长
忽向东山感岁华

不随天市为消长
恍如庾岭对横斜

长疑好事皆虚事
莫遣佳期竟后期

太岁头上来动土
宰相肚里好撑船

化作飞仙忽奇阔
别以沉痼搜缠绵

日消残醉闲吟里
梦入青藤古木间

从知阆苑桃花色
各有洞天石屋春

日落远波惊宿雁
月临荒戍起啼鸦

从知阆苑桃花色
来听萧斋夜雨声

日暮酒醒人已远
鸟啼花落水空流

今日不知明日事
上场终有下场时

少年虽亦薄汤武
许身何必定夔皋

风月无情人暗换
江山有待我重来

长乐梦回春寂寂
昭阳歌断信沉沉

风尘荏苒音书绝
人物萧条市井空

长吟未免心肝苦
身世无如屠钓宽

风烟迸起思乡梦
霄汉长悬捧日心

长疑好事皆虚事
道是无情却有情

风雪盈裾好持赠
江天如墨我飞还

风骚意度卑唐体　　六朝文体闲征遍
人物依稀似晋时　　万事源头必正名

风飘柳线金成缕　　方丈蓬莱多伴侣
露滴红兰玉绕畦　　木公金母相东西

匀出工夫学书字　　为客马卿真寂寞
不容儿辈妄谈兵　　依人王粲本凄凉

文学纵横乃如此　　为道敢云能日损
金石刻画臣能为　　著书何似观心贤

文廊匼匝屏风曲　　为数春星贪久立
斜阳倭妥绣帘垂　　不容红豆擅相思

文章风谊细评度　　忆事怀人兼得句
亲朋岁月各萧闲　　引杯看剑坐生风

文章宇宙千年事　　心寄碧流空婉娈
江汉风流万古情　　语来青鸟许从容

文章或论到渊奥　　书生挟策成何济
笑谈与世殊臼科　　乡国论文集古欢

文章清逸世少比　　书似西台差少肉
胸次广博天所开　　诗如东野不言寒

水浮花片知仙路
草带泥痕过鹿群

双文单笔记序偈
饮酒结客横才锋

玉几由来天北极
凉风只在殿西头

玉枕夜寒鱼信断
金炉春满鸭心香

玉树九重常在梦
宫花一落旋成尘

玉树瑶林照春色
物华天宝借余光

玉蝉金雁三层插
画裤朱衣四队行

玉琴瑶瑟倚天半
白波青嶂非人间

未央树色春中见
茂苑莺声雨后新

未许清尊空北海
尚留诗屋寄云门

未免初禅怯花影
只容心里贮秾春

去也无踪寻也惯
少能炙毂老能聪

去日渐多来日少
别时容易见时难

功业须当垂永久
行藏争不要分明

功名待寄凌烟阁
霄汉常悬捧日心

甘露卷帘看雨脚
宜春深院斗花枝

世人不识东方朔
谷口空称郑子真

世外原无众香国
花阴真是小华胥

世事沧桑心事定
胸中海岳梦中飞

平生独以文字乐
此日翛然水竹居

世态炎凉随节序
人情翻覆似波澜

东风已绿瀛洲草
阁道回看上苑花

古来贤达知多少
旧日人民果是非

东涂西抹寻常有
万劫千生再见难

古愁莽莽不可说
大义显显则予休

东涧水流西涧水
锦江春似曲江春

石窗花落春归处
山店灯残梦到时

北军似姑南似嫂
美人如玉剑如虹

龙华相见再相谢
秋心如海复如潮

北望觚棱南望雁
儿谈梵荚婢谈兵

平生不蓄湘累问
有子肯为王霸惭

旧书不为丹铅误
怀人无那碧云遮

平生不蓄湘累问
身世无如屠钓宽

旧书不厌百回读
佳客时来一座倾

平生进退两颠簸
对门踪迹各清真

归目并随回雁尽
离魂潜逐杜鹃飞

归鸟各寻芳树去
寒潮唯带夕阳还

四海交游更聚散
十年京洛共风尘

归信几番劳远梦
愁心一倍长离忧

生儿只识秦碑字
古心突过汉朝松

且与扬雄说奇字
要令安世诵亡书

丘壑无双人地称
箴铭磊落肝脾虚

且买青山且鼾卧
不论盐铁不筹河

仙人有待乘黄鹤
壮士徒令感白虹

且买青山且鼾卧
不求秋实不看花

仙山楼阁寻常事
月地云阶一倍寒

且买青山且鼾卧
偶赋凌云偶倦飞

仙心欲捉左元放
大草闲临张伯英

田横五百人安在
太湖七十溇为墟

仙样风神画中语
文人珠玉女儿喉

四七辩士记崖略
一奴仙犬无狂猿

白雪任教春事晚
贞松惟有岁寒知

四时最好是三月
万里谁能访十洲

鸟下绿芜秦苑夕
云凝碧树渚宫秋

鸟啼云窦仙岩静
树入天台石路新

半空河影流云碎
十里梅花作雪声

鸟啼深树斫灵药
马饮春泉踏浅沙

汉家城阙如天上
武帝旌旗在眼中

兰台能书汉朝事
更生误读淮王篇

圣代科名酬志业
中朝品秩重文章

兰因絮果从头问
剑气箫心一例消

圣寿已传千岁酒
春光欲上万年枝

兰亭旧路虽曾识
子夜新歌遂不传

台上凤箫秦弄玉
镜中珠翠李夫人

兰襟一丸凉月坠
针儿七个尽情穿

老去诗篇浑漫兴
晚来幽独转伤神

兰襟一丸凉月坠
梅花四壁梦魂清

老妻画纸为棋局
童子开轩扫落花

半与城门充校尉
非将此骨媚公卿

共欢天意同人意
多说明年是稔年

半世为官一世孽
十年偏遇九年荒

西邻吊罢东邻贺
七客沉吟一客言

西邻吊罢东邻贺
官梅只作野梅看

此生欲问光明殿
无分同探阆苑花

百年心事归平淡
一代人才有岁差

此身愿爵关内老
三人皆隶桐君仙

百年棋辙低回遍
万卷书生飒爽来

师友凋殂心力倦
块癖消沉结习虚

百事翻从阙陷好
千言只作卑之论

光芒六合无泥滓
漏染大笔何淋漓

百卷书成南渡岁
一灯红接混茫前

早春重引江湖兴
懒性从来水竹居

成佛莫教灵运后
作诗犹是建安初

曲江山水闻来久
庾信文章老更成

扬扢千秋儒者事
拥书百城南面王

因知贫病人须弃
不露文章世已惊

过桥树叶村边合
隔岸柴门竹里开

岁星在前奴在后
人饮获醉我获醒

至人无心亦无法
古者养民如养儿

岂有白衣来剥啄
便应黄发老渔樵

回看屈宋由年辈
远追甫白感至诚

自传芳酒翻红袖
似有微词动绛唇

朱阁箪凉疏雨过
玉楼歌断碧山遥

自把新诗教鹦鹉
戏拈秃笔扫骅骝

先生读书看三藏
美人清妙遗九州

自知语乏烟霞气
幸汝生逢清晏时

竹叶岂能销积恨
杏花争忍扫成堆

自知语乏烟霞气
谁肯心甘薄幸名

休怪儿童延俗客
不劳钟鼓报新晴

自愿勤劳甘百战
莫将成败论三分

优者龙凤劣虎豹
下为河岳上日星

行乐及时惟有酒
无言对客本非禅

仰贺斯文归朗鉴
惟将直道历崇班

合欢却笑千年事
奉使虚随八月槎

自叹马卿常带病
也知光禄最能诗

合沓声名动寥廓
纵横逸气走风雷

自有琴书增道气
只将诗句答年华

名高北斗星辰上
诗在千山烟雨中

各有清名闻海内
几人怒马出长安

各有清名闻海内
断无幽意上眉梢

各悔高名动寥廓
不如放眼入青冥

多谢兰言千百句
知隔朱扃几万重

多识前言蓄其德
但开风雅不为师

亦无有定法可说
应如是降伏其心

亦能画马穷殊相
欲遣吟人对好山

交情淡似秋江水
赠句清于夜月波

闭户著书多岁月
挥毫落纸如云烟

关门令尹谁相识
江上渔翁未易名

米盐种种家常话
春寒瑟瑟晚来添

江上暮鸿遥送影
湖南春草但相思

江清露白芙蓉死
云散天高秋月明

江淹采笔空题恨
荀令香炉可待熏

江湖万里水云阔
草木一溪文字香

守道还如周柱史
著书曾学郑司农

守默守雌容努力
为儒为仙无滓尘

守默守雌容努力
相嘲相慰亦有年

安用迂儒谈故道　好作新诗寄桑苧
不容水部赋清愁　想当逸气吞江湖

安排写集三千卷　好梦肯随蝴蝶去
负尽狂名十五年　离魂暗逐杜鹃飞

冰雪无痕灵气杳　观理自难观势易
茶烟欲散颓鬟浓　春山不妒春群红

尽卷帘旌延竹色　羽琌山馆三百墨
想衔杯酒问花期　薜下人家六万缯

那堪往事空牢落　红树枝头闻犬吠
谁共芳樽话唱酬　寒山影里见人家

阮公施香孰施字　红树暗藏殷浩宅
鲁史书春复书秋　青山空绕仲宣楼

收拾遗文归一派　纤腰怕束金蝉断
悔著新书近十年　寒鬓斜簪玉燕光

如此深心如此法　声音文字各窔奥
不似怀人不似禅　风云材略已消磨

妇才善哀君善怒　声音文字各窔奥
人饮获醉我获醒　词锋落月互纵横

声音文字各窔奥
郁怒清深两擅场

更恨香魂不相遇
真成薄命久寻思

花开花谢常如此
船去船来自不停

更傍紫微瞻北斗
还将彩服咏南陔

花迎彩服离莺谷
阁倚晴天见凤巢

更筑园林负城郭
先安笔砚对溪山

花房露透红珠落
桂树风吹玉简寒

折芳远寄相思曲
望月还登乞巧楼

花魂蝶梦飞难度
凤泊鸾飘别有愁

吾山自信云舒卷
片心高与月徘徊

苍山迢递成千里
明月何曾是两乡

时流不阻狂生议
廉锷非关上帝才

苍藤翠壁初无路
野草闲花各自春

园中草木春无数
湖上山林画不如

芳草有情能下泪
野花无语自生愁

别有狂言谢时望
莫抛心力贸才名

杨柳亭台凝晚翠
芙蓉帘幕扇秋红

别裁伪体亲风雅
遍谒名山适性灵

别酒不须花底劝
泪痕时旁枕函流

但酌此泉胜酌酒
劝栽黄竹莫栽桑

牡丹红色三春暖
词令聪华四座传

作诗贺我得石友
曲肱听君写松风

我书意造本无法
此老胸中常有诗

身应山河分岳渎
功铭鼎吕绘麒麟

我依醉醒自有例
皇天竺胙总无私

余子风流追魏晋
太平胸次到唐虞

我焚文字公焚疏
君领琵琶依领箫

返照入江翻石壁
疏松隔水奏笙簧

我焚文字公焚疏
奇许相借错许攻

坐牵蕉叶题诗句
醉折花枝当酒筹

每闻佳士辄心许
不辨仙源何处寻

狂客漫歌金缕曲
佳人犹舞越罗衣

何处寻秋何处醉
伴我熏香伴我修

肚饥莫向饱人说
心酸休在路旁啼

何敢自矜医国手
偶然闲慕遂初衣

闲寻古寺消晴日
却听疏钟忆翠微

闲拈蕉叶留题咏
醉折花枝当酒筹

张颠草圣雄千古
焦遂高谈惊四筵

闲抱琵琶寻旧曲
数教鹦鹉念新诗

阳羡春茶瑶草碧
兰陵美酒郁金香

闲看秋水心无事
静听天和兴自浓

纵有文章惊海内
非将门阀傲江滨

闲看秋水心无事
久住西湖梦亦佳

纵有文章惊海内
原非感慨为苍生

闲愁却恐惊巢燕
往事应须问塞鸿

纵饮欲谋良夜醉
殊方又喜故人来

沙棠作舟桂为楫
浮云似帐月如钩

青竹闲垂任子钓
牙签喜校邺侯书

穷人惯作有钱事
巧妇难为无米炊

武帝祠前云欲散
胡公坡上日初低

灵山未歇宗风歇
江左新闻君毕闻

苦节难违天子命
梦归偏动故乡情

灵犀一寸分明见
少年三五等闲看

幸与野人俱散诞
不嫌门径是渔樵

英文钜武郁浩荡
高谈俊辩皆沉雄

奇龙怪凤几漂泊
高谈俊辩皆沉雄

林花经雨香犹在
芳草留人意自闲

非金非石非诔谥
亦狂亦侠亦温文

林罅忽明知月上
竹梢微响觉风来

非金非石非诔谥
如犇如雷如流泉

松持节操溪澄性
山殿屏风花夹篱

拔薤已观贤守政
寿亲还慰鲁侯心

枫叶荻花秋瑟瑟
浴凫飞鹭晚悠悠

明知相约非相误
不须逾济与逾淮

画眉今日空留语
远目非春亦自伤

呼朋亦得三四子
出地何愁八百年

两岸芦花飞晓雪
几家烟火隔秋云

岭树重遮千里目
故人何惜一行书

奇气一纵不可盖
天花拂袂著难消

败叶残蝉连汉苑
古烟高木隔绵州

奇龙怪凤几漂泊
风鬟雾鬓觉伶俜

垂手乱翻雕玉佩
背人多整绿云鬟

秋水为神玉为骨　　采槛烛烟光吐日
芙蓉如面柳如眉　　御沟春水漫成霞

佳节每从愁里过　　鱼跃镜中将绿破
远书忽向病中开　　鸟还天外带青来

桂岭瘴来云似墨　　鱼鳖不可胜食也
蜀江风淡水如罗　　牛羊又从而牧之

供家米少因添鹤　　忽闻海水茫茫绿
送酒人多不典衣　　蓊尽秋花漠漠寒

侧身天地更怀古　　单影可堪明月照
独立苍茫自咏诗　　贞心独有老松知

物自低昂人自便　　沽酒独教陶令醉
少能灸毂老能聪　　狂言屡发次公醒

金屋独眠堪寄恨　　泪残秋雨遗尘袜
瑶台无路可追寻　　肠断春风为玉箫

金铃玉佩相磋切　　波生野水雁初落
珠蕊琼花斗剪裁　　风静寒塘花正开

念我能书数字至　　学徒不屑谈贾孔
悲君已是十年流　　许身何必定夔皋

定有雄文移七阁
忽收古泪出长安

诗名官职称双好
丹桂灵椿并一时

定有雄文移七阁
悔著新书近十年

诗笔离骚亦时用
文章尔雅称吾宗

官如草木吾如土
舌有风雷笔有神

诗翁爱酒常如渴
草堂少花今欲栽

官职声名俱入手
风崖水穴旧闻名

诗酒淋漓出狂怪
虹霓吐暖忘寒饥

空谷自能生地籁
吟毫端合染溪光

诗情逸似陶彭泽
勋业终归马伏波

空桑三宿犹生恋
丝竹千秋尚绕梁

诗墨淋漓不负酒
江山雄丽洵宜人

帘外落花闲不扫
炉中香气尽成灰

迢迢霁野云阴合
淅淅疏帘雨气通

帘前春色应须惜
楼上花枝笑独眠

细水浮花归别涧
西风落叶掩重门

穹庐落日鞭丝骤
园亭清夏卮酒黄

细推物理须行乐
高视乾坤又可愁

孤棹夷犹期独往
崇山瘴疠不堪闻

故人相见烦传语
老去寻诗苦未休

终日相思却相怨
一杯成喜又成悲

故里春光荣画锦
上林晴日绚朝衣

终胜秋磷亡姓氏
非将此骨媚公卿

故国山川皆梦寐
昔年亲友半凋零

经行东坡眠食地
会访拾遗花柳村

故遣相逢当五浊
生还如证第三禅

春浮玉藻寒波落
水滴铜龙昼漏长

南浦蒹葭疏雨后
寒城鼓角晚钟前

春能蕴藉如相识
风入襟怀只自知

南斗日躔韩吏部
西湖风气白香山

珊瑚枕上千行泪
白玉壶中一片冰

茶烟渔火遥如画
江水云山杳莫穷

政用疏通合典则
地分清切任才贤

树影悠悠花悄悄
江篱漠漠荇田田

城南有客夜兀兀
门前青翰泊双双

树影悠悠花悄悄
愁云漠漠树离离

要知作诗如作画
但愿对竹兼对花

鸦髻巧梳金翡翠
麝熏微度绣芙蓉

残花烂漫开何益
妙舞逶迤夜未休

是处登临有风月
略无踪迹到波澜

残雪未消双凤阙
轻烟散入五侯家

是恩是怨无性想
一钗一佩断知闻

轻鸥白鹭定吾友
绿竹高松无俗尘

勋业定应归鼎鼐
文章谁得到罘罳

轻寒恻恻侵帘箔
一灯幌幌摇春屏

看花谁与同携手
好月那堪独上楼

轻寒恻恻侵帘箔
红豆年年掷逝波

看取萧萧鸾尾影
悔极堂堂岁月迟

持其志无暴其气
居之安则资之深

重之不减锦绣缎
邀我共作沧浪篇

持其志无暴其气
敏于事而慎于言

钟鼎山林各天性
风流儒雅亦吾师

拾翠总来芳树下
倩妆无复碧莲西

香草美人吟未了
红豆绿芜春又深

复有楼台衔暮景
但将怀抱醉春风

独骑白鹤招青鸟
便拖藤杖看梅花

秋草独寻人去后
水云初起雁来初

养气不动真豪杰
居心无物转光明

偏是无情偏解舞
同礼心经同听钟

前身自是卢行者
伴直难呼孟浩然

侯门不把冯驩剑
客路空携范蠡图

前身应是梁江总
百岁须齐卫武公

追思往事咨嗟久
始觉空门意味长

阁中帝子今何在
江上仙翁去不回

胸中已无少年事
门外犹多长者车

恍疑琼岛翻成梦
只是长安不见人

勉求玉体长生诀
未问仙人辟谷方

举世尽从愁里老
暮年初信梦中忙

勉求玉体长生诀
怕听花间惜别词

津楼故市生荒草
落日深山哭杜鹃

勉求玉体长生诀
删尽蛾眉惜誓文

客心今雨昵旧雨
我道神功胜禹功

客心今雨昵旧雨
昼课男儿夜女儿

秦镜欲分愁坠鹊
画屏无睡待牵牛

客称主人人一喙
公今言听听无终

素柰忽开西子面
芙蓉不及美人妆

退一步天高地阔
让三分义重情真

起看历历楼台外
渐向垂垂花树边

屋瓦自惊天自笑
美人如玉剑如虹

都将笔下文章润
散作人间雨露浓

眉宇之间见风雅
笑谈与世殊臼科

壶觞须就陶彭泽
勋业终归马伏波

眉痕英绝语谡谡
金炉香袅昼沉沉

耻与蛟龙竞升斗
不要公卿寄俸钱

绕砌寒风号络纬
闭门疏雨落梧桐

耻与蛟龙竞升斗
谁疑臣朔是星辰

绕篱野菜飞黄蝶
糁径杨花铺白毡

莽莽古愁不可说
尘尘文字以为门

绝须丝竹娱安石
能使江山似永嘉

莫言海上浑无地
应是壶中别有天

莺传旧语娇春日
凤吐流苏带晚霞

剔彼高山大川字
各有洞天石屋春

莺怜胜事啼空巷
蝉曳残声过别枝

笔下江山转葱倩
云中楼阁自阴晴

桃花一簇开无主
柳叶双眉久不描

笔老诗新疑有物
水清石瘦亦能奇

酌酒赋诗相料理
种花移石自殷勤

笑拈霜管题诗句
闲向春风倒酒瓶

烈士暮年宜学道
才人老去例逃禅

乘舟取醉非难事
送客逢春可自由

顾我老非题柱客
凡今谁是出群雄

倘若有城还有国
看他潮长又潮平

逐客虽皆万里去
雄豪复遣五陵知

倦客闭门三日雨
野桥流水一犁烟

柴扉苑屋无人问
断岸寒流到底清

徒劳掩泪伤红粉
但惜流尘暗洞房

剔之综之抑有待
深吟浅吟态不同

胸蟠杜甫千间厦
气压陈登百尺楼

高会日陪山简醉　　悔向王侯作宾客
题诗谁似皎公清　　高吟肺腑走风雷

高怀尚友漆园叟　　烟树远浮春缥缈
后学过呼韩退之　　风船解与月徘徊

衰草夕阳江上路　　烟绵碧草萋萋长
渔歌樵唱水边村　　雨裛红蕖冉冉香

座中醉客延醒客　　酒令虽严莫嗔虐
镜里今年老去年　　草书非学聊自娱

病身最觉风霜早　　酒如绿波灯如雪
离梦杳如关塞长　　儿谈梵荚婢谈兵

病躯动觅藜床坐　　酒如绿波灯如雪
懒性从来水竹居　　红似相思绿似愁

病眼较来犹断酒　　酒逢知己千杯少
新诗改罢自长吟　　话不投机半句多

羞将短发还吹帽　　酒酣懒舞谁相曳
共踏清歌又举樽　　客至从嗔不出迎

瓶花帖妥炉香定　　流水白云常自在
觅脍飞沉竹肉喧　　金风玉露一相逢

流水白云常自在
晚山秋树独徘徊

除却读书无所好
恍如造物与同游

流莺百啭和残漏
海燕双飞出禁林

陶令久辞彭泽县
山翁长醉习家池

家酿满瓶书满架
山花如绣草如茵

通人识小聊为乐
道学宗风毕竟传

家酿满瓶书满架
美人如玉剑如虹

能招过客饮文字
亦把湍流替管弦

扇裁月魄羞难掩
灯涩秋光静不眠

能将忙事成闲事
不薄今人爱古人

谁边庭院谁边宅
伴我熏香伴我修

难向史家搜比例
不容水部赋清愁

谁向其间起宫阙
年来我但写莲经

难向史家搜比例
莫从文字问高庳

谈经忘却三公贵
生涯只羡五侯宾

绛节几时还入梦
御香闻气不知名

谈破长安万张口
重礼天台七卷经

桑梓温恭名教始
情话缠绵礼数删

娶妻幸得阴山种　　虚心愿比郎官笔
有子肯为王霸惭　　感兴平吟才子诗

著书时时说神鬼　　常爱此中多胜事
隔窗了了见文箫　　更于何处学忘机

黄金盒里盛红雪　　常棣并为天下士
碧玉盘中弄水晶　　先生真是地行仙

黄梅淡冶山矾艳　　眼底云萍才合处
翠墨淋漓茧纸香　　梦中词笔小琤琮

黄鹂久住浑相识　　眼前好恶那能定
青雀西飞竟未回　　梦里输赢总不真

萧何只解追韩信　　野庙向江春寂寂
贾谊何须吊屈平　　残灯无焰影幢幢

梅魂菊影商量遍　　野草怕霜霜怕日
剑胆琴心一例消　　月光如水水如天

推醉唯知弄花钿　　晚岁披猖终未肯
忍寒应欲试梅妆　　少年哀乐过于人

辅世长民莫如德　　晚岁披猖终未肯
令闻广誉施于身　　皇天竺胙总无私

晚景莫追窗外骥
消忧已辨酒中蛇

略耽掌故非勋济
莫抛心力贸才名

啼花恨草无重数
活色生香五百年

铜壶漏水何时歇
御苑砧声向晚多

铲除风雪关山句
生就灯前儿女诗

笛怨柳营烟漠漠
马嘶山店雨蒙蒙

笙歌缥缈虚空里
台榭参差烟雾中

敏则有功公则说
威而不猛恭而安

敏则有功公则说
淡而不厌简而文

偶陪上阁鹓鸾会
新管江南山水来

偷闲颇异凡夫法
收帆好趁顺风时

偷闲颇异凡夫法
远志真看小草同

偷闲颇异凡夫法
著书先成不朽功

偷闲颇异凡夫法
著书都为稻粱谋

偏是无情偏解舞
不能古雅不幽灵

欲共幽人洗笔墨
但惊妙语杂风烟

欲买桂花重载酒
休将桐叶更题诗

欲知世掌丝纶美
肯信吾兼吏隐名

彩笔只宜天上用　　惊风乱飐芙蓉水
五云多绕日边飞　　秋月空悬翡翠帘

猛忆儿时心力异　　惨惨凄凄仍滴滴
每谈宦辙壮怀飞　　霏霏拂拂又迢迢

孰赢孰绌孰付予　　清风未许重携手
是仙是幻是温柔　　好月那堪独上楼

离岸游鱼逢浪返　　清琴玉壶罢消息
出林幽鸟向人飞　　娱魂快意宜文章

庾信罗含俱有宅　　清琴玉壶罢消息
李陵苏武是吾师　　珠帘翠幕栖婵娟

望断鸳鸿犹未见　　鸿雁不堪愁里听
可怜蜂蝶却先知　　鹧鸪休向耳边啼

阊阖回临黄道正　　深山大泽龙蛇远
楼台直与紫微连　　古木苍藤日月昏

情多莫举伤春目　　深林闲数新添笋
望远能无化石心　　残烛贪看未见书

惜花意欲春常在　　深院沉沉人悄悄
落笔乃与天同功　　春风淡淡影悠悠

梁间燕子闻长叹
楼上花枝笑独眠

敢于世上明开眼
莫怪先生懒折腰

敢参黄面瞿昙句
无复龙威禹穴心

绿水青山虽似旧
红颜白发递相催

绿树碧檐相掩映
天丝舞蝶共徘徊

蛩辞败草鸣香阁
燕蹴飞花落舞筵

落梅风急闲庭暮
凤胫灯青香篆寒

椒房窈窕连金屋
珠箔轻明拂玉墀

雁飞萤度愁难歇
烛暗灯残坐不辞

欹斜谑浪震四座
朴学奇才张一军

悲欢离合本如此
郁怒清深两擅场

紫杜红兰闲掐遍
黄金华发两飘萧

晴云满户团倾盖
瀑水侵阶溅舞衣

啼鸟歇时山寂寂
寒鸦飞尽水悠悠

短亭流水长亭树
一曲清溪几曲田

傍花行酒发新唱
解带量松长旧围

御柳遥随天杖发
宫衣寒拂雪花轻

寒角莫吹残月夜
好花争奈夕阳天

渭水寒光浮藻井
巫山枕障画高丘

强中更遇强中手
恶人自有恶人磨

寒香嚼得成诗句
新月邀将入酒杯

絮影风光太消碎
假山修竹隐蒙茸

窗含远树通书幌
风飐残花落砚池

登第往年同座主
抱琴何处觅知音

谟议轩昂开日月
文章浩渺足波澜

缓带轻裘成昨梦
浊醪粗饭任吾年

禅战愁心无气力
雨花云叶太阑珊

瑞气迴浮青玉案
清名合在紫微天

禅战愁心无气力
黄金华发两飘萧

瑞草惟承天上露
绣衣却照禁中花

谢朓诗篇韩信钺
老莱衣服戴颙家

蓦地横吹三孔笛
天风已度五更钟

疏檐看织蟏蛸网
古木唯多鸟雀声

蓦地横吹三孔笛
长天飞去一征鸿

疏檐看织蟏蛸网
远信闲封豆蔻花

楼台近水涵明鉴
琴酒和云入旧山

摇笔尚堪凌浩荡　　新诗急记销魂事
题诗端为发幽妍　　著书先成不朽功

路绕寒山人独去　　新结茅庐招隐逸
江涵秋影雁初飞　　便应黄发老渔樵

嗜酒何妨陶靖节　　新添水槛供垂钓
能诗重见谢玄晖　　许坐层轩数散愁

锦帐罗帏羞更入　　新蒲新柳三年大
秦云楚雨暗相和　　青山青史两蹉跎

愁占蓍草终难决　　数问舟船留制作
欲采蘋花不自由　　更无书札到公卿

愁将玉笛传遗恨　　漠漠稻花资旅食
暗掷金钱卜远人　　轻轻柳絮点人衣

遥知法会灵山在　　溪边瑶草含朝露
一睨人才海内空　　天上珠帘卷曙霞

遥怜屈贾英灵地　　殿下惟饮此州水
为溯黄农浩渺前　　先生不知何许人

鲈鱼正美不归去　　碧莎裳下携诗草
瘦马独吟真可哀　　杨柳洲边载酒船

碧落有情应怅望
白云何处更相期

翠竹黄花皆佛性
清池皓月照禅心

碧落有情空怅望
春山无伴独相求

翠袖自随回雪转
红颜无奈落花催

瑶台绛节游俱遍
粉壁红妆画不成

翠墨未干仙字蚀
丹毫圆折露华浓

暮雨自归山悄悄
高楼独上思依依

缫成白雪三千丈
净扫清风五百间

愿得黄金三百万
负尽狂名十五年

蕲竹水翻台榭湿
桐花风软管弦清

僧归黄叶林边寺
人候夕阳江上舟

醉依华屋春多丽
贵想豪家月最明

漫说简书催物役
可堪风景促流年

辘轳声绝离宫静
杨柳风多水殿凉

漫说简书催物役
犹将谈笑出风尘

撑住东南金粉气
能苏万古落花魂

嫩寒漠漠欺人觉
银汉茫茫入夜流

撑肠文字五千卷
试手清凉第一篇

蝴蝶梦中家万里
凤凰声里住三年

避席畏闻文字狱
披衣起注阴符经

蝶粉乱翻迎笑脸
柳丝轻舞学纤腰

避席畏闻文字狱
披衣起展华严经

蝶衔花蕊蜂衔粉
犀辟尘埃玉辟寒

藏书万卷可教子
买地十亩皆种松

墨妙已窥王令帖
良材还斫蔡翁琴

霜雕碧树作锦树
色过棕亭入草亭

镜奁尘暗同心结
金粟妆成扼臂环

曙色渐分双阙外
语音犹在五云中

鹤群长绕三珠树
花气浑如百和香

蹙踏鲍谢跨徐庾
网罗秦汉近唐虞

滕王高阁临江渚
汉主离宫接露台

瓣香急试博山火
好句真传雪窦风

整我图书三万轴
笑比高皇十八侯

露气暗通青桂苑
日华遥动郁金袍

凝华结藻久延立
弹琴鼓瑟聊自娱

露浓香径知愁至
风恼花枝不耐烦

囊简久藏蝌蚪字
诗坛欲效鹳鹅军

麟生凤降岂有种
心夷貌惠难可双

一天飞絮云萍影合
十行斜墨花叶书成

一日九迁陛擢超等
六喜三福长生乐乡

一身孤注惊心似我
五湖同去片语告君

一抹斜阳半堤芳草
几堆素竹二顷梅花

一家做墙两家方便
前人种树后人乘凉

十步之间必有芳草
八月既望常见浮槎

几度相逢十分疏俊
百年担负千古声名

三生慧业各知其夙
六朝俊语有闻于时

三台摛朗四岳增峻
万流仰镜庶士倾风

三辰丽天四渎纪地
两曜合璧五星连珠

干戈韬阁拊髀大笑
伊吕集聚拱手安居

土阶明堂凤皇游宿
泰山幽谷龙蛇潜藏

大河前横明漪绝底
太华夜碧白云初晴

大河前横流水今日
太华相望幽人空山

大厦初成燕雀相贺
盛德斯感兰菊丛生

大福久兴主母喜舞
长乐受庇使君延年

万象在旁生气远出
独鹤与飞妙造自然

千柱百梁安乐富有
五利四福光明盛昌

与日月俱生我百谷
载风云毋饮福万钟

小玉聪狂乳名郑重
谢娘风格眉样蹉跎

与古为新载瞻星气
其曰可读如写阳春

小有清吟都无狂醉
平添幽韵自制离愁

寸心自高广流臻永
三礼立吉四气受和

小按霓裳消我尘土
起书花叶且自徘徊

山水有灵亦惊知己
性情所得未能忘言

小窗多明使我久坐
入门有喜与君笑言

山水有情桑麻如画
风云得气鸾鹤翔空

小窗多明俯拾即是
众山倒影乘空欲飞

山榴发英河柳垂叶
雪芝献液露菊倾华

天半朱霞云中白鹤
山间明月江上清风

内外和睦不忧饥渴
道利易通为吾福功

天地九重养贤致福
造化八元为尧立功

千欢万悦贵寿无极
五福四利喜庆大来

天际真人遥空闻说
云中仙鹤几度相逢

天岱发灵宗河开宝
紫帙流记丹经秘词

长命鸳鸯兰言半枕
那般庭宇璧月三圆

云梦苑囿荆人以富
温山松柏君子所居

仁德大隆吉音长久
和气所舍福禄光明

不着一字具备万物
前招三辰横绝太空

从军也要吟诗也要
不信飘零自忏飘零

区脱康居扶首来会
春城夏国拱手安居

父老尧禹锱铢周汉
提挈天地把握阴阳

比目附翼欢乐相得
增禄益寿坚固不倾

月明华屋如有佳语
人闻清钟不辨何时

日对千人不犯一讳
坐拥万卷何假百城

月明华屋载瞻星气
花覆茅檐时闻鸟声

日往烟萝脱巾独步
月明华屋伴客弹琴

月梦低敲花魂细绾
莺期不定鸾镜终抛

日暮春归扑人花雨
香消茶熟整我图书

月殿霞窗偶然仙去
空邮古戍独倚黄昏

气息氛氲呼之欲出
人天辛苦试语还难

风风雨雨朝朝暮暮
絮絮叶叶瑟瑟萧萧

风鬟露华呼之欲出
笛床歌板乐亦无穷

六喜三福常居安乐
五方四维所之吉昌

凤约倥偬莺期懊恼
杨花零乱燕子匆忙

方只始凝圆精初爚
天符既彰人瑞又明

凤凰在左麒麟处右
朱鸟道引灵龟载庄

为其养小以失大也
非徒无益而又害之

凤凰衔书王乔无病
骊驹在门主君以欢

为善读书得安乐法
浇花种竹生欢喜心

文成规矩思合符契
道匡雅俗器重宗彝

计思匪深真力弥满
控物自富令色氤氲

文若春华思若泉涌
参以酒德间以琴心

书生骨相健儿身手
雕龙文卷屠狗功名

文窗四扇欹鬟沉坐
青溪一曲打桨同还

书亦国华玩泽方美
思表纤旨刻镂无形

六曲春星二分明月
一帆冷雨半壁青山

书亦国华声动简外
诗杂仙心气流墨中

六经泥蟠百家飙骇
九流鳞萃七略芳菲

水驿寻灯山程倚辔
庭梅妒月宫烛凄烟

水流花开晴雪满竹　　左酒右浆喜叠其室
柳荫路曲过雨采蘋　　伯歌季舞福为我根

玉壶买春酒为欢伯　　可人如玉观花匪禁
琅函吐秘诗杂仙心　　清酒满杯杖藜行过

玉酒零霞金浆挹露　　平生秋思西州怨别
琼英缀雪绛萼着霜　　谁家公子南国评花

未有小人而仁者也　　平夷涧谷搜剔岩窦
然则夫子既圣矣乎　　振拔洿涂跨腾风云

正惟弟子不能学也　　平理若衡照辞若镜
然则圣人且有过与　　动墨横锦摇笔散珠

古镜照人素体储洁　　四时递谢八风代扇
大风卷水积健为雄　　六合元亨九有雍熙

古镜照神是有真迹　　白云初晴生气远出
壮士拂剑若为雄才　　碧桃满树幽行为迟

石砌横锦山窗点绿　　白云初晴如月之曙
星梧对斗月峡萦城　　黄唐在独与古为神

本仁祖义褒有德禄　　白云初晴幽鸟相逐
弹筝吹笙更叠新声　　太华夜碧独鹤与飞

白云初晴清涧之曲
碧桃满树疏雨相过

巩镜照临山河容纳
风质洞远仪止祥华

白鹤衔珠游观沧海
黑龙吐光凭乘风云

芝洞秋房檀林春乳
桂深冬燠松疏夏寒

鸟萃平林鱼游清沼
凤鸣朝阳龙翔景云

西山朝来致有爽气
太华夜碧人闻清钟

鸟啭歌来花浓雪聚
云随竹动月共水流

西鹣东鲽发辉事业
南茅北黍吐纳英华

令色氤氲黄唐在独
超心炼冶神化攸同

百车文辞光芒万丈
一春心绪珍重千般

立行可模置言成范
徽猷克著声绩聿宣

有限狂名断无人觉
平生秋思且自幽寻

兰桂有芬清晖自远
轩镳始迈声猷以光

达性任情得其欢乐
布政施惠拜为公卿

半壁青山招我来往
两支玉笛劝伊同听

执恭除患御侮致福
登高望时见乐无忧

汉武秦皇前贤倘作
美人名士青史闲看

过雨采蘋薄言情悟
御风蓬叶与之沉浮

吐词为经举足为法　　行以文传群言之祖
摅言必高储思必深　　声为乐体九叙惟歌

迅雷风烈烈风雷雨　　行道有福能勤有继
绝地天通通天地人　　居安思危在约思纯

年岁息长欢悦日喜　　合匏同牢宴乐有绪
禄祐洋溢父子俱封　　驾福乘喜昏悦宜家

年岁时熟不忧饥渴　　后汉才林雕削取巧
禄身安全以成功名　　晋初笔札歙散入规

先觉之源浮湛不返　　众英积聚升擢越等
圣源既远文学在斯　　万世长安昭告显功

竹外楼台归来料理　　庆云扶质清风承景
江东风景怕阅兴亡　　奔精照夜高燎炀晨

优游紫渊趋步千里　　闭户自精开卷有益
安坐玉堂饮福万钟　　垂露在手清风入怀

自家料理替郎温酒　　壮士拂剑来往千载
者番归去容我摊经　　可人如玉若为平生

自铸伟词江山之助　　壮志烟高辩雕万物
曲昭文体诗骚所标　　腴辞云构玉润双流

壮思风飞逸情云上
朗姿玉旸惠风兰披

导养神气宣和情志
增华台室扬采轩宫

冲虑真筌融心妙域
植根芳苑擢秀清流

收天下春归之肺腑
与万物共只此性情

灯火帘钩急须料理
茶瓯香炷小费评量

如见道心欲返不尽
是有真宰妙造自然

冰生于水而寒于水
云出其山复雨其山

如见道心薄言情悟
是有真宰与方之圆

安仁上德贵寿无极
入和出明动作有光

如气之秋窈窕深谷
犹春于绿荏苒在衣

安排疏密几堆竹素
商量肥瘦二顷梅花

如此风神惟须饮酒
既佳光景当是剧棋

讴吟垌野金石云阶
栋梁文囿冠冕词林

如是我闻无非法相
广为人说种诸善根

论史可听谈元愈默
幽居少事野性多闲

如将白云泛彼浩劫
犹之惠风泠然希音

论仁议福保我金玉
达性任情乐其安闲

如�斯清比蕙又畅
逢岑爱曲值石怜欹

观海齐量登岳均厚
祚灵降祉庆霭迎祥

红豆闲吟忏来易尽
青门何有说也凄迷

欢喜坚固保我金玉
福禄祺祉乐以笑歌

红豆闲吟青梅细数
胭脂半睇锦琴全抛

买鲂与鲤可以饶有
求兔得獐过其所望

红楼隔雾珠帘卷月
秋花绕帐藤刺牵衣

红杏在林可人如玉
碧松之荫清露未晞

约举尽情班固宾戏
深识鉴奥涓子琴心

红杏在林如有佳语
碧桃满树时见美人

好山当门流水如画
明月在手清风入怀

红杏在林幽鸟相逐
碧桃满树清露未晞

好学深思心知其意
格言至语日陈于前

红杏在林碧桃满树
疏雨相过清风与归

吞吐大荒疏雨相过
左右修竹清风与归

红杏在林碧桃满树
疏雨相过清露未晞

赤野生姿青田矫翰
白云怡意清泉洗心

红豆闲吟平添幽韵
杨花零乱自制离愁

走云连风窈窕空谷
超心炼冶吞吐大荒

志局标举基宇沈奥
风质洞远仪止祥华

志感丝篁气变金石
辞成廉锷义吐光芒

苍龙把衡游观沧海
青禽照夜飞入大都

花草精神生气远出
风云变态妙机其微

花宫么凤今生小谪
画梁燕子试语还难

芳枳树篱长杨映沼
囊荷依阴时藿向阳

芝盖三重云车万乘
玉楼千仞金阙九层

更旦初岁拜受利福
启户开门先见善祥

丽天秉维仪地执纬
观象设教因物造端

两幅青山半堤香草
一梳春月十丈银河

抚剑长吟汝知我者
隔篱徐听彼有人焉

抚琴对水举酒望月
褰裳涉涧负林登峰

抗心希古任其所尚
含毫命素动必依真

抉文倒魄读书烂舌
临世濯足希古振缨

把珠载金荣宠受禄
骑龙乘凤飞腾上天

步屧寻幽客路愈远
脱帽看诗与率为期

时见美人体素储洁
如有佳语妙契同尘

岚气入野榛烟入谷
渚云欲霁林鸟将春

但写莲经来称教主
不矜珠翠背唤秋娘

伯歌季舞燕乐以喜
左酒右浆与福相迎

含和履中驾福乘喜
年丰岁熟政乐民仁

乱山乔木所思不远
水流花开妙造自然

我泽如春民望如草
天垂其象地曜其文

兵来将挡水来土掩
人急造反犬急跳墙

犹青于绿生气远出
如渌满酒妙机无微

言炳丹青道润金石
地合灵契天剖神符

言稽典谟动蹈规矩
文富江海论薄云霄

辛苦痴怀烦卿低诉
容华绝代对我轻颦

沙鸥翔集锦鳞游泳
芳草鲜美落英缤纷

沉麝异香逊乎兰桂
庄骚精语根于诗书

灵龟载庄朱鸟导引
白虎推轮苍龙把衡

层构厥高文以朱绿
写载其状托之丹青

妙机其微是有真宰
远引莫至忽逢幽人

妙机其微俯拾即是
生气远出积健为雄

青史闲看红妆浅拜
新居颇好旧恨堪删

表里发挥腴辞云构
华实布濩壮志烟高

取德树声训深稽古
荣河温洛纬以通经

其为父子兄弟足法
皆有怵惕恻隐之心

其名弥清其德弥长
自知者英自胜者雄

茅屋结席崇我文德
京庾积仓与君笑言

松月披襟蕙风入抱
菊樽饯客桂实延年

松柏栋梁欢喜坚固
麟凤宝堂福禄光明

松柏群吟藤萝翳景
山川在目风月虚心

述理于心著言于翰
导气以乐宣德以诗

画桥碧荫上有飞瀑
乱山乔木时闻鸟声

画桥碧荫观化匪禁
绿杉野屋幽行为迟

奇花初胎幽鸟相逐
可人如玉妙契同尘

奇怪恍惚不可备举
登降照烂每各异观

抽演缺文网罗遗韵
包括秘要发挥灵符

披云看霄超然独往
澄风观水思若有神

抱朴守真蓄为玉宝
论仁议福完若金城

非其道也非其义也
在所损乎在所益乎

昆峰积玉瑶山丛桂
珠楼曜景宝树吟风

明允笃诚荫国受福
舞蹈欣跃使君延年

明月雪时乱山乔木　　忽逢幽人脱巾独步
流水今日隔溪渔舟　　少有道气乘月返真

明月雪时金尊酒满　　忽逢幽人虚伫灵素
风日水滨碧山人来　　薄言情悟良殚美襟

明月楼台垂杨近远　　夜渚月明所思不远
楚天云雨短梦迷离　　柳荫路曲妙造自然

明烛画桥舣舷待我　　夜渚月明脱巾独步
琐窗朱户瀹茗烦他　　柳荫路曲杖藜行歌

货殖私庭藏镪巨万　　夜渚月明倒酒既尽
市廛所会列隧百重　　柳荫路曲幽行为迟

金玉渊海黼黻河汉　　泽雨无偏心田受润
丹青宇宙宫徵山川　　慈云既拥智海亦深

金石九茎木禾六秀　　沿圣垂文弥纶一代
明珠一寸白玉四环　　剬诗缉颂斧藻群言

征歌说剑十分疏俊　　注心皇极结情紫闼
兜衾傍枕别样珑松　　等曜日月同量乾坤

采采流水明漪绝底　　学于古训时乃大训
悠悠花香好风相从　　德无常师主善为师

学道爱人春来有脚
虚怀应物云出无心

词翰之宗德义之府
流水其道浮云其身

宝镜留铭雕戈余赞
黄金翦佩白锦裁文

驾福乘喜千秋起舞
宣时布和万世长安

定香堂畔急须料理
景阳宫里怕阅兴亡

驾福乘喜与天相保
履阶升墀拜寿无穷

空碧悠悠赏雨茅屋
天风浪浪濯足扶桑

驾福乘喜南至欢国
增禄益寿东入生门

空潭写青杏霭流玉
碧桃满树红杏在林

组织仁义琢磨道德
栋梁华夏舟楫江河

空潭泻春采采流水
壮士拂剑寥寥长风

经纬区宇弥纶彝宪
抑扬人杰雕绘士林

空潭泻春俯拾即是
大风卷水积健为雄

奏记帘前双成问字
题诗石上青女凭肩

话只一句重于九鼎
家有万金不点双灯

春日载阳使叔寿考
秋风牵手与君笑言

诡势瑰声山川焕绮
惊采绝艳草木贲华

春水两派晴山数曲
朱轮十乘紫诰千篇

春城夏国生长和气
伯歌季舞坐立欢门

树德建言日新其采
腾声飞实勋荣之家

春城夏国覆帱无极
甘露醴泉禄祐屡臻

威仪五凤以成嘉瑞
纵横三略乃昭法模

春桃生花黄鸟来叶
明月作昼白云带山

威隆秋霜恩逾冬日
信覃玄塞义偃朱方

政成令行顺如流水
德宣威立速于置邮

按拍填词拈箫谱字
吹笙聘月嚼曲含香

故曰尔为尔我为我
信如君不君臣不臣

是不为也非不能也
求则得之舍则失之

草白云黄天青海碧
愁多酒醒春浓梦沉

是名庄严即非身相
以佛智慧而种善根

茶乳流香酒波泛碧
月珠澄夜花露霭春

昨日闲愁今朝暗恨
三生慧业万古才华

南国评花西洲吊旧
成都贳酒阳羡栽茶

响发地钟光垂天镜
戚奏翘舞籥动邻诗

树以嘉禾植以芳草
按之沈实扬之高华

图状山川题写云物
体象天地经纬阴阳

幽人空山少有道气
壮士拂剑始轻黄金

种花终年看在三日
养兵千载用在一朝

幽草粘天绿荫送客
明月入手彩云满怀

秋月照人如镜临水
春风润物自叶至根

幽堂昼密明室夜朗
朱樱春熟素柰夏成

修干垂荫乔柯飞颖
白露暖空素月流天

昭章云汉晖丽日月
甄陶周召孕育伊颜

修风晓逸德星夕映
祥禽辈作瑞木朋生

昴宿垂芒德精降祉
靓妆藻野袪服丽川

修辞立诚在于无愧
造物指事莫非自然

虽袒裼裸裎于我侧
与谗谄面谀之人居

泉石激韵林籁结响
云霞雕色草木贲华

重靠阑干扑人花雨
勾留几日消瘦鸦鬟

禹拜上酒大喜在后
说升傅岩太微复明

香重烟轻湘帘放下
云围月拥绣院深沉

怨去吹箫狂来说剑
珠帘卷月幽草粘天

种竹艺药以佐正性
含英咀华作为文章

庭列瑶阶林挺琼树
天甘玉露地秀金芝

美华外发清明内照
协风旁骇天晷仰承

莫饮酒日食一升饭
不择地文如万斛泉

洗清天地雷雨必作
卧玩文墨笑谈平生

萧萧落叶窈窕深谷
寥寥长风吞吐大荒

神化攸同控物自富
性情所至著手成春

桂柏栋梁麟凤堂室
雍凉朱草文山紫芝

姣好孝弟各得其愿
道德神仙常欢以安

桃弓苇戟除残去恶
和璧隋珠履离戴光

绝业成时年华尚早
前贤倘作闻道不迟

根柢盘深枝叶峻茂
宫商缉洽律吕和谐

绚言朱蓝文约为美
志在山水琴表其情

酌酒一杯弹琴一曲
和风载道春水载荣

珠江控海金陵负郭
邓林抽颖昆峤疏源

夏石奇云秋江迥月
芝房叠翠桂庑流丹

珠角擅奇山庭表德
天球并价日观同光

砥德砺材为国藩辅
布政施惠生我福人

载喜抱子得利过母
执礼见王与福为兄

砥德砺材委地更起
驾福乘喜顺天无忧

砥德砺材道徽高扇
制诗缉颂思纬淹通

高峰入云清流见底
崇兰散馥朗月扬辉

眠琴绿荫筑屋松下
金尊酒满碧山人来

病风啼鸾怜他身世
淡烟疏柳似我秋心

造化已奇月明华屋
情性所至日往烟萝

阅音修篁赏雨茅屋
眠琴绿荫濯足扶桑

造作辨聪以古为矩
坐谭性命闻道不迟

拳不离手曲不离口
贾无真价讼无真情

兜率天中今生小谪
修罗海上几度相逢

凌轹卿相嘲哂豪杰
糠秕礼仪锱铢功名

俯厘庶绩仰视大造
总集瑞命备致嘉祥

凉月珊珊轻云漠漠
予怀渺渺昼日沉沉

爱子多才延命寿考
入门有喜与君笑言

凉月珊珊平添幽韵
轻寒漠漠低坐婵娟

高明淑仁千秋起舞
福佑封实万岁长安

海风碧云俱似大道
乱山乔木如写阳春

高柳生风扶桑盛日
夭桃敷水落杏飞花

流莺比邻如有佳语
晴雪满竹泠然希音

窅然空纵倘然适意
上有飞瀑下有黄流

黄壤千里桑麻条畅
红尘四合烟云相连

被珠含玉遨游嘉国
典册法书藏阁兰台

著手成春如有佳语
脱巾独步尽得风流

被珠含玉为神人使
虏豹擒虎呼精灵来

著手成春暗与道合
用心若镜清恐人知

陶朱白圭众利安宅
乔松彭祖驾福盈门

萧萧落叶幽鸟相逐
娟娟群松独鹤与飞

陶朱白圭金玉满匮
西门子产升擢有功

敕勒普黎聊以自遣
仇池华岳藉作壮游

娟娟群松上有飞瀑
萧萧落叶人闻清钟

常乐永康与欢饮酒
增荣益誉赍福上堂

能在天资独秀前哲
取熔经意自铸伟辞

唳鹤吟鸾帝王宫殿
拈箫谱字明月扬州

绣线裙松秋期此度
凌波袜懒春瘦三分

银叶微暖兰霏玉映
龙涎罢烧香重烟轻

黄金与土可使同价
白玉投泥岂能相污

脱帽看书生气远出
杖藜行歌妙造自然

脱帽看诗若其天放
步屧寻幽如见道心

鸳鸯牒紧归来几日
云萍彤合重到何年

庶几斯人若其天放
坐中佳士尽得风流

孰为大人百年担负
我有髦士万古才华

情怀何似云中仙鹤
文学之美纸上苍生

惟俭助廉惟恕成德
寡营习静寡欲食生

惟道集虚人之水镜
知足不辱家有芝兰

粘天香草美人何处
满城风色暮雨忽来

断理必刚树石九旻
丰藻克赡泥金八幽

清露晨流新桐初引
太华夜碧大河前横

鸿风远蹈辉音峻举
龟书承貌精理为文

渊岳其心含章玉牒
王伯之迹秉文金科

淡不可收如觅水影
取之自足得其寰中

屠狗功名健儿身手
雕龙文卷慧思华年

随遇而安因树为屋
会心不远开门见山

随遇而安因树为屋
敦行不倦积土成山

欸乃声停输君容与
瞢腾睡醒回首依然

绿叶抽条紫花标色
瑶枝结庆璃树流甘

绿杉野屋可人如玉　　落叶半床狂花满屋
碧玉芳晖落花无言　　焦麦两瓮寒菜一畦

绿幛百重青崖万转　　落花无言幽鸟相逐
金风晓振玉露夜凝　　可人如玉清风与归

缀响兰深缉言琼秘　　落落元宗不着一字
沈思泉涌华藻云浮　　荒荒坤轴若为雄才

缀响兰深缉言琼秘　　惠此萌生信及翔泳
秉仁岳峻动智渊明　　受兹介福允当天人

琼珠交赠符采复隐　　惠问川流芳猷渊塞
文梓共采根底盘深　　词峰云郁义壑泉奔

喜至庆来鼓翼起舞　　雅义扇风清文驰丽
名成德就拱手安居　　积学储宝酌理富材

超超神明俱似大道　　紫兰丹椒施和必洁
荒荒坤轴是谓存雄　　精耀华烛俯仰如神

裁云制霞一花千叶　　紫黯红愁流光容易
缨峦带阜十步九寻　　酒醒人远白日消磨

欺人是祸饶人是福　　晴雪满汀休素储洁
败则为虏胜则为王　　大风卷水积健为雄

景星夜明分野有庆
惠风时协丰年屡登

瑟瑟轻寒茶瓯香灶
潺潺古碧灯火帘钩

铺采摛文蔚以雕画
体物写志艳溢锱毫

瑞叶珠衡祥开玉斗
威横雁塞惠渐龙沙

蛮夷率服德被八表
云雨大会流为九河

瑞林朋生祥禽辈作
卿云似盖甘露如珠

道德神仙增荣益誉
福禄欢喜长乐永康

鹊笑鸠舞大喜在后
麟子凤雏和气所居

寒女担菱枯僧卖菊
成都贯酒阳羡栽茶

蓄素守中所思不远
返虚入浑其声愈希

富饶丰衍快乐无已
藩屏辅弼禄来福同

碎为微尘如是如是
持与布施善哉善哉

隔溪渔舟幽鸟相逐
乱山乔木奇花初胎

愁多酒醒秋心凄紧
露寒花重气自氛氲

隔溪渔舟御风蓬叶
乱山乔木漏雨苍苔

微雨新晴六合开朗
杂花生树群莺乱飞

絮影风光春深似海
芦帘纸阁日落无人

意暖神寒别来几日
酒阑灯散重到何年

溽露飞甘舒云结庆
贞�抽箭润璧怀山

歌吹沸天廛闬扑地
华实被野黍稷盈畴

福喜上堂与欢饮酒
庆贺盈户使君延年

酸甜滋味千名百种
阴阳陶甄万品一区

静以修身俭以养性
入则笃行出则友贤

摛岁炼年倾昆取琰
剖字钻响测海探珠

碧山人来幽鸟相逐
金尊酒满奇花初胎

裴楷清通王戎简要
孟坚文采叔度波澜

碧山人来超以象外
金尊酒满饮之太和

镂彩摛文独秀前哲
模山范水自铸伟辞

碧松之荫清涧之曲
幽鸟相逐好风相从

敲门借书探碑学拓
卖剑买琴斗瓦输铜

碧苔芳晖如有佳语
绿杉野屋良殚美襟

瘦砚敲霜古笺啼月
胭脂含怨锦瑟生愁

碧苔芳晖如有佳语
绿杉野屋忽逢幽人

精理为文秀气成采
灵机入证妙谛因心

碧苔芳晖脱巾独步
绿杉野屋落花无言

精微恍惚孤注何索
温馨清妙孰知固然

精骛八极心游万仞
情苞六合德贯九方

鹤有仙心花如人意
竹随画活云为诗留

精曜协从云物咸秩
金铺相映玉题交辉

履阶升墀与喜相得
坐朝垂轩依天之威

漏雨苍苔其曰可读
御风蓬叶夫岂有为

燕市夜鸿华亭晓鹤
炎州八桂岱庙五松

漏雨苍苔神出古异
御风蓬叶妙造自然

薜引山茵荷抽水盖
琴号珠柱书名玉杯

翠袖天寒秋心凄紧
纱窗日落电光暂来

器重南金才横东箭
辨雕春囿德莹秋天

缥缈清幽红楼隐雾
温存稳秀白云满家

懒想秾愁钗寒佩瘦
江云岳雨香重烟轻

蕴智成囊含明作镜
凭春洒翰席月抽琴

激扬硕学诱接后进
甄明政术晓达公方

德有润身礼不愆器
玉韫庭照兰生室香

蹈和履中福善并作
依天倚地坚固不倾

腾虹奔电冲射万壑
高文大笔佐佑六经

翻遍华严戒钟悲鼓
果然清丽嚼曲含香

璧月三圆龙华劫换
红楼一角燕子归来

鲁人猎较孔子亦猎较
君子中庸小人反中庸

麟子凤雏生长家国
鹿鸣鸿飞光见善祥

人多好做事人少好吃饭
至清则无鱼至察则无徒

一月常致二十九日醉
百年须笑三万六千场

无江海而闲不导引而寿
乃邦家之光非闾里之荣

王顺长息则事我者也
管仲晏子犹不足为与

文理密察是集义所生者
宽裕温柔其为仁之本与

如良金美玉无施不可
非精墨佳笔未尝辄书

岂无种秫田不了曲蘖事
试看随阳雁各有稻粱谋

每抚琴操令万山皆响
聊欲弦歌作三径之资

相骂无好嘴急行无好步
狂风不过午骤雨不崇朝

事有十长不无一日短
生不满百常怀千岁忧

莫饮卯时酒昏沉醉到酉
不信老人言祸害在眼前

挥兹一觞未知明日事
远之八表正赖古人书

酒莫饮在卯妻莫打在酉
日计必于寅年计必于春

栝柏豫章早有栋梁气
芝兰玉树生于庭阶间

救人救上岸杀贼杀到地
教妇教初来训子训婴孩

善言莫离口善乐莫离手
独立不愧影独寝不愧衾

君子之德风交以道接以礼
壮者以暇日诵其诗读其书

精义测神奥清机发妙理
远想出宏域高步超常伦

镜文虹于绮疏浸兰泉于玉砌
握珠胎而冠月振琼树而韬霞

玉树以珊瑚作枝珠帘以玳瑁为押
赤雁与斑麟俱下醴泉与甘露同飞

夫子之文章孝悌而已矣忠恕而已矣
先进于礼乐玉帛云乎哉钟鼓云乎哉

以势交者势尽则疏以利合者利尽则散
欲人不知莫若勿为欲人不闻莫若勿言

欲知前世果今生受者是欲知后世果今生作者是
莫言家未破破家子未大莫言家未成成家子未生

集字对联

与人为善
任官惟贤
（《郑文公碑》）

山家罗鸽
渊客放龙
（《刻经颂》）

与人同乐
以文自娱
（《兰亭序》）

山清若水
竹静于兰
（《兰亭序》）

小吏好古
大朴乐天
(《石鼓文》)

文章大雅
孝弟和光
(《郑文公碑》)

天地一气
世宙万年
(《兰亭序》)

四时可乐
众庶如归
(《石鼓文》)

天河作酒
秋月成文
(《乙瑛碑》)

兰是清品
竹为幽人
(《兰亭序》)

无老死尽
知天地人
(《兰亭序》)

司农经诂
吏部文章
(《郑文公碑》)

不形人短
无言己长
(《兰亭序》)

圣集众体
客知九渊
(《刻经颂》)

中秋八月
一刻千金
(《中兴颂》)

师奉一字
言通杂家
(《乙瑛碑》)

中秋风月
平地神仙
(《华山碑》)

众花忧雨
一禽乐天
(《石鼓文》)

长于托大
尽得风流
(《兰亭序》)

多贤乃乐
惟古是师
(《石鼓文》)

长集福德
备致嘉祥
(《华山碑》)

异世所好
惟古是师
(《石鼓文》)

好贤乐道
异辞同工
（《石鼓文》）

纪群相继
嘉淑同臧
（《张表碑》）

花好六出
辞高一鸣
（《石鼓文》）

花事驱我
渔子识君
（《石鼓文》）

求彼同好
乐吾多贤
（《石鼓文》）

时禽亚若
古树棹棕
（《石鼓文》）

我惟乐道
君真好贤
（《石鼓文》）

我惟求是
人多好贤
（《石鼓文》）

含仁蕴义
味道居真
（《郑文公碑》）

饮千日酒
成一家言
（《史晨碑》）

识真君子
敬求如来
（《石鼓文》）

君子无党
如来大雄
（《乙瑛碑》）

阴阳可橐
天日同游
（《石鼓文》）

妙悟常发
幽光自腾
（《刻经颂》）

其次致曲
得一以清
（《兰亭序》）

林无曲竹
水有之形
（《兰亭序》）

林姿自妙
山光常舒
（《刻经颂》）

贤者之事
古人与稽
（《兰亭序》）

知者乐水
贤人信天

（《兰亭序》）

幽渊存劫
残山余姿

（《刻经颂》）

官以龙纪
将曰鹰扬

（《张表碑》）

品香展易
就月迁尊

（《华山碑》）

和风被物
明月扬辉

（《崔敬邕碑》）

泉流无滞
山深自幽

（《崔敬邕碑》）

空潭沉月
远树含烟

（《崔敬邕碑》）

俊华茂实
革薄从忠

（《崔敬邕碑》）

始制文字
诞叙彝伦

（《崔敬邕碑》）

独思喻道
敷坐说经

（《石峪金刚经》）

经乃世宝
兰为国香

（《石峪金刚经》）

康乐深秀
渊明朴真

（《石鼓文》）

相纪伊陟
友载雄陶

（《张表碑》）

神仙福地
岁月长春

（《华山碑》）

柳高出户
花大若盘

（《石鼓文》）

流水今古
春山管弦

（《兰亭序》）

树花晓秀
田禽朝鸣

（《石鼓文》）

流水今日
清风故人

（《兰亭序》）

崇兰老竹
长生大年
（《兰亭序》）

道子工写
康乐好游
（《石鼓文》）

假年学易
下帷穷经
（《郑文公碑》）

道敷五教
汉法三章
（《石峪金刚经》）

惟求其是
自异于人
（《石鼓文》）

楚子问鼎
汉祖歌风
（《郑文公碑》）

惟求其是
不平则鸣
（《石鼓文》）

静坐一室
放怀千春
（《兰亭序》）

清风入幕
初月衔山
（《崔敬邕碑》）

静剔顽石
长镂贞金
（《张表碑》）

阐发注义
对扬嘉谟
（《张表碑》）

稷诞弥月
岳降应天
（《张表碑》）

博师大陆
策马平原
（《石鼓文》）

一生大自在
万事将无同
（《兰亭序》）

棫朴可树
射騋是安
（《石鼓文》）

一寺出深树
零花散小殴
（《石鼓文》）

敦诗说礼
据德依仁
（《郑文公碑》）

一亭俯流水
万竹引清风
（《兰亭序》）

一惠终生契
九山浪迹游
(《兰亭序》)

一尊河朔酒
大石汉祠书
(《乙瑛碑》)

一尊置修日
三奏和阳春
(《乙瑛碑》)

二分明月户
万里白云乡
(《曹全碑》)

十三行文字
廿八将武功
(《天发神谶碑》)

十年行万里
三人为一龙
(《张表碑》)

七月汉案户
中天雒出书
(《史晨碑》)

七略述天禄
九流宗兰台
(《张迁碑》)

人无信不足
言为心之声
(《玉版十三行》)

人文比邹鲁
世族盛金张
(《张猛龙碑》)

人各有所好
女安则为之
(《石鼓文》)

人寿百岁上
世德一经中
(《石峪金刚经》)

人来叙雅故
书到报平安
(《史晨碑》)

人取长补短
文欣事感怀
(《兰亭序》)

人品清于水
天怀畅若风
(《兰亭序》)

人烟会日下
天香流月中
(《史晨碑》)

八荒颂勋德
百僚为股肱
(《石门颂》)

入座香如海
开门月满天
(《争坐位帖》)

入深山大泽　　于山得真相
通天道人情　　此君乃上流
（《石门颂》）　　（《瘞鹤铭》）

九头稽古史　　于石得真相
五利事神君　　惟山亦仙家
（《乙瑛碑》）　　（《瘞鹤铭》）

九州君子宇　　于此得仿佛
数刃圣人墙　　旌之以玄黄
（《爨宝子碑》）　　（《瘞鹤铭》）

九皋鸣阴羽　　于此得仿佛
大海腾玄龙　　厥土真浮华
（《爨宝子碑》）　　（《瘞鹤铭》）

乃征华阴侣　　大文师吏部
宁得黄石仙　　古画爱将军
（《瘞鹤铭》）　　（《争坐位帖》）

三年通一艺　　大文空八代
五字守长城　　小赋擿六朝
（《张表碑》）　　（《史晨碑》）

三国乃正史　　大文咸畅茂
六朝无古文　　峻宇亦清幽
（《爨龙颜碑》）　　（《兰亭序》）

三界宁无住　　大文祖司马
孤心亦何为　　直节慕史鱼
（《石峪金刚经》）　　（《曹全碑》）

于人无可不　　大古若昏晓
说经多是非　　高贤多子孙
（《石峪金刚经》）　　（《石鼓文》）

大令传章草
中郎秘异书
（《郑文公碑》）

大道母万物
中国师圣人
（《史晨碑》）

大乐同天地
斯文自古今
（《兰亭序》）

大戴传三礼
左司长五言
（《争坐位帖》）

大年方邵伯
奏议继宣公
（《石门颂》）

万石因山立
群流在野分
（《峄山碑》）

大年周柱史
朝隐汉东方
（《郑文公碑》）

万事谦受益
一言思无邪
（《史晨碑》）

大寿不知岁
至人常无思
（《石峪金刚经》）

才高燕许上
迹在光黄间
（《圣教序》）

大戒法无二
中行道不偏
（《石峪金刚经》）

上方旌仙尉
真宰表天皇
（《瘗鹤铭》）

大知不讳过
峻德无狭行
（《西狭颂》）

山公怡美景
刘尹纵清言
（《郑文公碑》）

大猎古吴水
用写君子花
（《石鼓文》）

山为静者悦
春与美人分
（《石门颂》）

大隐在朝市
余事作诗人
（《郑文公碑》）

山水暂托足
俯仰不随时
（《兰亭序》）

山古峰长在
潭深水自清
（《峿台铭》）

山松嵌窦古
石竹映溪幽
（《峿台铭》）

山左集间气
契后生至人
（《兰亭序》）

山势亭前掩
华阴荡石浮
（《瘗鹤铭》）

山石留真相
江流表岁华
（《瘗鹤铭》）

山势前后掩
江流上下浮
（《瘗鹤铭》）

山东出贤相
道南望故家
（《史晨碑》）

山势掩江重
华阴荡石浮
（《瘗鹤铭》）

山光留白下
诗境祖黄初
（《张猛龙碑》）

山势裹亭重
华阴荡石浮
（《瘗鹤铭》）

山远长畜势
溪清不作波
（《峿台铭》）

山家得朱石
亭外藏黄华
（《瘗鹤铭》）

山间人自静
林内地长阴
（《兰亭序》）

山掩洪流势
华藏仙尉家
（《瘗鹤铭》）

山君藏厥势
石相表乎真
（《瘗鹤铭》）

山深构灵境
树古作秋容
（《爨龙颜碑》）

山林无世事
俯仰悟长生
（《兰亭序》）

山静兰初放
亭幽竹与清
（《兰亭序》）

山静听天乐
风和生水纹
(《兰亭序》)

天开四野远
日莫群山高
(《峄山碑》)

夕阳出深莽
游猎及平原
(《石鼓文》)

天风扬海浪
山月静林荫
(《爨宝子碑》)

小人乐其乐
王孙归不归
(《史晨碑》)

天流莫云紫
秋薄野林黄
(《爨宝子碑》)

小舟渔大鲤
微矢射高禽
(《石鼓文》)

天章在花省
庶事归有司
(《石鼓文》)

马上平安报
师中敕勒歌
(《史晨碑》)

天爵光梓里
月令纪麦秋
(《史晨碑》)

子产为郑相
石勒听汉书
(《石门颂》)

元气府万物
和泽周三春
(《华山碑》)

乡风多树艺
月令问鱼蚕
(《张迁碑》)

无为元始道
有故杂家言
(《乙瑛碑》)

王通著中论
刘向传六经
(《郑文公碑》)

无为少年事
当听老人言
(《兰亭序》)

开尊倾北海
盘石通西夷
(《石门颂》)

无松不古峭
有竹自清幽
(《峿台铭》)

无事竹间坐
有情化外游
（《兰亭序》）

不虚为一日
当管领万夫
（《兰亭序》）

无事能娱静
有怀即放游
（《兰亭序》）

不随时俯仰
自得古风流
（《兰亭序》）

云白风清际
廉泉让水间
（《曹全碑》）

五百年名世
六七作圣人
（《麻姑仙坛记》）

云烟都有主
草木自知春
（《张猛龙碑》）

五经出西汉
一钵付南能
（《石峪金刚经》）

云霞生异彩
山水有清音
（《圣教序》）

少悟无生趣
曾游大有天
（《兰亭序》）

不止泉明酒
闲临米老山
（《曹全碑》）

日中耀王字
月下见异人
（《史晨碑》）

不生躁妄气
自有静虚天
（《兰亭序》）

日长竹掩户
月好松临轩
（《峿台铭》）

不朽得于岁
相留惟此君
（《瘗鹤铭》）

日南都奉诏
河朔故屯师
（《乙瑛碑》）

不养生而寿
处尘世亦仙
（《石峪金刚经》）

中天翔凤翮
高树乱蝉声
（《爨龙颜碑》）

中和周礼乐
美备汉衣冠
（《郑文公碑》）

仁孝本诸性
礼义根于心
（《曹全碑》）

中酒毕吏部
辟谷黄石公
（《史晨碑》）

化日光清景
春风育太和
（《崔敬邕碑》）

中流安可止
异域不如归
（《石鼓文》）

从政守廉石
行文若大河
（《乙瑛碑》）

见闻百二国
道德五千言
（《石峪金刚经》）

公徒人如虎
我庶众惟鱼
（《石鼓文》）

见善如不及
尚德哉若人
（《石峪金刚经》）

月下三升酒
风前万里山
（《曹全碑》）

气因时事短
情为老年长
（《兰亭序》）

月出华解语
风定水长流
（《礼器碑》）

升高当自下
论古贵参今
（《争坐位帖》）

月令垂王制
春秋重孔褒
（《乙瑛碑》）

长言清以厉
素志远而超
（《玉版十三行》）

风气随时异
情怀感事迁
（《兰亭序》）

仁义为至宝
诚明以自强
（《石门颂》）

风月无主客
草木知春秋
（《郑文公碑》）

风月归诗伯
山林重隐流
（《张迁碑》）

风月自成景
山林别有天
（《张迁碑》）

风月时来往
云山自古今
（《华山碑》）

风竹引天乐
林亭集古春
（《兰亭序》）

风和春日永
水映暮山清
（《兰亭序》）

风和新叶展
山阙莫云封
（《华山碑》）

风神称绝世
明月是前身
（《郑文公碑》）

风高云气散
天静日华明
（《郑文公碑》）

风流邈张绪
德行驾颜回
（《爨宝子碑》）

风湍乐清听
山水寄闲情
（《兰亭序》）

风静带兰气
日长娱竹荫
（《兰亭序》）

丹山得真相
黄石亦仙家
（《瘗鹤铭》）

丹黄篆石势
江山藏真仙
（《瘗鹤铭》）

丹篆征仙侣
黄杨表岁华
（《瘗鹤铭》）

文从汉太史
书爱赵王孙
（《尹宙碑》）

文心会绵邈
赋物宗灵均
（《郑文公碑》）

文字寿千载
声名极四方
（《礼器碑》）

文言宣四德
君子有九思
（《尹宙碑》）

文取诸怀抱
言喻于古今
（《兰亭序》）

文垂廿四史
月照三神山
（《天发神谶碑》）

文品极于古
清言足可听
（《兰亭序》）

文修天地事
人得将相风
（《兰亭序》）

文学西阳杂
道如辰极明
（《乙瑛碑》）

文章千古事
风月四时春
（《爨龙颜碑》）

文章千古事
孝友一家春
（《爨龙颜碑》）

文章千载重
风月四时新
（《华山碑》）

文章有灵变
谭笑无还期
（《麻姑仙坛记》）

文章观二酉
天人共一元
（《天发神谶碑》）

文章故渊雅
风节自高骞
（《张迁碑》）

文章资世用
山水与神游
（《华山碑》）

六国四公子
万里三神山
（《张表碑》）

方外集真侣
山势掩洪流
（《瘗鹤铭》）

方言合诸郡
许书多省文
（《天发神谶碑》）

方朔治文史
李广多武功
（《天发神谶碑》）

为人观静躁
品类视贤能
（《兰亭序》）

为文不述异
引痛是悲弦
（《兰亭序》）

为文期合古
做事不因人
(《兰亭序》)

礼延穆生酒
望重南阳庐
(《史晨碑》)

为言不妄诞
感悟是修齐
(《兰亭序》)

引觞春日永
极目暮山幽
(《兰亭序》)

为言今日乐
因理古时书
(《峄山碑》)

双鱼留汉洗
来禽重王书
(《张迁碑》)

为政除害马
得士奉安车
(《史晨碑》)

以币旌仙尉
留篆表铭词
(《瘗鹤铭》)

心如流水净
身若浮云闲
(《张猛龙碑》)

以石为尊者
其清若川源
(《石门颂》)

心念摩诃萨
香持那罗陀
(《石峪金刚经》)

以汉书下酒
是羲皇上人
(《郑文公碑》)

心服清凉散
道通西南京
(《石门颂》)

书丹就朗日
刻石遣巧工
(《天发神谶碑》)

心法十六字
名世五百年
(《圣教序》)

书以道政事
易可识天心
(《石门颂》)

户临半溪水
轩当百丈峰
(《峿台铭》)

书有五云体
字无百日功
(《张迁碑》)

书传王大令　水石迟人意
艺重严君平　华月荡相思
(《乙瑛碑》)　(《礼器碑》)

书许十行下　水流天地外
才方七步多　山在有无间
(《天发神谶碑》)　(《兰亭序》)

书传孔安国　水流鱼罟出
文学贾长沙　花散鹿车来
(《礼器碑》)　(《石鼓文》)

书观方一部　孔门七十子
月上已三更　周师三千人
(《天发神谶碑》)　(《史晨碑》)

书变一池黑　玉山明积雪
坐余三日香　金兰开晓云
(《史晨碑》)　(《张猛龙碑》)

书学石门颂　正义不阿世
文补清庙诗　大德常下人
(《郑文公碑》)　(《西狭颂》)

书宗王内史　去日极可会
经诂郑司农　远山如相亲
(《郑文公碑》)　(《峄山碑》)

书城食旧德　功名一行传
酒国乐长春　事业等身书
(《史晨碑》)　(《争坐位帖》)

水风生日暮　功高斯不伐
山气作春阴　理定自无争
(《兰亭序》)　(《峄山碑》)

世无一知己
室有万不同
（《兰亭序》）

古树如人立
高原有雉鸣
（《石鼓文》）

世纪列金史
三体分石经
（《尹宙碑》）

石出水深处
山高月上时
（《峿台铭》）

世事若流水
古怀足春风
（《兰亭序》）

石君真宰相
杨爽亦洪流
（《瘗鹤铭》）

甘棠歌有德
行苇咏其仁
（《爨宝子碑》）

石具风云质
松怀霄汉心
（《张猛龙碑》）

古今不相及
述作岂无人
（《圣教序》）

石留丞相字
庙重鲁公书
（《乙瑛碑》）

古书宅大酉
高文牟三辰
（《乙瑛碑》）

石留题咏字
云变有无峰
（《张猛龙碑》）

古乐无人听
至言不在文
（《兰亭序》）

石麟拜天赐
香象度河来
（《史晨碑》）

古怀犹长老
风致若天人
（《兰亭序》）

龙山众豪放
凤巘客幽舒
（《刻经颂》）

古怀言外得
此曲世间无
（《兰亭序》）

龙腾四海浪
马相九方皋
（《爨宝子碑》）

平方约月面
对数测山颠
（《西狭颂》）

四海水皆立
九天云下垂
（《麻姑仙坛记》）

平原十日饮
永和九年书
（《乙瑛碑》）

四野自高下
万山时有无
（《峄山碑》）

平原十日酒
上党一天秋
（《乙瑛碑》）

仙乎以花侣
石也亦山胎
（《瘗鹤铭》）

归田写吾乐
省事惟公贤
（《石鼓文》）

仙华岁于此
朽石流之江
（《瘗鹤铭》）

目向长天外
觞随曲水流
（《兰亭序》）

仙侣得真宰
词流惟此君
（《瘗鹤铭》）

由也可为将
不齐能事贤
（《兰亭序》）

仙禽化朱石
前岁得丹方
（《瘗鹤铭》）

史称大夫种
书曰小子封
（《史晨碑》）

白也言成万
献之书不群
（《峄山碑》）

只可食无肉
还思出有车
（《史晨碑》）

白水同其静
黄花为我幽
（《石鼓文》）

出门骑黑卫
修道食黄精
（《史晨碑》）

令名有幽显
至道无始终
（《爨宝子碑》）

乐天有清致
次山长古风
(《兰亭序》)

乐道忠义事
继踪秦汉文
(《石门颂》)

乐游寻野景
高咏出烟霄
(《张猛龙碑》)

处心在能受
含意独不言
(《石峪金刚经》)

市远无酤酒
家居辄著书
(《史晨碑》)

立节争东汉
为文宜南华
(《礼器碑》)

兰风体芳素
林月性高虚
(《张迁碑》)

兰影净在水
松风高满山
(《张猛龙碑》)

汉书耽下酒
王子愿吹笙
(《史晨碑》)

汉阳嘉残石
秦释山遗文
(《石门颂》)

汉南当大别
莫北起长城
(《石峪金刚经》)

冯先生市义
马长卿行酤
(《史晨碑》)

礼乐隆上治
山林遂遗行
(《爨宝子碑》)

礼神为大赞
祀孔用嘉修
(《乙瑛碑》)

永日视内典
深山多大年
(《天发神谶碑》)

永书师大令
雄文若相如
(《乙瑛碑》)

发义薄五鹿
修名牟元龙
(《礼器碑》)

对月永今夕
论文来故人
(《圣教序》)

老人明南极
学士重西清
（《曹全碑》）

在山乐清静
观水悟古今
（《兰亭序》）

地分西南北
天有春秋冬
（《石门颂》）

在国为柱石
立身重南金
（《中兴颂》）

地理合禹域
川字从汉书
（《石门颂》）

百岁为上寿
一言乃千金
（《石峪金刚经》）

吏治美两汉
云山数六朝
（《西狭颂》）

有人颂酒德
与子论文心
（《郑文公碑》）

西河备周礼
东观盛汉书
（《张猛龙碑》）

有山泽闲度
如神仙中人
（《圣教序》）

西都子云宇
南岳邺侯乡
（《爨宝子碑》）

有为天不老
无事日斯长
（《兰亭序》）

西蜀天府国
中州帝王都
（《爨龙颜碑》）

有雨云生石
无风叶满山
（《圣教序》）

西蜀天府国
东山文教乡
（《爨龙颜碑》）

有容德乃大
无欲心自存
（《争坐位帖》）

在山为宰相
于易乃祖师
（《纪太山铭》）

有情天不老
无事日斯长
（《兰亭序》）

有德服王烈
不伐赞桓伊
（《张表碑》）

此地一为别
上言长相思
（《石峪金刚经》）

达者能无闷
至行不在奇
（《峿台铭》）

此君亦仙尉
真宰不浮华
（《瘗鹤铭》）

至人无异趣
静者得长生
（《兰亭序》）

贞石经万载
轻舆历八荒
（《石门颂》）

至言类老列
大年若彭咸
（《兰亭序》）

归隐随黄石
匡时著紫衣
（《郑文公碑》）

至道无终始
天行有荣枯
（《爨宝子碑》）

光明春濯锦
坚拔汉贞金
（《张猛龙碑》）

至德隆行苇
令名遗甘棠
（《爨宝子碑》）

光假东辟耀
香奉南丰虔
（《史晨碑》）

扬雄知异字
张华究通人
（《张表碑》）

当世文章伯
早年著作曹
（《尹宙碑》）

此心本非石
所言焉可宣
（《石门颂》）

当知无事乐
不作有情人
（《兰亭序》）

此世随不古
斯文犹在人
（《兰亭序》）

同文怀盛世
大乐感人情
（《兰亭序》）

同居师百忍　　行奇非病俗
有子拟二方　　道高能下人
（《曹全碑》）　　（《峿台铭》）

岂随时俯仰　　行歌哀楚泽
当得古风流　　避地乐衡门
（《兰亭序》）　　（《郑文公碑》）

岁华留石得　　后世有述者
山禽于此藏　　斯人无异情
（《瘗鹤铭》）　　（《圣教序》）

岁暮群山老　　后汉尚章法
春临万类生　　南园出告身
（《兰亭序》）　　（《石峪金刚经》）

竹引闲云去　　会饮春秋社
山迎好月来　　行香朔望晨
（《麻姑仙坛记》）　　（《史晨碑》）

竹户掩溪畔　　合从来洹上
松亭筑石颠　　得地在汉中
（《峿台铭》）　　（《石峪金刚经》）

华阴禽上下　　众香国中住
亭外石丹黄　　大罗天上人
（《瘗鹤铭》）　　（《石峪金刚经》）

华前集丹侣　　危行晏平仲
石上篆黄词　　义士秦武阳
（《瘗鹤铭》）　　（《石门颂》）

华掩山前石　　名山天子祭
杨留亭午阴　　衡泌硕人居
（《瘗鹤铭》）　　（《郑文公碑》）

名世应五百
闻道来三千
（《石峪金刚经》）

宇宙静无事
山林大有人
（《兰亭序》）

名言托金石
高躅蹑云霞
（《圣教序》）

守道不移世
养德乃入神
（《张猛龙碑》）

名园常足意
宝树时生香
（《石峪金刚经》）

安乐出绝域
屈曲通书堂
（《石门颂》）

多文以为富
论事惟其平
（《尹宙碑》）

字得衡山致
诗有济南风
（《西狭颂》）

江上石浮势
山前亭掩荫
（《瘗鹤铭》）

补天稽太古
奉日出长空
（《乙瑛碑》）

江夏才人广
西川大将多
（《天发神谶碑》）

异石若尊者
深山有高人
（《石门颂》）

江流石不朽
日午华重阴
（《瘗鹤铭》）

阴阳吾所具
道艺乐其天
（《石鼓文》）

江流荡山外
石势掩亭前
（《瘗鹤铭》）

好古不病俗
为道如登高
（《峿台铭》）

江流薄磐石
山岳凌云霄
（《爨宝子碑》）

好客孔文举
善书颜平原
（《郑文公碑》）

那知此中味
还念后来人
（《石峪金刚经》）

观水悟天趣
临风怀古人
（《兰亭序》）

观水得其趣
临文畅所言
（《兰亭序》）

纪年师君实
列传祖子长
（《尹宙碑》）

孙阳通相术
桓荣美辞华
（《张表碑》）

远市晨烟敛
归涂夜月明
（《史晨碑》）

声名从此大
道义为之根
（《石峪金刚经》）

孝行述王览
高才服张融
（《张表碑》）

花事同所好
水天一以清
（《石鼓文》）

苍松多古色
碧莲发异香
（《麻姑仙坛记》）

芳原留胜事
艺苑重高文
（《张迁碑》）

吾家藏山下
厥土曰江阴
（《瘗鹤铭》）

杨荫掩江外
华事集仙家
（《瘗鹤铭》）

还想千章树
不取一句金
（《石峪金刚经》）

扶桑出东海
灵曜照中天
（《张猛龙碑》）

护持得尊者
藐莫瞩至人
（《石峪金刚经》）

时日有王相
惶恐曰主臣
（《史晨碑》）

时和风信少
春尽水天长
（《兰亭序》）

听乐不知倦
得人斯与言
（《兰亭序》）

作篆宗丞相
俊辞主论衡
（《郑文公碑》）

乱流山下去
长日莫时明
（《峄山碑》）

身入众香国
人来独乐园
（《石峪金刚经》）

乱流自起灭
远山如有无
（《峄山碑》）

身正则景正
心平故衡平
（《尹宙碑》）

我自识鱼乐
君方求马肝
（《石鼓文》）

佛仙亦凡种
福寿在名山
（《石峪金刚经》）

但知此心乐
宁无故国思
（《石峪金刚经》）

佛法本无法
人云我亦云
（《石峪金刚经》）

但种千章树
不取一句金
（《石峪金刚经》）

余谈援池北
归化及日南
（《史晨碑》）

但道桑麻盛
而无车马音
（《麻姑仙坛记》）

坐有谈天士
家存下酒书
（《史晨碑》）

作文从三易
为政守一廉
（《乙瑛碑》）

坐观西山色
卧读南华经
（《石峪金刚经》）

作者今犹昔
虚怀有若无
（《兰亭序》）

谷城迹黄石
衡阳咏愚溪
（《西狭颂》）

言诗明素志
抗礼接欢颜
（《玉版十三行》）

言诗通二雅
作史有三长
（《尹宙碑》）

怀人当岁暮
欣至在春初
（《兰亭序》）

闲步山溪月
高吟石窦松
（《峿台铭》）

闲时察俯仰
兴至抱丝弦
（《兰亭序》）

闲思参佛座
清悟品心香
（《争坐位帖》）

沧海驾紫浪
太岳吐春云
（《爨宝子碑》）

良马得龙子
清才有凤毛
（《爨宝子碑》）

良佩双温穆
新兰独芬芳
（《张迁碑》）

祀羊明古礼
相牛通农书
（《乙瑛碑》）

词华掩江表
家势重山阴
（《瘗鹤铭》）

词华掩江表
铭篆留山家
（《瘗鹤铭》）

诏书出五道
杨荫垂四围
（《石门颂》）

君子之道长
至人其德清
（《爨宝子碑》）

君子必自反
圣人无常师
（《争坐位帖》）

君子乐其利
时人囿所安
（《石鼓文》）

君子有三乐
大夫备九能
（《史晨碑》）

君子期无逸
天民达可行
（《郑文公碑》）

君子歌有酒
先生叹无车
（《史晨碑》）

若游无怀世
不作有情人
（《兰亭序》）

君其重仙尉
吾亦事上皇
（《瘗鹤铭》）

茅亭先上月
水阁易生凉
（《曹全碑》）

君相征仙侣
江流表岁华
（《瘗鹤铭》）

林风振幽响
山月吐清光
（《爨宝子碑》）

层云笼远树
明月入幽轩
（《崔敬邕碑》）

林间春有信
竹外水生风
（《兰亭序》）

陆游曾之蜀
伍员乃用吴
（《石鼓文》）

林宗称有道
扬子名能文
（《爨宝子碑》）

纯懿致弘度
慷慨式英声
（《爨龙颜碑》）

林清矣水带
室固也山随
（《兰亭序》）

武乡王者佐
伯夷圣之清
（《崔敬邕碑》）

相亲但风月
无事亦神仙
（《华山碑》）

其人工射艺
之子嗣其求
（《石鼓文》）

松高能引鹤
坛远不闻钟
（《麻姑仙坛记》）

其书浑浑尔
乃心休休焉
（《纪太山铭》）

述志穷万里
纪功刊泰山
（《张表碑》）

述作陈今古　　尚友式于古
兰若得春风　　力田乃有秋
（《兰亭序》）　　（《张猛龙碑》）

述录万斯大　　畅也娱今世
风流陈其年　　慨然咏古风
（《兰亭序》）　　（《兰亭序》）

事凡百都利　　畅怀年大有
天得一日清　　极目世同春
（《爨宝子碑》）　　（《兰亭序》）

事尝不言喻　　园中香百合
文期后世知　　舍北树千章
（《兰亭序》）　　（《石峪金刚经》）

雨过松增色　　果以修持得
池清莲自香　　兰多次第香
（《麻姑仙坛记》）　　（《石峪金刚经》）

雨后月初洗　　果实三千岁
风前霜更威　　兰香十二时
（《礼器碑》）　　（《石峪金刚经》）

抽豪成众妙　　咏风亲古道
竭力发幽光　　迟月举前闻
（《刻经颂》）　　（《礼器碑》）

披书留雪苑　　咏怀当世事
载策上云门　　叙次古人文
（《张迁碑》）　　（《兰亭序》）

卓尔尊往圣　　忠贞南史简
欣然得阳春　　慷慨终缨军
（《石门颂》）　　（《爨龙颜碑》）

知足随所遇
无事不能言
（《兰亭序》）

知者无不识
君子弗上人
（《石门颂》）

和风君子德
时雨圣人怀
（《曹全碑》）

侣畴交以信
诗礼志从先
（《玉版十三行》）

金石传古字
山水有清音
（《麻姑仙坛记》）

金经言不灭
道书称无为
（《峄山碑》）

金经略成诵
白日长无为
（《峄山碑》）

舍后竹阴合
室间兰气清
（《兰亭序》）

舍家销众劫
迁客悟残年
（《刻经颂》）

征夫行远道
游子归故乡
（《张迁碑》）

欣然有所得
乐哉是此行
（《石门颂》）

受书文中子
决策武安君
（《张迁碑》）

服芝永年寿
拂石览铭辞
（《张表碑》）

朋飞山月紫
龙起海云黄
（《张猛龙碑》）

放怀游日观
揽古至亭山
（《兰亭序》）

放浪江湖上
咏歌风月中
（《爨宝子碑》）

怪石出水底
小峰嵌窦间
（《峿台铭》）

怪石自高下
远山时有无
（《峿台铭》）

举头人近月
洗爵水流川
（《礼器碑》）

宝子出南国
金女在西方
（《石峪金刚经》）

举首观明月
侧身望孤云
（《郑文公碑》）

宝镜升华月
画鼓作春雷
（《礼器碑》）

法空宁有得
道在复何言
（《石峪金刚经》）

官曹香案吏
士品石户农
（《史晨碑》）

学于古有镬
敬乃德之舆
（《礼器碑》）

空侯奏古月
大爵对秋河
（《乙瑛碑》）

学案罔百子
礼器崇大师
（《乙瑛碑》）

空虚世无量
声闻佛所诃
（《石峪金刚经》）

波含二分月
风随十里杨
（《尹宙碑》）

定国多后福
当时得众心
（《石峪金刚经》）

波绿生春早
云归注雨迟
（《圣教序》）

诗分风雅颂
传纪德功言
（《尹宙碑》）

治国有强弱
爱民无知愚
（《西狭颂》）

诗书多岁月
城市有山林
（《张迁碑》）

宝子入北法
金刚本西来
（《石峪金刚经》）

诗如陈无已
字若黄庭坚
（《西狭颂》）

诗爱孟东野
文遗孔北山
（《张迁碑》）

孤鸿没云远
紫燕随风翻
（《郑文公碑》）

隶书隆汉石
高文尊楚辞
（《石门颂》）

终年春日少
生世老时长
（《兰亭序》）

居上不素食
在中有黄流
（《史晨碑》）

经传孔氏宅
酒置雒阳宫
（《乙瑛碑》）

弦月留虚性
幕云生远阴
（《张迁碑》）

春九十未去
月三五而明
（《爨龙颜碑》）

承华织云锦
剪叶当秋衣
（《张猛龙碑》）

春风利如剪
秋月洁于冰
（《爨宝子碑》）

孤云垂大海
远树接荒城
（《崔敬邕碑》）

春风含淑气
秋月扬明辉
（《郑文公碑》）

孤心坐树下
生意喻园中
（《石峪金刚经》）

春光波景摄
秋思月明多
（《尹宙碑》）

孤本宝道护
百胜说须陀
（《石峪金刚经》）

春光留淑气
秋月延清风
（《郑文公碑》）

孤忠文信国
良佐武乡侯
（《崔敬邕碑》）

春秋大居正
官府公生明
（《史晨碑》）

春秋动嘉想
江湖遂高情
（《爨宝子碑》）

春寒余谷日
秋晓断桥霜
（《石门颂》）

封建终五伯
文字首三仓
（《史晨碑》）

政减民乃悦
官埤人则高
（《西狭颂》）

赵平原相士
郑子产有辞
（《石门颂》）

草石学人拜
山华留客居
（《郑文公碑》）

草圣推长史
经义重司农
（《郑文公碑》）

荣敷岩上草
明灭海中山
（《郑文公碑》）

故人心尚尔
此别意如何
（《石峪金刚经》）

故人在河汉
野景爱山林
（《张猛龙碑》）

故国三千里
春风廿四番
（《郑文公碑》）

故国如何处
名园此一时
（《石峪金刚经》）

南人不复反
秋士有所思
（《史晨碑》）

南国敷文教
西方思美人
（《爨龙颜碑》）

相士后文艺
尊己先视瞻
（《史晨碑》）

相如通蜀道
子文穷河源
（《乙瑛碑》）

相经期物色
治事见精神
（《史晨碑》）

相亲维白日
所诵此金经
（《峄山碑》）

树义须独得
著经嘱后来
（《石峪金刚经》）

树为驱雉罟
水有射鱼弓
（《石鼓文》）

咸同犹盛世
彭左是贤人
（《兰亭序》）

咸阳秦造作
中散楚明光
（《石门颂》）

临事识难易
为世定安危
（《石门颂》）

省身若不及
修郭立其诚
（《争坐位帖》）

是太原公子
为三河少年
（《乙瑛碑》）

是凤皆寄像
有龙常自豩
（《刻经颂》）

品香荐安息
望气验荣光
（《史晨碑》）

品类观取舍
为人视死生
（《兰亭序》）

幽兰列异品
修竹引长风
（《兰亭序》）

幽兰系于带
古竹作为觞
（《兰亭序》）

幽兰间茂竹
流水抱春山
（《兰亭序》）

幽兰间修竹
流水抱春山
（《兰亭序》）

幽兰得春气
修竹引清风
（《兰亭序》）

幽兰随地有
流水在山清
（《兰亭序》）

幽兴人知少
贤怀事喻清
（《兰亭序》）

幽怀在泉石
好景足风云
（《曹全碑》）

幽怀得静气
修竹引清风
（《兰亭序》）

秋水震海若
西风游云将
（《张猛龙碑》）

幽期每相左
至情在不言
（《兰亭序》）

秋响振江苇
春阴雍海棠
（《爨宝子碑》）

香山图九老
曲水会群贤
（《圣教序》）

修名身不灭
知足道常尊
（《石峪金刚经》）

香风来水国
新月到柴门
（《华山碑》）

皇华江宰相
仙侣石征君
（《瘗鹤铭》）

香兰得南种
老树多西园
（《石峪金刚经》）

泉石含幽景
风云入妙思
（《崔敬邕碑》）

种石云垂起
披书月正来
（《张迁碑》）

泉流云际月
风动雨中山
（《曹全碑》）

秋月开灵境
清风来故人
（《张猛龙碑》）

叙山林乐趣
录宇宙殊观
（《兰亭序》）

秋月天然洁
野芳自在馨
（《爨宝子碑》）

爰集丹扬尉
得上外方山
（《瘗鹤铭》）

秋月如清圣
春风来故人
（《爨宝子碑》）

独行以避世
直道而事人
（《郑文公碑》）

独坐心常净
得句尊不空
（《石峪金刚经》）

闻知五百岁
章句十三经
（《石峪金刚经》）

哀乐因境构
文章本天成
（《爨龙颜碑》）

阁峻惟云宿
门清有月来
（《西狭颂》）

亭石化仙未
流泉荡山浮
（《瘗鹤铭》）

前后浮爽垲
上下集仙禽
（《瘗鹤铭》）

亭阴禽方集
山下华未胎
（《瘗鹤铭》）

洪流得真宰
爽垲集上仙
（《瘗鹤铭》）

亭林遂隐趣
歌咏达清音
（《郑文公碑》）

洞垂百尺瀑
坐有五车书
（《麻姑仙坛记》）

亭前集仙侣
华下篆铭词
（《瘗鹤铭》）

洗觞来旧雨
流咏见高风
（《礼器碑》）

度世得宝筏
卫道如金城
（《石峪金刚经》）

洗爵期文举
辇书授中宣
（《礼器碑》）

庭下松芝寿
山中日月长
（《张表碑》）

室内有万古
怀间无一文
（《兰亭序》）

帝言垂二典
海月照三山
（《天发神谶碑》）

室外列万竹
林尽得一山
（《兰亭序》）

室有山林乐
人同天地春
（《兰亭序》）

客倾千石酒
华竟四时春
（《郑文公碑》）

神山安期迹
阳春楚国歌
（《郑文公碑》）

神仙多道气
山水有清音
（《麻姑仙坛记》）

神交以志合
心远为情牵
（《玉版十三行》）

神相援伯乐
至情挈子期
（《史晨碑》）

神情悦我志
辞达解人疑
（《玉版十三行》）

说佛身是树
净坐心如兰
（《石峪金刚经》）

说法持如意
卫身宝莫耶
（《石峪金刚经》）

说经能得实
持句欲摩空
（《石峪金刚经》）

说经藐章句
处世离见闻
（《石峪金刚经》）

荷华深水乐
桂叶小山游
（《张猛龙碑》）

荷高能得露
兰小已生香
（《石峪金刚经》）

栖云新剖石
饮露晓褰衣
（《张猛龙碑》）

罢诵余书味
无言契道真
（《郑文公碑》）

造字勒金石
为宝记楚书
（《石门颂》）

倦时兰室坐
兴至竹林游
（《兰亭序》）

卿士象惟月
朝廷尊若天
（《史晨碑》）

卿言宗于圣
须请学为农
（《乙瑛碑》）

高文龙变化
清德朋威仪
（《张猛龙碑》）

留江山不朽
得华石相于
（《瘗鹤铭》）

高文悬北阙
美人在西方
（《曹全碑》）

留侯传祀石
孔氏戒冯河
（《乙瑛碑》）

高台明月满
古寺晚烟藏
（《争坐位帖》）

留将三雅未
任我一中之
（《张表碑》）

高咏月流宇
雄文雷起空
（《礼器碑》）

留得石势固
仿佛仙山浮
（《瘗鹤铭》）

高秋悬银汉
明月流金波
（《尹宙碑》）

高人有异撰
达者无古愁
（《峿台铭》）

高致春居福
名言秋兴诗
（《尹宙碑》）

高才方子建
清操邈林宗
（《爨宝子碑》）

高情与俗绝
玄理自心通
（《郑文公碑》）

高山皆绝壁
怪石作奇峰
（《峿台铭》）

高道圣难至
履霜心为寒
（《石门颂》）

高天蜀道出
古柳吴宫余
（《石鼓文》）

高歌答林响
精曜发岩居
（《郑文公碑》）

高踪慕歌风
清望重登龙
（《爨龙颜碑》）

流云引华月
修竹多清音
（《麻姑仙坛记》）

剖符承露冕
裂素建霜旌
（《张猛龙碑》）

流云归何处
素月来故乡
（《爨宝子碑》）

烟云凝篆字
泉石和瑶音
（《崔敬邕碑》）

流水悲今日
春风感故人
（《兰亭序》）

酒徒得生趣
肉食无远忧
（《史晨碑》）

家声承孝友
大道在中庸
（《爨龙颜碑》）

凉意水云际
高怀山谷间
（《曹全碑》）

家藏华山石
岁得真仙方
（《瘗鹤铭》）

海天明月上
城郭晚烟藏
（《争坐位帖》）

浮家于江上
留君集华前
（《瘗鹤铭》）

海云翻日紫
风叶上衣黄
（《郑文公碑》）

祥光百福集
和气一堂春
（《华山碑》）

海鸿振矫翮
龙马翔天风
（《爨宝子碑》）

谈士演月府
道家奉天师
（《史晨碑》）

浮白尽三雅
飞黄跨九州
（《张猛龙碑》）

能书称草圣
开卷拜经神
（《郑文公碑》）

能留鲁阳日
独慕严陵风
（《郑文公碑》）

著作罗掌故
声色空心经
（《石峪金刚经》）

黄花有同好
小雨来清游
（《石鼓文》）

勒石宜薛稷
撰文让王褒
（《史晨碑》）

梵理右丞画
清标大令书
（《争坐位帖》）

检身若不及
修辞立其诚
（《争坐位帖》）

啬夫干利禄
高隐重山林
（《张迁碑》）

曹刘空凡韵
孔李叙通家
（《史晨碑》）

硕人为世用
异艺夺天工
（《石鼓文》）

盛矣贤人会
大哉信者怀
（《兰亭序》）

虚竹人人仰
闲怀事事幽
（《兰亭序》）

虚竹生崇岭
激湍自短流
（《兰亭序》）

虚怀可风世
静趣能引言
（《兰亭序》）

悬流排石出
落日送雅归
（《张迁碑》）

铭篆山前石
华留亭外阴
（《瘗鹤铭》）

偏从独处坐
乃见故人来
（《石峪金刚经》）

得人斯为尚
无佛处独尊
（《石峪金刚经》）

得山水清气
极天地大观
（《兰亭序》）

得山林幽趣
揽今古异文
（《兰亭序》）

情可不言喻
文期后世知
（《兰亭序》）

得丹方于此
旌仙尉之家
（《瘗鹤铭》）

情合孟光案
礼为皇极门
（《石门颂》）

得趣无弦外
寄情虚室间
（《兰亭序》）

情怀同水静
人品若山崇
（《兰亭序》）

欲无尔我见
须有老庄书
（《石峪金刚经》）

情幽契泉石
高义薄云天
（《崔敬邕碑》）

领悟于陈迹
有为在盛年
（《兰亭序》）

情深斯文永
曲高则和难
（《石门颂》）

康乐陈时道
清平具古欢
（《石鼓文》）

惟上仙不化
于此山藏真
（《瘗鹤铭》）

鹿门多大隐
花洞有长春
（《圣教序》）

惟至人无想
与庶物同仁
（《爨宝子碑》）

鹿爵稽铭字
龙威授异书
（《礼器碑》）

惟留此真宰
乃不事浮华
（《瘗鹤铭》）

望彼夕阳处
涉来嘉树阴
（《石鼓文》）

惟冀千霜寿
不争一日长
（《礼器碑》）

清门无风字
上国晋龙光
（《爨龙颜碑》）

清闲无世事
管领有春风
（《兰亭序》）

清风吐海月
秋响振天风
（《爨宝子碑》）

清高感风月
慎恪志冰渊
（《爨宝子碑》）

清风在幽竹
初日临春虚
（《兰亭序》）

清望同司马
古翰写来禽
（《石鼓文》）

清心常入定
至德本无名
（《石门颂》）

清游向天目
幽抱托风怀
（《兰亭序》）

清机参近理
令德载高文
（《曹全碑》）

清辞振金石
遐想通风云
（《爨宝子碑》）

清名扇四裔
高略冠群英
（《爨龙颜碑》）

清源出危石
残阳明断桥
（《石门颂》）

清齐得至乐
静坐修无生
（《兰亭序》）

清操贞金石
长歌在沧浪
（《爨宝子碑》）

清犹临水竹
惠若当风兰
（《兰亭序》）

鸿文重东国
雅艺数南宗
（《张迁碑》）

清吟乃所好
至道在无为
（《峿台铭》）

鸿仪渐周道
凤翔娇中霄
（《爨宝子碑》）

鸿景常成字
禽言雅有诗
（《张迁碑》）

斯之未能信
其言足以兴
（《兰亭序》）

淑身惟礼乐
华国有文章
（《郑文公碑》）

斯文在天地
至乐寄山林
（《兰亭序》）

淳粹金石操
高骞凤鸾姿
（《爨宝子碑》）

朝云舒五色
秋月挹清辉
（《爨龙颜碑》）

深渊小鱼乐
微雨黄花滋
（《石鼓文》）

朝日出东海
古月临北轩
（《峿台铭》）

深渊出游鲤
古树鸣归禽
（《石鼓文》）

朝阳升古寺
夜月荡空江
（《史晨碑》）

诸乐和于竹
一言契若兰
（《兰亭序》）

斯人其怀宝
所志在江湖
（《爨宝子碑》）

琦节凌嵩华
大名薄风雷
（《礼器碑》）

惠日朗虚室
清风怀古人
（《兰亭序》）

喜署定武石
不休恶木阴
（《石门颂》）

厥土得爽垲
兹石荡洪流
（《瘗鹤铭》）

斯人犹在抱
于世大有为
（《圣教序》）

雄文祖韩子
俭德师陶公
（《礼器碑》）

雅人高格调
经世大文章
（《石门颂》）

集古尽其致
察人视所由
（《兰亭序》）

雅言在执礼
通经得导师
（《史晨碑》）

禽鸣原道旨
花好即天工
（《石鼓文》）

雅调垂亿载
高文有宝光
（《石门颂》）

禽留方相石
华掩上皇山
（《瘗鹤铭》）

雅谈三字掾
孝行万石君
（《史晨碑》）

禽浮江上石
杨掩亭前华
（《瘗鹤铭》）

凿山以通道
入海不帝秦
（《石门颂》）

鲁史春秋传
楚辞草木经
（《郑文公碑》）

凿通南北极
造作春秋经
（《石门颂》）

寓言居十九
旧学得二三
（《史晨碑》）

戢芳在函谷
疏石出蒙泉
（《曹全碑》）

尊闻百二国
卫道三千人
（《石峪金刚经》）

遗文史官缵
作会王宰优
（《尹宙碑》）

翔鸾鸣紫闼
威风凌玄霄
（《爨宝子碑》）

赋成曹子建
营肃周亚夫
（《史晨碑》）

道大世相触
行修名乃来
（《石峪金刚经》）

道心参明月
人境比流云
（《爨龙颜碑》）

道德资世用
文章本天成
（《华山碑》）

道以无用用
天是不言言
（《石门颂》）

湖山得天秀
风月感人情
（《爨宝子碑》）

道以和为至
言无罔故诚
（《乙瑛碑》）

湖光挺山影
春风抽野林
（《爨宝子碑》）

道书传六甲
故事明五辛
（《乙瑛碑》）

湖海遂高志
山林有遗才
（《爨宝子碑》）

道因时以立
理自天而开
（《峄山碑》）

湘竹临轩怨
山松当户吟
（《峿台铭》）

道若明河直
文如叠石幽
（《乙瑛碑》）

游山随得得
揽古至亭亭
（《兰亭序》）

道高自无闷
时清乃得闲
（《峿台铭》）

寒木经春丽
残霜入晓窗
（《石门颂》）

道德五千字
相思十二时
（《爨龙颜碑》）

谠言不可废
荣名之所归
（《石门颂》）

道德为原本
知识极诚明
（《石门颂》）

登山先得月
傍水时闻钟
（《麻姑仙坛记》）

登临有山水
上下无古今
（《峿台铭》）

辞章写渊静
涉猎求异同
（《石鼓文》）

缘岭穷山奥
循流极水源
（《圣教序》）

微香开末利
初日对夫容
（《争坐位帖》）

槐云暮日景
松泉和风声
（《崔敬邕碑》）

触处皆至道
及时得修名
（《石峪金刚经》）

感时尝有作
知己得无人
（《兰亭序》）

解人不易得
大道难为名
（《石门颂》）

感慨观陈迹
清修悟永年
（《兰亭序》）

韵应神人畅
音流子夜歌
（《史晨碑》）

感激为知己
娱乐及少年
（《兰亭序》）

阙文传夏五
行乐舞秋千
（《华山碑》）

雷雨一天洗
霜风九月威
（《礼器碑》）

福寿天南极
礼乐鲁东家
（《礼器碑》）

锦云成五色
明月扬清辉
（《爨龙颜碑》）

群生游化宇
一室坐春风
（《兰亭序》）

辞为六朝祖
文是百家宗
（《曹全碑》）

静观欣有得
朗抱不犹人
（《兰亭序》）

静观极万类
知足畅一生
（《兰亭序》）

竭诚效精卫
完贞验守宫
（《史晨碑》）

静坐得幽趣
清游快此生
（《兰亭序》）

竭诚勤庶政
拾遗辅明君
（《石门颂》）

嘉禽鸣不已
健马走如飞
（《石鼓文》）

精灵禀河岳
玄理通风云
（《郑文公碑》）

歌声出金石
高文荡日星
（《张猛龙碑》）

精阐论衡理
纵观咏史诗
（《郑文公碑》）

歌声贯金石
经义述春秋
（《爨龙颜碑》）

篆云笼远树
孤月衔东山
（《崔敬邕碑》）

歌援刘越石
赋效江文通
（《史晨碑》）

德成言乃立
义在利斯长
（《峄山碑》）

蝉望秋似蜕
兰当风而芳
（《爨龙颜碑》）

德行尊有若
著作等相如
（《石峪金刚经》）

管弦亦盛事
山水有闲情
（《兰亭序》）

德行集汝颍
灵石铭华阳
（《华山碑》）

瘗铭词不朽
唯山禽亦仙
（《瘗鹤铭》）

磐石宁邦本
南金仪圣姿
（《爨宝子碑》）

颜孟守圣道
渊云本天才
（《爨宝子碑》）

入则孝出则弟
诵其诗读其书
（《曹全碑》）

颜美谈城北
时衰辟墙东
（《史晨碑》）

九万里高风举
五百年名世兴
（《尹宙碑》）

豫识临渊易
所愁升天难
（《石门颂》）

于此得山水势
厥下留丹黄词
（《瘗鹤铭》）

镜如常满月
花有四时春
（《圣教序》）

于金紫尚何慕
除山泽其焉思
（《爨龙颜碑》）

儒素宗邹鲁
逸行缅泌衡
（《郑文公碑》）

大水流为九曲
春风又是一年
（《兰亭序》）

一日不可无竹
万古永以为春
（《兰亭序》）

大同无少长老
至乐合天地人
（《兰亭序》）

一室静修己事
万山快引人游
（《兰亭序》）

大智无悲无乐
古人情短情长
（《兰亭序》）

十方沾功德水
六时受供养云
（《曹全碑》）

万事静随流水
一时同坐春风
（《兰亭序》）

人无出不从户
律有还相为宫
（《史晨碑》）

与山松为良友
览庭芝以怡神
（《张表碑》）

与古人为知己
集斯文之大观
（《兰亭序》）

子孙贤师吾俭
朋友会辅以仁
（《尹宙碑》）

上天垂象日月
太史所掌春秋
（《乙瑛碑》）

子美字有来历
孙康志遂功名
（《张表碑》）

上元和国计簿
陈汉室政事疏
（《曹全碑》）

王通门兼将相
阳城志匡君民
（《张表碑》）

山古宜有刻石
道高乃不病时
（《峿台铭》）

开百世帝本纪
察五佐天官书
（《石门颂》）

山古定有刻石
日高乃可暴书
（《峄山碑》）

天外诸山若抱
坐间九老齐年
（《兰亭序》）

山谷路通子午
文章纪载春秋
（《曹全碑》）

天行七日来复
圣言三人有师
（《史晨碑》）

山林岂无作者
宇宙不少清流
（《兰亭序》）

无妄言无浪视
有异悟有至情
（《兰亭序》）

山静日长人寿
秋新月朗山高
（《张表碑》）

无闷此间小步
有时乃作高歌
（《峿台铭》）

卫青咸称大将
李白妙有天才
（《崔敬邕碑》）

无若中山千日
宜学东鲁一经
（《中兴颂》）

无弦亦足生悟
有竹可以娱情
（《兰亭序》）

无事于此静坐
有情可以长生
（《兰亭序》）

木成荫欣午日
桥断人度晓霜
（《石门颂》）

不能长跽雅拜
还思去官归农
（《史晨碑》）

不管古今世事
永为天地闲人
（《兰亭序》）

太白风流才子
中郎绝妙好辞
（《崔敬邕碑》）

少文之游极乐
老彭以古自娱
（《兰亭序》）

少言不生闲气
静修可致永年
（《兰亭序》）

少伯终遂初服
长公不合时宜
（《张表碑》）

长生不由内视
能品岂任外观
（《兰亭序》）

长老能言古迹
山人大有闲情
（《兰亭序》）

从政事推季路
以文理循子渊
（《石门颂》）

今乐犹之古乐
人能不及天能
（《兰亭序》）

今趣岂异于古
天听可望诸人
（《兰亭序》）

风八方丽云汉
日五色焕天章
（《张迁碑》）

风人大有寄兴
知己相喻无言
（《兰亭序》）

文才方诸江海
治功垂于山川
（《天发神谶碑》）

文子敏而好学
曾参孝以事亲
（《曹全碑》）

文备五光十色
乐审六律八音
（《史晨碑》）

世人无知妄作
贤者有所不为
（《兰亭序》）

文情生若春水
弦咏寄之天风
（《兰亭序》）

世外无极乐国
公余上有美堂
（《史晨碑》）

六桥屈曲可数
四山围合有情
（《石门颂》）

古人于兹远矣
此中之游乐乎
（《爨龙颜碑》）

为文期于用世
做事诚以与人
（《礼器碑》）

古方用阳里子
大道求白兔公
（《石鼓文》）

为林宗有道颂
是野王无声诗
（《张迁碑》）

古今人不相及
天地间有至文
（《兰亭序》）

为将当在相地
因闲所以致人
（《兰亭序》）

古文可参安国
雒社辄纪乐天
（《史晨碑》）

为敬仲城小谷
教越人饮上池
（《史晨碑》）

古圣若合符节
小雅可补笙歌
（《史晨碑》）

引清风以当坐
观明月之在天
（《兰亭序》）

古有老彭不老
春若和惠之和
（《兰亭序》）

书以钟张为祖
文升秦汉之堂
（《礼器碑》）

古言上德不德
道在无为而为
（《峄山碑》）

功德称于后世
方略具在兵书
（《峄山碑》）

申公独求四始
游子不载一辞
（《石鼓文》）

石能言史垂戒
雒出书易演玄
（《乙瑛碑》）

史家各立门户
名士等是风流
（《爨龙颜碑》）

石梁南通余谷
海道西达灵山
（《石门颂》）

只从实处着想
莫谓我不如人
（《石峪金刚经》）

五日风十日雨
坤位地乾位天
（《华山碑》）

出山无宰相志
载酒致野人家
（《曹全碑》）

五美备二难并
四时若百姓宁
（《西狭颂》）

出谷骑争春晓
度桥人履秋霜
（《曹全碑》）

平戎安用弓矢
载道有若舟车
（《石鼓文》）

仪宇方诸朗月
文章炳于中天
（《天发神谶碑》）

平阳安阳大蔽
出谷入谷通涂
（《曹全碑》）

令长本通假字
府县为民社官
（《史晨碑》）

甲子歆逢元日
风雨报到重阳
（《华山碑》）

令典垂诸关石
武功建于皋兰
（《天发神谶碑》）

由也可以为将
有若信能知和
（《兰亭序》）

乐山泽而之野
明经义以著书
（《峄山碑》）

乐天不外知足
修已自能及人
（《兰亭序》）

民守农桑之业
国惟礼乐是昌
（《华山碑》）

乐府兴于汉代
孝经列在学官
（《史晨碑》）

臣以壹经为乐
史称万石之家
（《峄山碑》）

尔为尔我为我
是则是非则非
（《石峪金刚经》）

有佐有丞有辅
言官言府言朝
（《石门颂》）

汉氏易主明象
尹文子言无为
（《乙瑛碑》）

有定可除万念
所著长奉一经
（《峄山碑》）

汉书辄列人表
王通变称元经
（《史晨碑》）

有美堂为山建
光化里以人名
（《张表碑》）

冯延巳工小令
周美成审古音
（《史晨碑》）

有莫能言者乐
无不成诵之书
（《峄山碑》）

永平三年通道
定远万里建功
（《张迁碑》）

在山不管世事
虚坐以觞古人
（《兰亭序》）

永和春日作序
渊明秋稼有辞
（《曹全碑》）

毕万以后当盛
老彭之年极长
（《兰亭序》）

司农夙精三礼
祭酒备考六书
（《史晨碑》）

毕生无不快事
随时作自在观
（《兰亭序》）

扬子云作奇字
王景略是雄才
（《崔敬邕碑》）

竹亭在山自古
松轩临水长清
（《峿台铭》）

至人与天同诞
知者以水自娱
（《兰亭序》）

伏阙拜出师表
辟世修却聘书
（《史晨碑》）

至人无视无听
贤者不激不随
（《兰亭序》）

仲父有王伯志
令公兼将相才
（《张表碑》）

至化与人同乐
大和随地生春
（《兰亭序》）

自然生有异悟
兰修固是天人
（《兰亭序》）

至言当系于带
间日无虚此觞
（《兰亭序》）

行文时有齐气
纵酒佐以楚歌
（《郑文公碑》）

此君乃真仙化
于山征宰相家
（《瘗鹤铭》）

行乐莫如纵酒
铭勋还自沈碑
（《郑文公碑》）

师宜官以书著
于良史有诗名
（《尹宙碑》）

创阵图者风后
得道经于伯阳
（《西狭颂》）

岁月焉容虚负
山林可共胜游
（《张迁碑》）

名世应五百岁
善本得十三行
（《石峪金刚经》）

则我未之有得
于人何所不容
（《争坐位帖》）

名理出九家易
清言如六朝人
（《争坐位帖》）

齐贤当为贤相
与可信是可人
（《兰亭序》）

时事每生感慨
古人无妄短长
（《兰亭序》）

好雨来则花秀
旭日出有禽鸣
（《石鼓文》）

时和齐已清咏
亦与文畅同游
（《兰亭序》）

观化于天地外
寄情在山水间
（《兰亭序》）

听水可当古曲
游山尝遇异人
（《兰亭序》）

观水未至向若
信古可以述彭
（《兰亭序》）

听曲能生万感
作文不放一丝
（《兰亭序》）

观世音称大士
安期生享长年
（《史晨碑》）

每遇山水之乐
尝以丝竹自随
（《兰亭序》）

远览楚中七泽
静观海上三山
（《郑文公碑》）

作文当有清气
临事终期虚怀
（《兰亭序》）

极四时之所乐
袭六经而成书
（《峄山碑》）

作器自当名世
著书已足等身
（《郑文公碑》）

杨氏家传清德
周子居有光风
（《尹宙碑》）

伯高出言有礼
仲子苦掾无书
（《石门颂》）

里党有名师友
经史尽大文章
（《尹宙碑》）

坐无觞咏不乐
气与兰竹同清
（《兰亭序》）

系幽兰于其带
取古竹以为觞
(《兰亭序》)

言一家酒一石
文三上史三长
(《乙瑛碑》)

言或自生天趣
事当曲尽人情
(《兰亭序》)

言诗流风不泯
为文清光大来
(《尹宙碑》)

言清自生天趣
事当曲尽人情
(《兰亭序》)

闲时观与可竹
静次咏山阴文
(《兰亭序》)

闲览子桓典论
博综公曾中经
(《郑文公碑》)

宋贤汉儒所学
周情孔思之余
(《郑文公碑》)

君子不为已甚
至人行其所安
(《郑文公碑》)

君子比德于玉
诗人所咏若兰
(《张猛龙碑》)

君子周而不比
仁政严以济宽
(《郑文公碑》)

君马黄我马白
麋子鹿豕子豣
(《石鼓文》)

君家得此宁土
真仙集于上方
(《瘗鹤铭》)

灵华宝造像画
古制稽铭器文
(《礼器碑》)

阳元光增宅相
汉人雅重门生
(《史晨碑》)

奉三雅颂休祉
策六驺广胜游
(《张迁碑》)

武乡侯是王佐
文正公乃名臣
(《尹宙碑》)

其人有山林气
斯文同金石声
(《张迁碑》)

其人贤于管乐
斯文品是随和
（《兰亭序》）

贤者固当信古
至人未是生知
（《兰亭序》）

其文贞雅以丽
斯人仁知而贤
（《石门颂》）

贤路更开王朗
文字上祖屈原
（《石门颂》）

其文得在集古
此老长于观人
（《兰亭序》）

国唯善以为宝
师之克乃在和
（《崔敬邕碑》）

述事感怀之作
引今稽古为文
（《兰亭序》）

畅当能为清咏
可之长于古文
（《兰亭序》）

事上惟留真宰
于家不重浮华
（《瘗鹤铭》）

畅饮时宜长夜
谐谈坐有雅人
（《史晨碑》）

事孔须通一艺
尊王故作六经
（《乙瑛碑》）

明明德有大道
蒸蒸艾格非心
（《石门颂》）

到门不书风字
县河辄谈麟经
（《史晨碑》）

忠宣公继父志
新建伯真王臣
（《张表碑》）

抱和气于虚室
目清风为故人
（《兰亭序》）

知己不凭形迹
贤人亦有异同
（《兰亭序》）

览百家述鸿绪
宗六艺守雅言
（《张迁碑》）

知己无若与可
后人大类文彭
（《兰亭序》）

知己不在形迹
贤人亦有异同
（《兰亭序》）

定礼仪尊古制
修福德享大年
（《礼器碑》）

知今亦当知古
尽人斯能尽天
（《兰亭序》）

治国上万言策
行道受千金方
（《张迁碑》）

知足亦知不足
致人无致于人
（《兰亭序》）

诗注正风正雅
图陈山经海经
（《郑文公碑》）

知者乐仁者寿
富润屋德润身
（《曹全碑》）

视人事若己事
以古文为时文
（《兰亭序》）

知其声以流咏
超众志而为言
（《玉版十三行》）

弦管可知风化
林亭足畅情怀
（《兰亭序》）

周礼本出屋辟
汉学各审家门
（《史晨碑》）

经师称东西汉
吏治赞大小冯
（《史晨碑》）

周处力除三害
魏征表奏十思
（《史晨碑》）

经言乐不可极
理定数莫能争
（《峄山碑》）

学而不思为罔
德以日修乃明
（《礼器碑》）

春秋功垂亿载
雅颂勋纪万年
（《曹全碑》）

学贯百家诸子
文为万里长城
（《曹全碑》）

春秋雅重辞令
山岳永勒勋名
（《张表碑》）

封人自具远见
阙里可以观光
（《史晨碑》）

城北公有美誉
方山子亦异人
（《张表碑》）

南山颂上无极
北海尊中不空
（《曹全碑》）

威望高于李郭
性理学本程朱
（《曹全碑》）

残石凿褒中字
危桥悬余谷川
（《石门颂》）

临事有长有短
与人不激不随
（《兰亭序》）

临事咸期无妄
随时观取同人
（《兰亭序》）

虽在山林之内
尝以管乐自期
（《兰亭序》）

幽室在山自古
短亭临水长清
（《兰亭序》）

笃本支于百世
颂盛德者万家
（《尹宙碑》）

修德不期获报
立言安事空谈
（《史晨碑》）

胙肉不出三日
家食安得万钱
（《史晨碑》）

狭谷危崖常驻
清风明月为缘
（《西狭颂》）

美稼秋登万石
垂杨春丽六桥
（《曹全碑》）

洄潭一百廿丈
奇石三十六峰
（《峿台铭》）

室有惠崇山水
人怀与可风流
（《兰亭序》）

退之文起八代
长卿诗善五言
（《张迁碑》）

除芳幕且留月
御素弦以披风
（《张迁碑》）

除诵经无所作
思去日有如斯
（《峄山碑》）

载酒扬亭问字
解衣燕市高歌
（《郑文公碑》）

荷含芳于六月
芝吐华兮一庭
（《张表碑》）

爱君无如正则
好武不下中黄
（《西狭颂》）

高人自多乐趣
君子时有深忧
（《石鼓文》）

高文期于永寿
大福得自中和
（《礼器碑》）

高问不随流俗
中朝独有遗芳
（《张迁碑》）

酒以中圣为美
河有太史之称
（《史晨碑》）

海岛饮流自乐
山华满地无名
（《张猛龙碑》）

流水亟鲨鱼立
余阳微猎马归
（《石鼓文》）

家兴然后国治
乐备不徒礼明
（《史晨碑》）

宰官尽心民社
辅臣正色公朝
（《尹宙碑》）

诸贤以文会友
纯臣致身事君
（《尹宙碑》）

能文章有道德
是官府亦神仙
（《纪太山铭》）

通人不屑小节
庶政在挈大纲
（《史晨碑》）

骋此长风快浪
欣然临水登山
（《兰亭序》）

教育争存道德
威仪和饰鼓钟
（《礼器碑》）

职方有郡国志
治世无华石纲
（《张表碑》）

勒石穷青海境
奉璋冠玉京群
（《张猛龙碑》）

清修未尝奉佛
独立本不依人
（《争坐位帖》）

盛世不言远略
臣家自昔明经
（《峄山碑》）

清游乃逢康乐
嘉好或同子猷
（《石鼓文》）

虚室自生静气
清风若遇古人
（《兰亭序》）

渊明不屈五斗
王通有功六经
（《石门颂》）

略具四时所乐
不争一日之长
（《峄山碑》）

渊明空秦轻汉
石勒上高下光
（《石门颂》）

得主君子则往
匪义大人弗为
（《石门颂》）

渊明清风自远
景略奇才无前
（《崔敬邕碑》）

得江山之爽垲
征华石以浮流
（《瘗鹤铭》）

随会未为知者
陈相不合大贤
（《兰亭序》）

祭诗曾传逸事
拜石会有高情
（《郑文公碑》）

维止而后有定
能明乃可言强
（《峄山碑》）

惟圣者其无过
若农夫之有秋
（《石门颂》）

维以经史为乐
时有山泽之思
（《峄山碑》）

惟圣惟勤惟断
以德以功以言
（《石门颂》）

壹威义以成德
泽经史而立言
（《峄山碑》）

期一言之取信
化万类以大同
（《兰亭序》）

慨世风之不古
尽人事以合天
（《兰亭序》）

揽古同情异世
取人舍短录长
（《兰亭序》）

寓书阙然不报
临池雅有可观
（《史晨碑》）

智者乐观在水
幽人托寄于山
（《兰亭序》）

登山临河而叹
过门废书相从
（《石门颂》）

集古得未尝有
做事无不可言
（《兰亭序》）

酤酒市脯不食
天香国色相参
（《史晨碑》）

寓公所董唯古
君子不流自高
（《石鼓文》）

置身秦汉以上
所居廉让之间
（《曹全碑》）

道能博亦能约
山爱险不爱平
（《西狭颂》）

置清尊而案曲
然都梁以诵书
（《石门颂》）

道德五千余字
春秋二百卌年
（《郑文公碑》）

禀河山灵淑气
承邹鲁礼乐风
（《郑文公碑》）

温公分年纪史
周子通书辅经
（《尹宙碑》）

溪畔月清若水
山深日长如年
（《㾊台铭》）

敦行可正流俗
树德以遗子孙
（《张迁碑》）

群言不袭野史
长日维诵山经
（《峄山碑》）

静坐自然有得
虚怀初若无能
（《兰亭序》）

管相一时能者
有若未是贤人
（《兰亭序》）

薛居正有旧史
颜师古注汉书
（《史晨碑》）

履以和斯中道
坤之德为大羹
（《石门颂》）

一人关弓出射雉
众渔属水来驱鱼
（《石鼓文》）

一人知己亦足矣
毕生自修无尽期
（《兰亭序》）

一门极盛张安世
百代共仰韩文公
（《汉碑》）

一门余福在修德
万物得春皆遂生
（《华山碑》）

一切众生闻说法
十年子弟许通经
（《金刚经》）

一月得四十五日
三皇有万八千年
（《华山碑》）

一水抱亭引幽趣
群山俯岭列大观
（《兰亭序》）

一生长念无中有
万物宜从阙后修
（《史晨碑》）

一生有用经书义
千载不磨金石文
（《华山碑》）

一生所爱山与石
千里从游客为家
（《张迁碑》）

一年得趣在春日
万事放怀引暮觞
（《兰亭序》）

一年和澍社公雨
九里镜流大史河
（《礼器碑》）

一竹崇阴清映水
万兰幽趣寄于春
（《兰亭序》）

一阴一阳之谓道
或出或处惟其时
（《石鼓文》）

一间静室长临水
九曲清流自抱山
（《兰亭序》）

二分明月维扬夜
十里名花茂苑春
（《圣教序》）

一诚有定同葵向
百故皆恬若海容
（《争坐位帖》）

二分烟月人如画
半榻图书我应侯
（《争坐位帖》）

一春流水生兰若
终日清风在竹林
（《兰亭序》）

二史并传周柱下
九歌常诵楚灵均
（《郑文公碑》）

一钩买来大食国
二卫骑去夫余王
（《史晨碑》）

十三行步大令武
五黍言有工部神
（《天发神谶碑》）

一亭尽揽山间趣
幽室能观世外天
（《兰亭序》）

二汉以六经佐治
三通本诸史立言
（《尹宙碑》）

一室当群流所会
有亭在万竹之间
（《兰亭序》）

二南王化及男女
三界因缘聚众仙
（《金刚经》）

一室图书自清洁
百家文史足风流
（《醴泉铭》）

二黄国色徒谦让
一赤天书即拜除
（《史晨碑》）

一清亦世之贤相
文长为天生异人
（《兰亭序》）

十分烟雨罗含宅
万里云山道子图
（《圣教序》）

一藏梵声涛在口
满林花影月苞山
（《圣教序》）

十里烟花双燕影
半天风雨一虫声
（《圣教序》）

十顷莲华香似海
半庭松盖碧如江
（《麻姑仙坛记》）

七星共仰文昌气
一叶自成天下秋
（《华山碑》）

八宝合修天上镜
三台争耀禁中华
（《礼器碑》）

人云东见日五色
佛教西来天一方
（《金刚经》）

人云亦云天下事
得过且过道中人
（《金刚经》）

人日嘉辞高仲武
春山新本郭河阳
（《华山碑》）

人以大山期右相
古之贤者有阴兴
（《兰亭序》）

人生无若长乐老
昔贤当痛清流亭
（《兰亭序》）

人有不为斯有品
己无所得可无言
（《兰亭序》）

人有水竹得古趣
天将风日御情怀
（《兰亭序》）

人因长日诵经说
我信先天得性功
（《金刚经》）

人传三异真名吏
古者九能可大夫
（《争坐位帖》）

人自优游花自秀
车如流水马如飞
（《石鼓文》）

人体六书生奥妙
五山十水见精神
（《圣教序》）

人若春兰初映水
山有古趣不随时
（《兰亭序》）

人若幽兰带春气
山临静室遇故知
（《兰亭序》）

人事若平原走马
天君如止水游鱼
（《石鼓文》）

人到率真皆古道
文无作意是高才
（《争坐位帖》）

人知达德唯三者
子有令名等五之
（《金刚经》）

人定佛从心上见
天高月射海东明
（《争坐位帖》）

人品比南极出地
此心如大月当天
（《争坐位帖》）

人品若山极崇峻
情怀与水共清幽
（《兰亭序》）

人品清于在山水
天怀畅若当风兰
（《兰亭序》）

人倚画寮初月上
径回平野晚烟横
（《争坐位帖》）

人情与兰竹同茂
天气得山水之清
（《兰亭序》）

人惟有识神方定
事不求余气自平
（《华山碑》）

人随明月多时立
门对远山长日开
（《张迁碑》）

人揽此风殊快乐
天于是日得清和
（《兰亭序》）

人影在地忽见月
天香满袖知有风
（《圣教序》）

人爵安能副天爵
小年可并作大年
（《史晨碑》）

入见曾闻乐正子
善书授自卫夫人
（《金刚经》）

入世须才更须节
传家积德还积书
（《争坐位帖》）

九万里风斯在下
八千年木自为春
（《圣教序》）

九万里知风气力
五千言见道根源
（《岳麓寺碑》）

九日游山遇群老
一年修竹咏暮天
（《兰亭序》）

九月神钟报霜降
三川社鼓历华朝
（《礼器碑》）

九曲天游山抱水
万年日观岭为亭
（《兰亭序》）

三月三日会水国
一觞一咏陶天风
（《礼器碑》）

九曲长流天地外
群山坐揽咏游间
（《兰亭序》）

三月春风鸣野羽
一天秋影数归鸿
（《爨宝子碑》）

九宇同春为至乐
一时极盛系斯文
（《兰亭序》）

三传何容置高阁
五言亦是守长城
（《争坐位帖》）

九品论存中正意
六书理悟史皇初
（《争坐位帖》）

三异政传鲁恭绩
十思论上魏征书
（《郑文公碑》）

九霄云薄秋无影
四野风和春有姿
（《爨宝子碑》）

三径同行时对月
一尊清燕共论文
（《争坐位帖》）

九霄素月清秋洁
四野黄云乐岁同
（《爨宝子碑》）

三国人才鲁子敬
六朝位望周伯仁
（《张迁碑》）

力登山颠得不借
步周海颈谁能从
（《峿台铭》）

三国平分兴蜀汉
二都辞赋大文章
（《曹全碑》）

三士分桃成慕义
二疏辞汉有高风
（《曹全碑》）

三视既周人出定
万音无作月行空
（《史晨碑》）

三公无极汉碑字
万岁通天王氏书
（《华山碑》）

三韩育日弥空紫
二华凌霜造极青
（《礼器碑》）

于世不言人所短
临文期学古之长
（《兰亭序》）

于归酒市尚司马
反报文君化凤皇
（《史晨碑》）

士衡信是东南美
文举先开魏晋风
（《郑文公碑》）

下土备员香案吏
中天更礼玉晨经
（《史晨碑》）

下币不皇得真侣
浮家惟集荡洪流
（《瘗鹤铭》）

大山小山若伯仲
新植旧植称祖孙
（《纪太山铭》）

大千员通观自在
三百比兴思无邪
（《史晨碑》）

大化育物殊灵蠢
圣人作事有始终
（《崔敬邕碑》）

大文合在迁固右
清游每至山水间
（《兰亭序》）

大文作不随风气
清品仰之若春山
（《兰亭序》）

大文间世有述作
至乐在人无古今
（《兰亭序》）

大文喻世无今古
群坐畅言在林亭
（《兰亭序》）

大书深刻会稽石
甄历视朔天文台
（《天发神谶碑》）

大水浪清风不激
老山春至兰又生
（《兰亭序》）

大令字备汉魏体
兴公文有金石声
（《张猛龙碑》）

大老年华长不老
达人智慧过于人
（《金刚经》）

大有书生王子敬
最高长寿白香山
（《金刚经》）

大有可为天下事
不如其已过来人
（《西狭颂》）

大有精神比秋月
空余文史尽天年
（《史晨碑》）

大地未游知春至
长言不足咏风人
（《兰亭序》）

大地欣然春至后
群山朗若曲终时
（《兰亭序》）

大地清幽山水会
此生怀抱管弦知
（《兰亭序》）

大作当为一品集
清时同引万年觞
（《兰亭序》）

大佛悉知千万劫
后生应读十三经
（《金刚经》）

大雨如鏃鱼自乐
嘉树作花禽既归
（《石鼓文》）

大河千里水东注
明月一天人独来
（《礼器碑》）

大河长注水不竭
明月在空霜与争
（《礼器碑》）

大贤自合为九列
清风可以流万年
（《兰亭序》）

大弦春和得天气
生丝清激引悲风
（《兰亭序》）

大树芳华如雨洗
曲台高广受风和
（《礼器碑》）

大海之流王百谷
明堂以位朝四夷
（《石门颂》）

大海垂龙承晓日
平原勒骑数归鸦
（《石门颂》）

大海流光产百宝
高山望气起远云
（《麻姑仙坛记》）

大海溢为天上月
真香屈作地中金
（《争坐位帖》）

大隐何曾避朝市
高人不独在山林
（《郑文公碑》）

大道无涯如泛海
好古不厌若为山
（《峿台铭》）

大道功夫修日进
上清地位到非难
（《争坐位帖》）

大道功夫修勿坏
上清地位到非难
（《争坐位帖》）

大道垂杨勒归骑
平原余日下寒鸦
（《石门颂》）

大雅文章曹子建
深通经义郑司农
（《石门颂》）

大翼垂天九万里
长松拔地三千年
（《圣教序》）

万石千稷年大有
九亭三舍德流行
（《史晨碑》）

万石家风著自汉
百里相业震于秦
（《尹宙碑》）

万有不齐天地事
一无可寄古今情
（《兰亭序》）

万年觞有清和气
一品集无俯仰文
（《兰亭序》）

万年觞有清和气
一品集无时世文
（《兰亭序》）

万里好山归蜀郡
二分明月上扬州
（《曹全碑》）

万里波涛归海国
一山花木作香城
（《圣教序》）

万间地广东西屋
三面庭朝远近山
（《曹全碑》）

万事虚怀临水竹
一生和气当春兰
（《兰亭序》）

万品以静观自得
此生与大化同游
（《兰亭序》）

万类静观咸自得
一春幽兴少人知
（《兰亭序》）

万类静观咸自得
斯人可与亦同群
（《兰亭序》）

万家蔽芾城中树
四野缠连云外山
（《张迁碑》）

万感尽随春气化
群贤齐抱古怀陈
（《兰亭序》）

与谁远泛北海道
为君高歌南山台
（《峿台铭》）

与人愿无市道比
处世宜作寓公观
（《史晨碑》）

才子名姬结高会
清风明月属闲人
（《郑文公碑》）

与世和平君子德
立辞典则古人风
（《华山碑》）

才子修辞须当理
文人积习是争名
（《争坐位帖》）

与贤者游信足乐
生古人后当有为
（《兰亭序》）

才从天得多归李
尉以神言合数梅
（《天发神谶碑》）

与贤者游信足乐
集古人文亦大观
（《兰亭序》）

才名挺出如东野
佛理清深是子瞻
（《争坐位帖》）

与贤类游得至乐
于古文品极大观
（《兰亭序》）

才名震溢李供奉
画理清深王右丞
（《争坐位帖》）

与物无求是达者
生平重义过古人
（《华山碑》）

才备天人东方朔
仪观日月夏侯元
（《天发神谶碑》）

与弦作契风生竹
列坐为情水抱山
（《兰亭序》）

才思欲高燕许上
形踪常在光黄间
（《圣教序》）

与幽人言自生悟
得静者相能永年
（《兰亭序》）

与君无事论齐物
有客能文赋上林
（《郑文公碑》）

上下相从念东野
人天平等悟南能
(《争坐位帖》)

上天下地赞天地
昔圣先贤真圣贤
(《金刚经》)

上方降下菩提露
大道流行自在天
(《金刚经》)

上古民风真且鲁
于今文教博而华
(《礼器碑》)

上寿合欢求白堕
卫生养性读金经
(《金刚经》)

上稽人始言天演
穷叩河原补地文
(《乙瑛碑》)

口慧有言皆敏妙
心香无事不精奇
(《圣教序》)

山人昔日为贤相
亭长当年咏大风
(《兰亭序》)

山下河流至大别
天南国号名波斯
(《金刚经》)

山上丹黄留未朽
亭前华石表厥真
(《瘞鹤铭》)

山川灵妙能增慧
花木精词亦永年
(《圣教序》)

山之上下得平势
事以前后篆于铭
(《瘞鹤铭》)

山中人惟知自乐
天下事不在多言
(《纪太山铭》)

山中坐等小兰若
天下人尊大布衣
(《石峪金刚经》)

山中流水澄冰雪
月下仙人望佩环
(《多宝塔碑》)

山长水曲清游地
日朗风和春尽时
(《兰亭序》)

山公未致嵇中散
文举乃识刘豫州
(《郑文公碑》)

山公识鉴晋硕德
长卿辞赋汉逸才
(《郑文公碑》)

山水之间有清契
林亭以外怀曲情
（《兰亭序》）

山水长生春不老
天地相契人乐游
（《兰亭序》）

山水重逢若相识
风云迭变思往年
（《华山碑》）

山水趣于弦外领
古今人自静时观
（《兰亭序》）

山左山右古二国
道南道北本一家
（《史晨碑》）

山外黄华江外石
上方亭午下方阴
（《瘗鹤铭》）

山有此生未能至
竹为一日不可无
（《兰亭序》）

山当曲时水群会
日已暮后天犹清
（《兰亭序》）

山因大极少人迹
林将老时曲竹生
（《兰亭序》）

山岁铭篆山乃重
侣集仙家侣惟真
（《瘗鹤铭》）

山华岩草敷灵秀
春燕秋鸿信往还
（《郑文公碑》）

山色如圭云自起
林荫成幕月初生
（《张迁碑》）

山如北苑巨然胜
诗在退之东野间
（《张迁碑》）

山花含露无今古
飞燕随风自往来
（《圣教序》）

山谷文章自艰涩
渊明行义极清高
（《石门颂》）

山间明月从容出
天外行云自在流
（《张迁碑》）

山间流水当听曲
天外游丝时系春
（《兰亭序》）

山林高隐天随子
孝友家风万石君
（《张迁碑》）

山阴正书东方赞
相如善述上苑文
（《张迁碑》）

山居自识无名草
风景相随有足春
（《郑文公碑》）

山阴仙侣真相得
江表词流惟此君
（《瘗鹤铭》）

山前华表留真相
方外仙侣重上流
（《瘗鹤铭》）

山阴留篆词不朽
水上浮家侣亦仙
（《瘗鹤铭》）

山前征事惟仙侣
石山留铭表岁华
（《瘗鹤铭》）

山阴家势留于后
江表词华掩此前
（《瘗鹤铭》）

山类高人无俗累
水同智者不方流
（《圣教序》）

山阴篆势真仙侣
亭下黄花宰相词
（《瘗鹤铭》）

山室九间得古趣
竹林一带娱幽人
（《兰亭序》）

山林自有不朽业
今古无多独行人
（《圣教序》）

山家不重惟藏币
仙宰流真未掩华
（《瘗鹤铭》）

山势江流惟仿佛
亭华仙侣真相于
（《瘗鹤铭》）

山家华亦留真相
爽垲亭惟集上仙
（《瘗鹤铭》）

山泽异名著九鼎
黄农上治稽三坟
（《郑文公碑》）

山家华侣浮于事
君土真禽集亦仙
（《瘗鹤铭》）

山泽高下理所著
金石刻作臣能为
（《峄山碑》）

山家藏得山阴篆
江上惟征江表词
（《瘗鹤铭》）

山鸽腾腾罗复放
渊龙寂寂是而非
（《刻经颂》）

山情得古无相与
竹趣当春自不群
（《兰亭序》）

山静无言水自语
兰因有信竹相怀
（《兰亭序》）

山静日长仁者寿
荷香风善圣之清
（《玄秘塔碑》）

千山雪白行人少
四野云黄啬事兴
（《张迁碑》）

千山落月萌新感
万里归云纪胜游
（《张迁碑》）

千字文雅饬可学
六书通参变无稽
（《史晨碑》）

千里云山人并远
九秋风月客初还
（《郑文公碑》）

千秋经学孙明复
一代高文太史公
（《中兴颂》）

久从山泽言辞直
除去经书家具无
（《峄山碑》）

夕阳禽止若有谓
小雨鱼乐吾勿如
（《石鼓文》）

凡今之人贪肉食
唯我与尔许心知
（《金刚经》）

凡在六经皆注我
纵然七发未留情
（《郑文公碑》）

凡眼何能别兰种
仙心方得受荷香
（《石峪金刚经》）

广庭有露桂花湿
空山无风松子香
（《圣教序》）

门少人来惟月到
书经风过有香生
（《华山碑》）

门庭好学怀文举
令县非才负士元
（《曹全碑》）

门掩梨花深见月
寺藏松叶远闻钟
（《圣教序》）

门常不开留云宿
山为多游带月归
（《张迁碑》）

之子生天灵运后
是心传道赫胥前
（《礼器碑》）

已与山林结高契
故应客主并诗人
（《郑文公碑》）

已见紫云鞭作研
好留黄叶绩为衣
（《郑文公碑》）

已为林华常注酒
独然官烛数翻书
（《郑文公碑》）

也知静者能无事
信是风人合有情
（《兰亭序》）

小卯人吹仓玉律
端阳户缀赤灵符
（《史晨碑》）

小峰嵌窦势斗绝
怪石当溪波自清
（《峿台铭》）

子云文品丰年玉
长吉歌辞大地仙
（《华山碑》）

子猷泛舟求安道
微之鸣世亚乐天
（《石鼓文》）

子瞻却喜文与可
鲁直深知李伯时
（《争坐位帖》）

子瞻娄称文与可
诚县不亚颜鲁公
（《史晨碑》）

习勤不置能损欲
闻过则喜真得师
（《争坐位帖》）

飞将军自天而下
大手笔与人不同
（《岳麓寺碑》）

乡居日晚野闻扈
海上月明人射鱼
（《争坐位帖》）

乡情自古隆三爵
臣节何为易五羊
（《争坐位帖》）

王十朋武乡自命
杨万里诗社有铭
（《尹宙碑》）

王大令书从父出
李将军射本家传
（《争坐位帖》）

王元美撰依四部
井大春学备五经
（《史晨碑》）

天马有时来外国
凤凰元是在朝阳
（《中兴颂》）

王佐才一日千里
通德门四世三公
（《张表碑》）

天马游行不可勒
时禽来止乃为安
（《石鼓文》）

王君化以避世著
天随子高不仕风
（《尹宙碑》）

天中是五月五日
宇内有九山九川
（《天发神谶碑》）

王桓并世岂相下
李郭同心真所难
（《争坐位帖》）

天分极高维有白
书家自古莫如王
（《峄山碑》）

王侯将相天所位
道德礼乐圣之渊
（《爨宝子碑》）

天付人生衣食住
我观年岁去来今
（《金刚经》）

开尊忽见前身月
用世犹存半部书
（《争坐位帖》）

天外万山临静室
亭间一竹领群兰
（《兰亭序》）

天人好恶宁难测
世事恩仇两不知
（《西狭颂》）

天外有诗来五夜
山中无木不千年
（《西狭颂》）

天下治材雒阳出
府中文掾辽东归
（《史晨碑》）

天地大观极游览
山林异致得清幽
（《兰亭序》）

天上有风延海客
云中随地著神山
（《郑文公碑》）

天地同和为大乐
古今异世赏斯文
（《兰亭序》）

天地春和游足畅
诸天日静老僧闲
(《兰亭序》)

天地精华三品石
云山苍翠六朝文
(《圣教序》)

天机清旷长生海
心地光明不夜灯
(《圣教序》)

天若有情天亦老
水能无浪水长清
(《兰亭序》)

天高小囿一鸣鹿
日夕嘉树来归禽
(《石鼓文》)

天鹿灵台修宝历
雨师风伯相工垂
(《礼器碑》)

天清一水相映合
日暮万山若有无
(《兰亭序》)

天然文吐春云润
悟后心如秋月超
(《王居士砖塔铭》)

天然深秀檐前树
自在流行槛外云
(《多宝塔碑》)

天缘有分得三益
电信通音达四方
(《金刚经》)

无人自数初三月
可意相思十二时
(《争坐位帖》)

无力东风花半露
有情春水燕双飞
(《圣教序》)

无为可不当时事
未合短长今世人
(《兰亭序》)

无为所以得清静
致知然后能修齐
(《兰亭序》)

无妄言人之所短
当自知己有未能
(《兰亭序》)

无事在怀为极乐
有长可取不虚生
(《兰亭序》)

无将遇合期今世
自咏风怀寄所知
(《兰亭序》)

无闻于世徒惶恐
有意为文太戆愚
(《乙瑛碑》)

无情岁月易辞我
不济文章亦问天
（《郑文公碑》）

云阶月地参心性
雨叶风枝乐景光
（《曹全碑》）

无谓官清缘禄减
不难民静爱山高
（《西狭颂》）

云阶月地幽人室
水远山高隐士居
（《曹全碑》）

无悲无苦我其寿
知事知人世不非
（《柳州罗池庙碑》）

云林山景多平远
开府文章自丽新
（《张迁碑》）

无数秋鸿随客骑
何时山月属闲人
（《郑文公碑》）

云影天光自清旷
春和秋肃相始终
（《爨宝子碑》）

无端开合电明野
不事安排月到天
（《争坐位帖》）

云露已滋新草木
风徽雅尚汉威仪
（《张猛龙碑》）

无端朱穆绝相识
曾比子云守太玄
（《郑文公碑》）

艺兰雅有芬芳气
种树新成蔽芾阴
（《张迁碑》）

无稽之言可妄听
大化所形乐静观
（《兰亭序》）

不以能文欣自得
每于无事感相知
（《兰亭序》）

云龙上下驰东野
雪鹤飞扬入北山
（《张猛龙碑》）

不生不灭日有食
难度难量天之高
（《金刚经》）

云扬高浪凌沧海
风发长林振素秋
（《爨宝子碑》）

不因门户存已见
无若河汉却人言
（《史晨碑》）

不导众流水安大
乍逢一雨花则鲜
（《石鼓文》）

不闻下里阳和曲
且学天山敕勒音
（《礼器碑》）

不尽藏书出东壁
天然名画继南宫
（《多宝塔碑》）

不将稽古尽能事
所乐及时同畅游
（《兰亭序》）

不更二法败初义
于赫百神居上头
（《礼器碑》）

不偏谓中道至善
舍本求末语无根
（《金刚经》）

不求异人我为马
是真好事公矢鱼
（《石鼓文》）

不登大行叹广武
时过楚国歌阳阿
（《西狭颂》）

不言钱未尽正士
徒远色安得完人
（《史晨碑》）

不期斯世有殊遇
自信于人无间言
（《兰亭序》）

不战不争称盛世
无灾无害降康年
（《峄山碑》）

不遇古人为后死
得游乐地是长生
（《兰亭序》）

不逆不亿不变塞
无偏无颇无妄言
（《金刚经》）

不群人品极天峻
至静风情同水清
（《兰亭序》）

不恤千金为爱士
能齐百里是治才
（《张迁碑》）

五千道德传周尹
百二河山挺汉碑
（《郑文公碑》）

不图世上风云会
惟有山中日月长
（《西狭颂》）

五方五音有差别
三去三就应思量
（《金刚经》）

五伦外无真学问
六经中有大文章
（《郑文公碑》）

五香佛海真无地
百尺书城半倚天
（《争坐位帖》）

太古在昔有述作
当今之世咸清贤
（《兰亭序》）

太平无事容高咏
行乐及时中圣人
（《郑文公碑》）

太平不用孙吴子
工秀无如杨马辞
（《石鼓文》）

太史公迁自为叙
令尹子文忠于君
（《尹宙碑》）

太守古曰二千石
名士生从五百年
（《汉碑》）

太守游归禽自乐
山人老去鹤高飞
（《张猛龙碑》）

太空多许微生物
世界当为有用人
（《金刚经》）

历下追风印西极
宫中得宝薄南威
（《礼器碑》）

历世方知有难易
察人不必过分明
（《石门颂》）

友来辄入论文座
书就还思作跋人
（《争坐位帖》）

友朋则东南高会
文章与春夏相宜
（《尹宙碑》）

车马愿言共君子
酒食端合奉先生
（《史晨碑》）

比及三年人报最
有能一日子成名
（《金刚经》）

比比皆然中立国
多多益善读书人
（《金刚经》）

比周事主无君子
嘉叹临朝有罪言
（《史晨碑》）

切戒身心小不忍
自然德慧生而知
（《金刚经》）

止分经史为家具
起自兵戎作世臣
（《峄山碑》）

少时以月为明镜
平生属文若涌泉
（《曹全碑》）

少者天怀极娱乐
老人风趣寄春觞
（《兰亭序》）

少陵歌行冠唐代
子长文章重汉京
（《华山碑》）

日从莫后群功止
天始明时万念除
（《峄山碑》）

日月代明生是独
雷风相薄莫之争
（《礼器碑》）

日出寅宾崇令典
曲符夷则咏西成
（《西狭颂》）

日阴自昔知不足
咏事及今大有为
（《兰亭序》）

日初后人有能品
观因流风犹在今
（《兰亭序》）

日咏群觞天趣永
风丝一曲老怀娱
（《兰亭序》）

日莫万山如无有
天高四野极分明
（《峄山碑》）

日莫道长无所止
山高家远起相思
（《峄山碑》）

日高华发闻蝉语
雨过松声引鹤行
（《麻姑仙坛记》）

日得一轮明著色
天含万相寂无言
（《金刚经》）

中岳月高光莫野
西天风利剪秋江
（《爨宝子碑》）

中夜清歌对风月
长年行李属云山
（《西狭颂》）

中郎大令工文字
李广陈平建武功
（《天发神谶碑》）

中原扰乱六朝史
世胄迢遥五姓侯
（《爨宝子碑》）

内典相传唐翰墨
清言犹见晋风流
（《圣教序》）

见小利有若坐井
定大犹无复骑墙
（《史晨碑》）

见微知著思维世
聚少成多譬作山
（《金刚经》）

升台俯对海门月
开阁下数齐州烟
（《争坐位帖》）

升高喜见诸天月
入座微闻百合香
（《争坐位帖》）

午岁浮留也真宰
江流上下亦仙华
（《瘗鹤铭》）

午前华重阴浮爽
亭上禽留石亦仙
（《瘗鹤铭》）

手合玉笙无异色
歌流璧月一时圆
（《史晨碑》）

气与河山相振动
文如云汉有光华
（《郑文公碑》）

长风腾举九万里
高论博通十三经
（《尹宙碑》）

长史书与素师异
司马纪言赤帝兴
（《史晨碑》）

长生有悟清而静
至趣所流虚以和
（《兰亭序》）

长生但说神仙传
大古原无封禅书
（《华山碑》）

长乐管弦天外听
大同山水坐间观
（《兰亭序》）

长老幽闲兰若静
群贤风趣竹林游
（《兰亭序》）

长此无言一室静
欣然游目万山春
（《兰亭序》）

长官且喜传三异
宰相还同论十思
（《争坐位帖》）

长亭月为离人出
朝雨云从太华生
（《曹全碑》）

长卿子云皆所好
丞相中郎并在斯
(《郑文公碑》)

今齐古稽极乐事
内和外峻大贤风
(《兰亭序》)

长短竹林迁日气
清幽兰室足春阴
(《兰亭序》)

今既见心即见佛
子安知我不知鱼
(《争坐位帖》)

长游化日知春永
静揽天风当乐听
(《兰亭序》)

分门异类婆罗教
维世名言道德经
(《金刚经》)

长缨如遂终军志
束帛当非有道情
(《爨宝子碑》)

分别四声上去入
合为一体意心身
(《金刚经》)

化尽陈言为作者
得其静气是幽人
(《兰亭序》)

公羊列春秋三传
大雅叙文武二王
(《尹宙碑》)

从客语妙金华殿
谭笑颜开玉洞天
(《麻姑仙坛记》)

公羊作传尊史氏
郭象通故言子家
(《乙瑛碑》)

从善如流固所愿
闻过则喜受其言
(《金刚经》)

公卿半是能文士
将相皆从积善家
(《争坐位帖》)

今人能为古人事
述者当知作者情
(《兰亭序》)

公望卿材建参佐
经义治事恢门涂
(《史晨碑》)

今人常对古时月
斯土不减先民风
(《西狭颂》)

仓江行处化成酒
素玉从人屑作香
(《史晨碑》)

仓璧黄琮灵所胙
素麟赤凤德之符
（《史晨碑》）

月上西亭闻奏乐
星明南极应长年
（《华山碑》）

月以有情随水远
花因如意对人开
（《圣教序》）

月如高士从容出
山若行人次第来
（《争坐位帖》）

月好风清惟造化
天高渊下亦因缘
（《西狭颂》）

月明水际开双镜
露积松颠坠半珠
（《圣教序》）

月府烧冰化隧露
云官暴日骑连钱
（《西狭颂》）

月寮烟阁标清兴
文府书城纵古今
（《争坐位帖》）

月沼观心清若镜
云房养气润于珠
（《醴泉铭》）

风人兴会在觞咏
作者情怀无古今
（《兰亭序》）

风人所咏托于古
静者之怀和若春
（《兰亭序》）

风云才略千秋契
日月光华九德歌
（《郑文公碑》）

风生日莫华争发
雨洗天空月上初
（《礼器碑》）

风动日华春秀草
月移槐幄暮开云
（《郑文公碑》）

风因得竹若殊遇
水不在山无激流
（《兰亭序》）

风节为贞金乐石
心神如秋月春云
（《王居士砖塔铭》）

风定月明闻乐府
水流华发会尊雷
（《礼器碑》）

风定钟声花外度
月明人影镜中来
（《圣教序》）

风前香气春亭莫
雨后山光玉宇秋
（《华山碑》）

风前独立南宫石
雨后初开西府华
（《礼器碑》）

风流人表东西晋
书字才多南北朝
（《张迁碑》）

风流司马怀居易
父子文章首老泉
（《曹全碑》）

风雅相高晋七子
功勋踔立汉三君
（《张迁碑》）

凤升池平各反极
麟死日食宜忧天
（《史晨碑》）

风质龙文自瑰玮
春风秋月永清和
（《爨宝子碑》）

文人扈从张安世
才子修书宋子京
（《争坐位帖》）

文义苍深宗二汉
歌辞风气到初唐
（《华山碑》）

文无一字无来历
赋不千通不作家
（《史晨碑》）

文生于情有春气
兴之所至无古人
（《兰亭序》）

文当观其人之品
今不异于古所云
（《兰亭序》）

文字不从时尚合
功名足慰美人心
（《曹全碑》）

文字本原存叔重
书家宗尚在山阴
（《张迁碑》）

文字倾泻若大海
勋荣爇朗勒名山
（《石门颂》）

文如王勃三生慧
名爱严光万古清
（《多宝塔碑》）

文陈万言感天听
足极九有知人情
（《兰亭序》）

文学高风起汉魏
渊明归里乐柴桑
（《张猛龙碑》）

文品岂在齐陈列
情怀当以风日娱
（《兰亭序》）

文追秦汉宜名世
书近钟王是大家
（《礼器碑》）

文章乐有山川气
书字精通风雨来
（《华山碑》）

文章典重张平子
居处清幽王右丞
（《曹全碑》）

文辞渊深得于海
仁者宁静乐以山
（《石门颂》）

文儒普尚夏侯氏
史学当登司马门
（《曹全碑》）

六时礼佛意微悟
一室披书心太平
（《争坐位帖》）

六经刊石储东观
三传移书护太常
（《郑文公碑》）

六经尽为道而作
群书以久绎乃明
（《峄山碑》）

方干以三拜为节
君平有百钱养生
（《曹全碑》）

方书古有金匮略
奇字今无石室文
（《圣教序》）

方外人求怀素字
袖中花有令公香
（《圣教序》）

方其声盛鼓三节
乃曰器高笾四升
（《礼器碑》）

方诸虚明监秋月
灵和初奏亢行云
（《华山碑》）

为人不外修齐事
所乐咸于山水间
（《兰亭序》）

为文未尝不自得
做事尽可向人言
（《兰亭序》）

为文畅茂有春气
其品峻清若崇山
（《兰亭序》）

为文能状郭有道
置酒请从王无功
（《乙瑛碑》）

为文惟祖汉以上
执器亲从孔子行
（《礼器碑》）

为稽管乐当年迹
尽揽幽齐一带山
（《兰亭序》）

为记干支轮数日
得通书法趣由天
（《金刚经》）

心乎匡国慕刘向
世有真儒惟郑君
（《郑文公碑》）

为母饮江援百子
象臣司户列千官
（《史晨碑》）

心中无欲见千佛
膝下承欢奉二人
（《金刚经》）

为迁幽室将随竹
自引春觞又会兰
（《兰亭序》）

心光明定得初月
画本依微来晚烟
（《争坐位帖》）

为学徒留书味在
无名正使俗情除
（《郑文公碑》）

心同佛定香烟直
目极天高海月升
（《争坐位帖》）

为学深知书有味
观心澄觉室生光
（《醴泉铭》）

引将流水抱亭竹
领得春风当坐兰
（《兰亭序》）

为官不及六百石
论世独有五千年
（《郑文公碑》）

以土德王维上古
有天乐作在皇初
（《峄山碑》）

为爱凉风开北户
因芟残叶出南山
（《曹全碑》）

以山月风林为友
览九流百家之言
（《张迁碑》）

为慕机云常并屋
不贪金紫早辞官
（《曹全碑》）

以经史为无尽义
不山泽而有远思
（《峄山碑》）

以道为舟人则楫
谓天作罟我其鱼
（《石鼓文》）

书中自启七宝藏
海外岂有三神山
（《圣教序》）

书从今日深思读
筏向中流自在行
（《金刚经》）

书以功深能跛扈
画惟兴到见纷披
（《争坐位帖》）

书史外可无长物
汉魏中各有大家
（《史晨碑》）

书圣后有王子敬
史公考为司马谈
（《史晨碑》）

书成花露朝分洁
悟对松风夜共幽
（《圣教序》）

书有鱼传人咫尺
门唯爵到地清高
（《争坐位帖》）

书求往迹得其化
文有真宗鉴乃神
（《王居士砖塔铭》）

书到右军真圣品
画如道子乃名家
（《争坐位帖》）

书到右军难品次
文如开府得纵横
（《争坐位帖》）

书舍清修门外雪
画楼春色雨中灯
（《多宝塔碑》）

书法工神王大令
风流闲雅谢临川
（《礼器碑》）

书法争传张长史
盛名共仰韩文公
（《汉碑》）

书格渊平尊北魏
文辞峻上属西秦
（《石门颂》）

书家于今称长史
作者自古数相如
（《峄山碑》）

书家临香光居士
雒学奉明道先生
（《史晨碑》）

水归深渊有其道
雨流嘉树敷以花
（《石鼓文》）

水外一亭自今古
山间终日畅情怀
（《兰亭序》）

水竹相映一娱目
觞咏极幽齐放怀
（《兰亭序》）

水曲人闲咏修竹
亭阴日静观游丝
（《兰亭序》）

水曲山崇齐俯视
日和风永足清游
（《兰亭序》）

水曲幽兰生静气
山间老竹引和风
（《兰亭序》）

水西花黄雨卅里
寺北柳古天一方
（《石鼓文》）

水自长流山自静
老之知足惠之和
（《兰亭序》）

水边西子移时立
江上湘灵见月来
（《石门颂》）

水注桂岩人洗墨
香凝莲炬夜修书
（《圣教序》）

水流华发得书意
霜空月近洗文心
（《礼器碑》）

水深鱼有依符乐
霜净林移清磬声
（《张猛龙碑》）

水殿长开宜六月
天汉在上是中秋
（《石门颂》）

孔氏书有典有则
阳明学能言能行
（《乙瑛碑》）

孔传圣教垂百世
汉作王制归一经
（《乙瑛碑》）

孔颜伏处余乐趣
汉魏歌行有正音
（《史晨碑》）

玉门万里归名将
金鉴千秋对圣人
（《多宝塔碑》）

玉勒雍和登岱华
石梁高峻摩星辰
（《华山碑》）

玉堂人物神仙品
京兆文章日月光
（《华山碑》）

玉堂修史文皆典
香案承书望若仙
（《华山碑》）

功同作相人皆仰
官本名师业岂微
（《争坐位帖》）

未须百事必如意
且喜六时长见书
（《争坐位帖》）

功名盖世不矜伐
道德积身惟敬诚
（《争坐位帖》）

未能有事若无事
不乐长闲取暂闲
（《兰亭序》）

功深书味常流露
学盛谦光更吉祥
（《醴泉铭》）

未能纵酒靡乘兴
不好歌诗耻务名
（《郑文公碑》）

世人岂能尽相合
贤者所为固自殊
（《兰亭序》）

未能容物亦为累
不善求人非自高
（《郑文公碑》）

世无知己岂可老
人于同年固有情
（《兰亭序》）

未得仙真侣黄石
惟留铭篆藏丹山
（《瘗鹤铭》）

世不能争维此理
臣之所乐莫如书
（《峄山碑》）

正言须比鲁宗道
高士争如张志和
（《争坐位帖》）

世间可乐是春日
人生岂得长少年
（《兰亭序》）

正则楚辞五百首
子卿汉节十九年
（《郑文公碑》）

世间尽得人生乐
今岁欣当大有年
（《兰亭序》）

正直守经常致福
溪刻之人难为缘
（《西狭颂》）

世间清品至兰极
贤者虚怀与竹同
（《兰亭序》）

世事亦犹云迭起
我思长与月相摩
（《华山碑》）

世经百千万亿劫
山有东西南北经
（《金刚经》）

世美故应属通德
高文直欲铭燕然
（《郑文公碑》）

世情岂尽能相合
贤者所为固自殊
（《兰亭序》）

去国有国思微子
取人得人有灭明
（《金刚经》）

古人之风清与惠
贤者所乐和不流
（《兰亭序》）

古人应求惟道义
山中事业在农桑
（《华山碑》）

古之所经极可念
今如不乐请复思
（《峄山碑》）

古今文合为一集
人间事当可万年
（《兰亭序》）

古今每云不相及
风气所在得无同
（《兰亭序》）

古文共仰孔安国
书法争传颜鲁公
（《汉碑》）

古文自有初中晚
益友时来一两三
（《争坐位帖》）

古文独祖卫东海
八分特数师宜官
（《争坐位帖》）

古书明昧久乃显
远山高下初如无
（《峄山碑》）

古石苍岩望不极
春华秋月思无穷
（《华山碑》）

古来高寿传彭祖
海上异人会安期
（《礼器碑》）

古怀殊世契于竹
春事得天清在兰
（《兰亭序》）

古香文品颜光禄
明月清标顾野王
（《争坐位帖》）

古佛香台参一指
美人画阁见全身
（《争坐位帖》）

古道县山石崖直
夜云阁月天风来
（《西狭颂》）

古尊铭曰永宝用
故人书言长相思
（《汉碑》）

节著三闾哀楚客
风清七里慕严陵
（《郑文公碑》）

本无酒德敢言饮
大有文情可著书
（《史晨碑》）

本根深处承天佑
华树生时得露香
（《金刚经》）

本原无极大月出
高天一纬长河明
（《乙瑛碑》）

可于万竹列亭舍
当与九老共游观
（《兰亭序》）

可嗟当世尽短视
无与今人为长言
（《兰亭序》）

左右山形感曲列
少长文事已殊观
（《兰亭序》）

左司五字自新颖
乐府千秋皆古苍
（《华山碑》）

左贤驱马夺水草
虞人田禽具矢弓
（《石鼓文》）

左思十年成三赋
魏舒百日尽一经
（《史晨碑》）

左骖所射白章虎
大罟何有黄花鱼
（《石鼓文》）

右丞为画家极品
屈子是辞伯宗师
（《争坐位帖》）

右军为书家圣品
子长是史论宗师
（《争坐位帖》）

右叙左还瞻七政
中舒外肃坐三垣
（《史晨碑》）

石上云归山气重
林间风送树声来
（《张迁碑》）

石门风磬不离水
长乐雨钟深出华
（《礼器碑》）

平心不作华夷见
慧眼常观庄老书
（《金刚经》）

石上黄华集词侣
亭前山势掩江流
（《瘗鹤铭》）

平生谈艺门墙日
挺出承明著作材
（《史晨碑》）

石势于篆得仿佛
仙家以华表江山
（《瘗鹤铭》）

平直是养生大要
德仁乃存性之根
（《曹全碑》）

石紫天青朝雨后
华仪月表莫川旁
（《礼器碑》）

平视任遭刘庶子
不言阳作息夫人
（《史晨碑》）

石壁烧余隆武字
隧门刻露建安年
（《西狭颂》）

平居节饮无濡首
上坐谈经若决河
（《史晨碑》）

龙门开凿曲通海
石梁高悬峻极天
（《石门颂》）

平泉草森自足爱
东晋风流今在兹
（《张猛龙碑》）

龙虫之遗秦相字
雅颂而后楚贤辞
（《石门颂》）

平原立马萋萋晓
斜日归渔浦浦深
（《石鼓文》）

龙起云垂白日晦
鹰扬风疾青天高
（《崔敬邕碑》）

平原家庙二万字
大令雒神十三行
（《礼器碑》）

平子二京十年就
令君一至三日香
（《华山碑》）

平原盘马白日夕
清晓射鱼深柳荫
（《石鼓文》）

东月明生玉钩小
西堂坐缀璧钱圆
（《史晨碑》）

东风改吹野禽乐
明月照景清泉深
（《张猛龙碑》）

东方使节随千骑
南国人文重六朝
（《郑文公碑》）

东去波流入日本
西来国教说天方
（《金刚经》）

东汉图书存礼制
南朝风月乐壶觞
（《礼器碑》）

东汉征辟崇节孝
南朝称效尚艺文
（《史晨碑》）

东来西去日自转
时行物生天何言
（《金刚经》）

东府除官先纳粟
西域市酒不直钱
（《曹全碑》）

东南瀑布观云气
西北流光见月华
（《麻姑仙坛记》）

东家涂饰行于越
西子平安处若耶
（《史晨碑》）

东施难比西施色
有子及闻夫子言
（《金刚经》）

史备三长才识学
书承二篆草真行
（《郑文公碑》）

旧本遗留珍定武
石文初勒纪岐阳
（《张迁碑》）

旧有雄文悬北阙
近存老屋在南山
（《曹全碑》）

旧传周鼓为文石
熹获秦觚稽古铭
（《礼器碑》）

归里应居陶令后
立功争越祖生先
（《礼器碑》）

归期却临月参五
买宅无校钱万千
（《史晨碑》）

时有幽人自来去
从无书字到公卿
（《乙瑛碑》）

出之大囿鹿方乐
处彼深渊鱼不忧
（《石鼓文》）

出海日行经地曲
断桥霜下入秋凉
（《石门颂》）

四方来游吾孔乐
一诺可敬公多贤
（《石鼓文》）

四书合注三千字
一日思君十二时
（《史晨碑》）

四大皆空明则著
三生有幸思无邪
（《金刚经》）

四书五经入我眼
至德要道正人心
（《金刚经》）

四时灵秀开华岳
七叶衣冠仰汉廷
（《张猛龙碑》）

四时松竹长掩映
三湘山水自清奇
（《峿台铭》）

四维欲满布施愿
三昧得来清净心
（《金刚经》）

生天成佛谢灵运
旷世知音钟子期
（《圣教序》）

生当老日犹言少
事在人为不信天
（《兰亭序》）

生当稽古右文日
老作观山乐水人
（《兰亭序》）

生悟之无为异事
老犹述作岂初怀
（《兰亭序》）

代北自来多健马
华阳古有一真人
（《石鼓文》）

仙土亦惟集山侣
洪流真不外君家
（《瘗鹤铭》）

仙山盖偃松间月
虚谷尘香洞口云
（《麻姑仙坛记》）

仙侣相于集铭篆
洪词不朽重江山
（《瘗鹤铭》）

仙禽亦得山君势
家侣惟藏华相词
（《瘗鹤铭》）

仙禽爰集华以外
山石相掩杨之荫
（《瘗鹤铭》）

外集浮于洪宰相
华词掩得石征君
（《瘗鹤铭》）

仪月上宫勤法辇
近川灵雨降公桑
（《礼器碑》）

乐天不能为初盛
山阴之后有永兴
（《兰亭序》）

白日无为群动止
金经成诵万言除
（《峄山碑》）

乐生与古人合趣
齐己是异僧者流
（《兰亭序》）

白乐天因天而乐
王无功成功如无
（《峄山碑》）

乐间终当为知者
管生有惠于齐人
（《兰亭序》）

白鹤倒颠迎远日
神龙变化入流云
（《麻姑仙坛记》）

乐其所乐莫之禁
利不言利无能争
（《峄山碑》）

令节乐闻十番鼓
家人争进万年觞
（《礼器碑》）

乐事可为知己喻
清修岂与世人言
（《兰亭序》）

皮子所作独鸣异
眉公之流或趋时
（《石鼓文》）

乐事当在长至日
崇贤得遇右文时
（《兰亭序》）

外观极盛内不足
舍人之短录其长
（《兰亭序》）

乐彼水流鱼即我
求其天趣虎而人
（《石鼓文》）

外黄下相征前事
朱石丹禽集上方
（《瘗鹤铭》）

乐府大风歌汉祖
经神千载祀康成
（《华山碑》）

乐府高歌遏云汉
玉堂峻望若神仙
（《华山碑》）

市上君平谈孝弟
朝端安石息诙谐
（《史晨碑》）

立名相期于不败
蒙福定享以大年
（《礼器碑》）

立志须如三古盛
为书自起一家言
（《争坐位帖》）

立身若被浮名累
涉世无如本色难
（《圣教序》）

立朝守义若李固
安时不迫如阳城
（《西狭颂》）

立辞于石制曰可
垂典为文古若稽
（《乙瑛碑》）

玄胄风标王子晋
美人颜色卓文君
（《爨宝子碑》）

兰不妄言有知己
风当揽古岂因人
（《兰亭序》）

兰气欣人有春抱
竹怀虚己可同游
（《兰亭序》）

兰竹自幽春不管
山水在抱气能和
（《兰亭序》）

兰知春气生山内
竹引清湍至室间
（《兰亭序》）

兰尝在室清于水
竹不当风静若人
（《兰亭序》）

兰室既清林亦静
诸天不老地长春
（《兰亭序》）

兰觞坐咏岂虚集
春浪湍生无尽期
（《兰亭序》）

半阶明月初来地
满郭朝烟欲上时
（《争坐位帖》）

半庭松色如车盖
高岭石淙作磬音
（《麻姑仙坛记》）

半榻微烟同品画
一尊明月喜藏钩
（《争坐位帖》）

汉代文章故渊懿
晋人巾带自风流
(《张迁碑》)

汉世子长多著作
仙人太白许狂歌
(《金刚经》)

汉初设五经博士
楚国有三闾大夫
(《郑文公碑》)

汉武朝中方士遣
信陵门下博徒传
(《郑文公碑》)

汉京宫阙千门峻
秦地山河六国兼
(《华山碑》)

汉宫日奉仙人掌
华岳云封武帝祠
(《华山碑》)

汉唐时物玉石古
神仙中人岁月长
(《华山碑》)

汉璧秦璆千岁品
光风嘉月四时春
(《华山碑》)

宁为无禾无麦叹
不知是月是山行
(《西狭颂》)

它日许为天下宰
少年也奉古人师
(《乙瑛碑》)

让水廉泉高士屋
礼门仁里圣人居
(《曹全碑》)

民惟德政知重报
农获丰年自戴恩
(《曹全碑》)

圣人出则一麟出
天下平如王爵平
(《乙瑛碑》)

圣人守道承天爵
尊者传经事大雄
(《乙瑛碑》)

圣代声灵随地远
至人心性与天通
(《醴泉铭》)

圣代期为天下雨
雄文真得国初风
(《礼器碑》)

圣业须参齐鲁论
尚书并校古今文
(《争坐位帖》)

圣贤仙佛非求福
男女僧尼不异心
(《金刚经》)

圣解不烦华作食
和声除是瑟更张
(《礼器碑》)

老人山森足相契
人于天地不虚生
(《兰亭序》)

边地秋高马群立
石崖月直山君来
(《中兴颂》)

老于世事能知足
左有幽情自咏怀
(《兰亭序》)

对月每生怀古意
养花如见爱才心
(《多宝塔碑》)

老子五千言道德
大令十三行法书
(《圣教序》)

对朗月而服元度
志高山兮同子期
(《张表碑》)

老可情怀常作竹
少文乐事在游山
(《兰亭序》)

幼学及时曾识字
客居无事亦陈书
(《郑文公碑》)

老竹当天阴可托
崇兰在室气生春
(《兰亭序》)

丝竹放怀春未暮
清和为气日初长
(《兰亭序》)

老竹亭间生古趣
初兰天气得春阴
(《兰亭序》)

动之作之咸有道
高也明也今夫天
(《峄山碑》)

老至文怀风趣永
春初天气日阴长
(《兰亭序》)

吉事有祥周易传
长生无极汉宫文
(《华山碑》)

老树分行如立界
深山围住即成城
(《石峪金刚经》)

吉祥玉札三千字
安乐瑶京五百年
(《华山碑》)

老眼照空意大利
我身梦过法兰西
(《金刚经》)

地以山亭述古迹
天将风日托时贤
（《兰亭序》）

地是永年久不老
天当化日岁长春
（《兰亭序》）

共钦其人是圭璧
至高之品若山岩
（《华山碑》）

机云才学有天趣
王谢风流本性成
（《圣教序》）

杨下华阴真爽垲
山前亭上裹洪流
（《瘗鹤铭》）

吏部文章光日月
辟雍曲礼重山河
（《郑文公碑》）

西子可能溪上老
太真休至月中来
（《中兴颂》）

西风不识张京兆
秋思相逢段仲文
（《华山碑》）

西戎袄书我不学
东鲁石经今尚存
（《石门颂》）

西安石上校汉隶
北海尊前诵楚辞
（《石门颂》）

西清恩挹三霄露
东观文成五色云
（《醴泉铭》）

厌闻时事惟参佛
能息名心便出家
（《争坐位帖》）

在地竹荫清若水
向人山气古于天
（《兰亭序》）

百年方驾天随子
九歌高唱云中君
（《爨宝子碑》）

百行五常孝为首
六经诸子道原通
（《郑文公碑》）

百家穷学不知谶
一器备工惟造车
（《礼器碑》）

百鹿周壶存礼制
九龙秦镜饰华文
（《礼器碑》）

有万夫不当之气
无一事自足于怀
（《兰亭序》）

有无不争家之乐
上下相亲国乃康
（《峄山碑》）

有书喜若鱼依泽
无仆权令犬守门
（《争坐位帖》）

有丝有竹是一乐
无水无山亦自娱
（《兰亭序》）

有好溪山宜小步
得闲岁月能大年
（《峿台铭》）

有时亦在竹林坐
无事每至兰若游
（《兰亭序》）

有美大难年十五
斯行不叹路三千
（《西狭颂》）

有真担当刚者性
皆大欢喜发于心
（《金刚经》）

有情明月与君共
无主春华到处香
（《史晨碑》）

有策陈平能佐汉
无文周勃会安刘
（《郑文公碑》）

有道不随穷达异
无徒端为是非明
（《郑文公碑》）

列坐陈觞闲寄日
品兰迁竹自生春
（《兰亭序》）

列陈当左山右水
集事在天时人和
（《兰亭序》）

列国为商存赐也
蜀都市酒有相如
（《曹全碑》）

轨则永为族党守
簿书当于郡县稽
（《尹宙碑》）

托兴要于山水外
论交不在风尘中
（《圣教序》）

托迹山间得清趣
放怀天外极大观
（《兰亭序》）

至人之品大能化
贤者所怀和不流
（《兰亭序》）

至人有取于流水
贤者相期以暮春
（《兰亭序》）

至大至刚人卫道
勿言勿听我知非
（《金刚经》）

至圣教言真切切
异人著作息深深
（《金刚经》）

至性温柔古乐府
高文炳丽大宗师
（《多宝塔碑》）

此日诵经如昔日
今年著作复明年
（《峄山碑》）

此日一去不可得
及时为乐其无辞
（《峄山碑》）

此地有崇山峻岭
是日也天朗气清
（《兰亭序》）

此地咏觞有清兴
斯文今古不殊观
（《兰亭序》）

此曲听从天上奏
斯文遗有后人知
（《石门颂》）

此身定是明月化
其人如在玉山行
（《爨龙颜碑》）

此铭于山相不朽
篆势惟君得厥真
（《瘗鹤铭》）

此趣应非俗客解
与君相契至人闲
（《郑文公碑》）

光阴如越千里马
初月空张百石弓
（《礼器碑》）

尘沙不许入人眼
河汉分明见我心
（《金刚经》）

当与古人相长短
不随斯世为迁流
（《兰亭序》）

当无事时自固气
大有为者可知人
（《兰亭序》）

当风兰叶扬芳烈
出水荷衣待剪裁
（《张猛龙碑》）

当以大文骋一世
揽其崇抱乐群生
（《兰亭序》）

当世成知是清品
斯人亦自咏闲情
（《兰亭序》）

回潭清映水底月
远山高嵌窦间峰
（《峿台铭》）

岁暮山齐有天竹
春风水次长林兰
（《兰亭序》）

早年气节如陈亮
海内文章惟子瞻
（《郑文公碑》）

岁暮有情寄流水
日长无事咏古风
（《兰亭序》）

早识封侯有相在
未能明易如玄何
（《郑文公碑》）

岂言今日无知己
自有清风作故人
（《兰亭序》）

吏部文章昭日月
武侯功业并山川
（《天发神谶碑》）

岂特容颜分贵贱
直从心地别高卑
（《争坐位帖》）

因日为明分野显
去天不远泰山高
（《峄山碑》）

肉食者流阿世意
心经所在去尘缘
（《金刚经》）

同心不隔一片月
时论惟高五尺天
（《争坐位帖》）

朱征君家集仙侣
杨留后事掩浮华
（《瘗鹤铭》）

岁岁丹黄集词侣
亭亭华石掩山家
（《瘗鹤铭》）

朱家集事乃真爽
黄石留征不掩仙
（《瘗鹤铭》）

岁星仙气原方朔
璧月新词是义山
（《华山碑》）

朱旌玄币征仙侣
山石江亭集此君
（《瘗鹤铭》）

岁星汉帝尊方朔
书品唐人重世南
（《华山碑》）

先王之道斯为美
孔子所谓集大成
（《曹全碑》）

先圣后圣道一揆
小言大言趣万端
（《史晨碑》）

竹与人齐山不大
兰因室雅气犹清
（《兰亭序》）

竹户松轩皆胜异
小峰绝壁自幽奇
（《峿台铭》）

竹荫左右自崇茂
兰气清虚时有无
（《兰亭序》）

竹荫在地如流水
山气向人能忘年
（《兰亭序》）

竹荫在地若流水
山气向人能引年
（《兰亭序》）

竹荫在地清于水
兰气随人静不风
（《兰亭序》）

竹管生春知气化
天风激浪悟文情
（《兰亭序》）

迁固为文能永世
老彭所作不随时
（《兰亭序》）

传神古有李思训
识字今无扬子云
（《圣教序》）

仲父勋名绵世泽
于公阴德大闾门
（《郑文公碑》）

华下举尊惟月共
风前鼓瑟得天和
（《汉碑》）

华不掩真江表集
事惟留后石洪家
（《瘗鹤铭》）

华气流香香到海
月光似水水如天
（《麻姑仙坛记》）

华词不下丹阳尉
真侣唯留黄石仙
（《瘗鹤铭》）

华表仙禽固爰集
山家真侣亦相留
（《瘗鹤铭》）

华事相留方外侣
词充爰集此君家
（《瘗鹤铭》）

华岳三峰应朱鸟
河源万里驰黄流
（《张猛龙碑》）

华相词浮江上集
丹禽胎化石君山
（《瘗鹤铭》）

华绕四围通过道
树当三伏满深山
（《金刚经》）

华离不绝文方卦
节解俱灵意合符
（《礼器碑》）

仰天大言托世宙
集贤坐地乐人文
（《兰亭序》）

仰见河汉上明月
独立嵩华闻天风
（《礼器碑》）

仰观古天悼若水
每临长风怀少文
（《兰亭序》）

仰观秋月心无累
静听云和兴自如
（《郑文公碑》）

自天降康年乃有
及时为乐臣所能
（《峄山碑》）

自少而老有三戒
凡今之人重一言
（《金刚经》）

自古在昔有述作
当今之世咸清贤
（《兰亭序》）

自乐天怀同静者
痛陈时事亦欣然
（《兰亭序》）

自有天题照青紫
未应野饮慕柴桑
（《张猛龙碑》）

自有文辞纪五岳
得从封禅到三山
（《华山碑》）

自有古人作知己
终期此世不虚生
（《兰亭序》）

自有仙人非尽诞
由来名士亦通禅
（《纪太山铭》）

自有香风来玉案
相延明月到芳尊
（《华山碑》）

自求大极书中义
都是邯郸道左人
（《华山碑》）

自昔放怀游世外
终年无信至人间
（《兰亭序》）

自注南华亲向秀
闲经酒市识相如
（《郑文公碑》）

自信一生抱清气
每当万浪遇长风
（《兰亭序》）

自信抱内有天地
当知舍外是山林
（《兰亭序》）

自叙得兰亭之趣
永欣是山阴后人
（《兰亭序》）

自举瑶尊就明月
惟冯玉案品诸香
（《华山碑》）

自称弥勒生农土
先赞观音寿卯君
（《史晨碑》）

自检清香参佛海
为随明月到书堂
（《争坐位帖》）

自谓中无不平事
惟尤世有可怜人
（《石鼓文》）

自然而然灯独照
得已则已宝何贪
（《金刚经》）

向无人迹春林茂
初有湍流风日清
（《兰亭序》）

向日春山引古气
寄怀流水合文情
（《兰亭序》）

向秀精研齐物论
子桓高咏燕歌行
（《郑文公碑》）

行人及嘉树而止
公子望平原不来
（《石鼓文》）

行之百世圣贤语
护及万方菩萨心
（《金刚经》）

行父再思斯可矣
荣期三乐定何如
（《郑文公碑》）

行歌所至得水石
纵目无尽此溪山
（《峿台铭》）

舟泊柳荫多乐趣
禽鸣树底自天真
（《石鼓文》）

会向山林录贤者
不于天地作闲人
（《兰亭序》）

会将中岳千余字
著就永公百廿联
（《郑文公碑》）

名臣有颍川四长
治书分夏侯二家
（《尹宙碑》）

后人不见井中史
先正犹存座右铭
（《史晨碑》）

名相风流师谢傅
奇才超越有王郎
（《圣教序》）

合坐趣尊颜敛素
行春骑马雒舒黄
（《史晨碑》）

多鱼出乐水中柳
一禽来忧雨后花
（《石鼓文》）

后知应得先知益
独乐何如众乐欢
（《金刚经》）

多校故书等观海
深甄巧历合步天
（《天发神谶碑》）

众佛当中大佛坐
后人受戒圣人多
（《金刚经》）

多福多寿多男子
自南自北自东西
（《金刚经》）

名士尺书含古意
美人金错见深情
（《争坐位帖》）

多福多寿性天乐
无偏无颇心地明
（《金刚经》）

名山当令贤主守
故人相与清风来
（《爨宝子碑》）

齐右清游临日观
和林列地尽天山
（《兰亭序》）

名书古画不易得
月阁烟寮相与清
（《争坐位帖》）

亦有小山起平地
将随明月至前川
（《纪太山铭》）

名世风期五百载
故山华实三千春
（《郑文公碑》）

亦有可人临坐右
岂无同己游春初
（《兰亭序》）

问字远寻扬子宅
对花重接令公香
（《圣教序》）

问道有成师黄石
游山随就带白云
（《张迁碑》）

灯下切施诸子教
座中喜见故人来
（《金刚经》）

灯火夜深书有味
墨花晨湛字生光
（《圣教序》）

次山固当为清品
乐天所长是古风
（《兰亭序》）

次山歌行自古峭
于陵出处好清奇
（《峿台铭》）

江上华亭征外集
洪流仙侣下前山
（《瘗鹤铭》）

江上自来山万叠
尊前惟有月三人
（《纪太山铭》）

江上君留黄石侣
亭前仙集丹山禽
（《瘗鹤铭》）

江上相流集仙侣
华阴留石下丹禽
（《瘗鹤铭》）

江上浮禽得真宰
山阴藏集亦洪流
（《瘗鹤铭》）

江上禽浮留事外
华阴土裹集亭前
（《瘗鹤铭》）

江山得君重不朽
岁日集此亦相留
（《瘗鹤铭》）

江山得势乃爽垲
篆名不朽真词华
（《瘗鹤铭》）

江心月白盘新石
洞口云开见好山
（《麻姑仙坛记》）

江表词华君不朽
山阴仙侣此重留
（《瘗鹤铭》）

江表相于集词侣
亭阴仿佛下胎仙
（《瘗鹤铭》）

江亭山势重重掩
华事君家岁岁留
（《瘗鹤铭》）

兴至不平沽酒直
春来更歙买华钱
（《史晨碑》）

字难有渊穆之德
诗不以刻露为长
（《西狭颂》）

宇内大文廿四史
书中工楷十三行
（《天发神谶碑》）

许子将有人伦鉴
李思训精山海图
（《圣教序》）

宅河离世鼓方叔
流水知音钟子期
（《礼器碑》）

许由务光古高士
稚川黄石真神仙
（《麻姑仙坛记》）

安石好音遣中岁
兴公作赋遂初心
（《郑文公碑》）

论文在不离不即
处事当有守有为
（《尹宙碑》）

安石雅作东山乐
文举常开北海钟
（《礼器碑》）

论时事当出独见
披古书别有会心
（《争坐位帖》）

安息已降为汉有
天方之教是西来
（《西狭颂》）

论穷超海辞方俊
石能补天柱不倾
（《郑文公碑》）

安置逾麋临丙舍
清闲载酒听子规
（《曹全碑》）

访桃叶驾金勒马
剪杨枝贯石首鱼
（《曹全碑》）

军律严于程不识
声威远比信陵君
（《郑文公碑》）

尽日山游得风趣
一生浪迹契天随
（《兰亭序》）

宇宙内取之无尽
竹林间得以自娱
（《兰亭序》）

尽日言文欣不倦
与人同事若无能
（《兰亭序》）

尽日相亲惟白石
长年可乐莫如书
（《峄山碑》）

尽日倦游稽古乐
当风畅咏娱少年
（《兰亭序》）

阳明之道安可及
仲宣所作徒为工
（《石鼓文》）

如由也果真贤者
取夷之清亦圣人
（《金刚经》）

如来写真马洛子
古辞用享曾伯霾
（《石鼓文》）

如张子野真词伯
是李将军乃画师
（《争坐位帖》）

如春许留九顿首
若天可问一出头
（《乙瑛碑》）

好山向北云垂地
大海图南水接天
（《麻姑仙坛记》）

好从青鸟依王母
更使黄石期留侯
（《张猛龙碑》）

戏言享天用麟鼓
真意勤雨闻雷车
（《礼器碑》）

观人就上下九等
省己合东西二铭
（《天发神谶碑》）

观于天文审时变
蒙以养正为圣功
（《史晨碑》）

观天道眼人百岁
护世金身佛一尊
（《金刚经》）

纪载文章书礼易
修明典制夏商周
（《华山碑》）

孙兴公辞含金石
王彦方德化里门
（《张表碑》）

戒色方知西子恶
无恒可畏南人言
（《金刚经》）

戒言于先言必信
明德之后德不孤
（《金刚经》）

远山并学初三月
华事常周十二时
（《郑文公碑》）

远山相从久不去
乱石群立长无言
（《峄山碑》）

李贺有才年未永
江郎得谶文方工
（《天发神谶碑》）

远望华山朱阙凤
近怀人爵紫金鱼
（《曹全碑》）

李郭齐名同转战
张陈辅国定嘉谋
（《曹全碑》）

远瞻竹户当溪畔
半掩松轩有月临
（《峿台铭》）

李郭勋名动朝野
王杨辞赋极清高
（《曹全碑》）

声伎在前华历乱
真灵初降水空蒙
（《礼器碑》）

极天风浪临以静
与世怀情取其和
（《兰亭序》）

声意相宣国语解
法华一统心王铭
（《礼器碑》）

极目水天欣一览
畅怀风日快初春
（《兰亭序》）

却为今疑思苦悟
须从异论见同心
（《争坐位帖》）

极尽四时之所乐
臣除经义无一长
（《峄山碑》）

克己归仁公辅事
亲民明德治平书
（《尹宙碑》）

极陈万言古今尽
俯视一气天地间
（《兰亭序》）

邯郸道上风宜古
广陵城中月更明
（《礼器碑》）

极陈万类古今尽
俯仰一心天地同
（《兰亭序》）

杜佑纪传皆典则
苏秦游说是文章
（《华山碑》）

极其盛情向天外
当以和气游世间
（《兰亭序》）

极清闲地是兰若
观自在春于竹林
（《兰亭序》）

时与若兰和春咏
修得清娱及少年
（《兰亭序》）

更使天孙织云锦
将从海若观灵源
（《张猛龙碑》）

时异自逢田雉出
天真唯有水禽鸣
（《石鼓文》）

两世勋名郭仆射
一家书画李将军
（《争坐位帖》）

时若好花逢异树
道如流水止深渊
（《石鼓文》）

两京六朝富文史
三高八极挺才名
（《争坐位帖》）

时凭书字报季重
许以戆直学愚公
（《乙瑛碑》）

还思案部徵歌处
一决升车执手时
（《史晨碑》）

时届莫春二三月
行随冠者五六人
（《郑文公碑》）

来日大难惟守静
中年已过可无为
（《西狭颂》）

时绎古书明古义
请从山野著山经
（《峄山碑》）

护持中国众之福
多种小园王者香
（《金刚经》）

时契幽怀同静气
因观流水悟文情
（《兰亭序》）

求学先除名士气
为官应识细民情
（《郑文公碑》）

时随程邈究篆理
长使刘章作酒监
（《郑文公碑》）

足不可至托之目
情有所得形与言
（《兰亭序》）

吴中花事归来董
蜀道田车左右安
（《石鼓文》）

员阙相依玉池月
去来无著石屏烟
(《史晨碑》)

邑社千门一方水
来牟三月四更华
(《礼器碑》)

告天我欲承三圣
通电人应化四夷
(《金刚经》)

利害兴除明治道
春秋述作定君臣
(《史晨碑》)

我道惟以精思得
公文若有元气存
(《华山碑》)

每当小饮具良友
好以新诗起异军
(《张猛龙碑》)

每因山水为亭观
自听风湍当管弦
(《兰亭序》)

每因感激怀知己
为乐清虚寄可人
(《兰亭序》)

每至乐游犹引领
当之少室一放怀
(《兰亭序》)

每至阴山怀大将
曾游少林遇异人
(《兰亭序》)

每观佛地树不老
我有小园华欲然
(《金刚经》)

每坐风亭听万竹
相期日阁俯群山
(《兰亭序》)

每怀清游至少室
曾稽古乐作大林
(《兰亭序》)

每带和风游兰舍
或因曲水为竹亭
(《兰亭序》)

每临大事有静气
不信今时无古贤
(《兰亭序》)

每临水间揽兰若
欣得山地放竹林
(《兰亭序》)

每随永日情殊畅
坐领春风气不群
(《兰亭序》)

何故多能少也贱
莫如至圣生而知
(《金刚经》)

但守本心时度理
未知常道莫言权
（《争坐位帖》）

作事期通行有益
于言不傅会无稽
（《史晨碑》）

但求之我有真性
未见其人无妄言
（《金刚经》）

作赋楚贤传绝诣
治经汉学有专门
（《郑文公碑》）

作大事无妄无躁
于斯世不激不随
（《兰亭序》）

伯乐天生工相马
道子神授喜图龙
（《礼器碑》）

作文每期于古合
寄怀时或与天游
（《兰亭序》）

位业应思天下雨
文章信有古人风
（《华山碑》）

作史余情因拜石
学书无日不临池
（《史晨碑》）

身无长物心无累
识自超群气自高
（《郑文公碑》）

作古文当有生气
遇贤者自无妄言
（《兰亭序》）

身不与夷惠同列
家常居谦让之间
（《曹全碑》）

作圣作狂分一念
成仙成佛化千身
（《金刚经》）

身向尺天崇位业
人从香海望才名
（《争坐位帖》）

作者多大方家数
望之如神仙中人
（《东方朔像赞》）

身应山河恢远略
勋铭鼎石济时才
（《郑文公碑》）

作事思于世有济
唯贤乃为国之光
（《崔敬邕碑》）

身修天爵贵无比
心有菩提香益清
（《争坐位帖》）

佛之度世三千界
王者应时五百年
（《金刚经》）

希圣希贤求在我
生男生女听诸天
（《金刚经》）

佛手仙心皆福善
道肩法眼自庄严
（《金刚经》）

坐右有幽兰文竹
亭间长地日春生
（《兰亭序》）

佛本无言能度众
己所不欲勿施人
（《金刚经》）

坐右陈觞无录事
室间列竹是夫人
（《兰亭序》）

佛如有说当书记
人岂无情忍别离
（《金刚经》）

坐地揽觞无躁气
放兰陈室是春时
（《兰亭序》）

佛相庄严无我相
人心灭净见天心
（《金刚经》）

坐间丝管齐天乐
山左风流曲水亭
（《兰亭序》）

佛藏纵横开士室
香烟纷错梵王家
（《争坐位帖》）

坐室观天文曲朗
临风品竹惠山清
（《兰亭序》）

余日寒鸦下平楚
断桥归骑牵垂杨
（《石门颂》）

谷伯来朝稽鲁史
桐君得姓著钱江
（《史晨碑》）

余论犹能信鲁鼎
高文方与赋长杨
（《郑文公碑》）

犹有公余坐池北
未能世外辟墙东
（《史晨碑》）

近水人家闻笑语
通神诗思得清虚
（《麻姑仙坛记》）

犹得人间听此曲
当于世外极其游
（《兰亭序》）

饮酒无为毕吏部
作书不道师宜官
（《史晨碑》）

言之高下在于理
道无古今维其时
（《峄山碑》）

言语不多无伪妄
斯须必敬重知行
（《金刚经》）

言钱未即侵中美
命酒徒然却外忧
（《史晨碑》）

言能经纬河行地
道极高明月到天
（《乙瑛碑》）

应比南华契惠子
自非中散绝山公
（《郑文公碑》）

应有清风继刘宠
还将美酒与公荣
（《郑文公碑》）

应时美景华重发
至好论心酒百倾
（《郑文公碑》）

闲观水竹娱情所
静领风兰得气初
（《兰亭序》）

闲时自为集古录
游迹亦至清流山
（《兰亭序》）

闲时坐听水流竹
静极不知人在山
（《兰亭序》）

闲时能得大自在
至乐在于不及情
（《兰亭序》）

闲游时或至兰若
清修当可事文殊
（《兰亭序》）

闲慕孤云清慕月
身如黄叶迹如鸿
（《郑文公碑》）

间间静室春无迹
浪浪天风文有情
（《兰亭序》）

怀古人若不可及
生今世岂能无情
（《兰亭序》）

沧海腾龙三月浪
平皋放马九秋天
（《爨宝子碑》）

沟涂日气侵丘麦
几案烟光度井桐
（《史晨碑》）

弟子由求树事业
大夫广受著贤声
（《金刚经》）

宋学光明朱陆异
南朝姓氏王谢高
（《礼器碑》）

穷经安有息肩日
学道方为绝顶人
（《玄秘塔碑》）

穷独绝粮知道大
上方闻磬倍心高
（《礼器碑》）

良友同声人思旧
芬兰芳气我维新
（《张迁碑》）

识马有人自多马
享鱼放子复多鱼
（《石鼓文》）

社中学人成俯首
天下谈士无异言
（《史晨碑》）

初日将临山气朗
清风渐至水纹生
（《兰亭序》）

初春和会兰生日
一气修长竹有年
（《兰亭序》）

词华上掩山阴集
事势前征石尉家
（《瘗鹤铭》）

词华不下于江表
篆势乃得之山阴
（《瘗鹤铭》）

词华不下方山尉
铭篆唯留相石亭
（《瘗鹤铭》）

词华掩得山阴未
家事惟留石相真
（《瘗鹤铭》）

词侣江山留篆石
仙真仿佛下华阴
（《瘗鹤铭》）

君子贤名许子贱
先生高见号希夷
（《金刚经》）

君子思不出其位
太常纪曰嘉乃功
（《尹宙碑》）

君子爱人不姑息
能者作事知权宜
（《争坐位帖》）

君是林宗举有道
我居鲁国仰灵光
（《郑文公碑》）

君特未得其趣也
臣乃时复一中之
（《史晨碑》）

纵使朱云守清节
何如魏尚有边才
（《郑文公碑》）

灵风中天舒锦翮
秋蝉高树乱繁声
（《爨龙颜碑》）

纵酒不知世事累
此身已当古人观
（《郑文公碑》）

灵岩云起瑶宫夏
香国风来玉殿秋
（《华山碑》）

武帝下陈更有李
三郎内宠未言梅
（《天发神谶碑》）

改年曰载唐神武
举世工文汉建安
（《华山碑》）

武陵源世外春色
寒山寺夜半钟声
（《圣教序》）

陈义在四累而上
博涉以九能为才
（《郑文公碑》）

青灵相次水华戏
紫解自雄霜月威
（《礼器碑》）

陈平不知钱谷数
李固大是木强人
（《西狭颂》）

幸列缙绅登凤阁
且临山水乐鱼家
（《曹全碑》）

陈平六出楚国破
隆中一对汉事成
（《西狭颂》）

其日类有古今感
此品不是山林人
（《兰亭序》）

陈致虚静修有得
阴长生内视无为
（《兰亭序》）

其书莫废文明道
不爵而尊体卫身
（《争坐位帖》）

纵目古今皆戏局
无心时俗乃达人
（《峿台铭》）

取抱自知能事少
放怀每托咏言清
（《兰亭序》）

昔人可法思微比
诸子须知读老庄
（《金刚经》）

昔者老庄尚清净
贤哉广受能达观
（《金刚经》）

昔时尝品惠山水
异日期为少室游
（《兰亭序》）

昔贤咏事可万古
群少风流此一时
（《兰亭序》）

若作舟楫大可用
彼其树艺时为嘉
（《石鼓文》）

若视苍天无正色
不应素壁有圆光
（《史晨碑》）

若奏延恩三礼赋
为然安息十车香
（《史晨碑》）

范叔无钱千禄享
孙郎有子万事全
（《张迁碑》）

荣禄书宗王令体
义山诗有拾遗风
（《张迁碑》）

林宗道德马周相
张绪风流子建才
（《爨宝子碑》）

林集阴阴鸣春羽
马行得得数秋鸿
（《爨宝子碑》）

茂兰永日为知己
修竹当风自可人
（《兰亭序》）

茂林清映内外室
飞絮闲游短长亭
（《兰亭序》）

林下酒徒慕七子
海中方士话三山
（《郑文公碑》）

林外小溪随地曲
山间古竹引人清
（《兰亭序》）

林后有亭抱山足
坐间得故契兰言
（《兰亭序》）

林荫水次得幽趣
带间坐右有至言
（《兰亭序》）

林间日暮风初静
亭外春深水自流
（《兰亭序》）

林间有坐在此咏
山水无风极其游
（《兰亭序》）

松影远含山大小
莲香时度叶东西
（《圣教序》）

林间清气当初日
山左风流述古人
（《兰亭序》）

述古期同彭不作
临风若遇惠之和
（《兰亭序》）

林间虚室足觞咏
山外清流无古今
（《兰亭序》）

述德撰鲁灵光赋
见道称魏伯阳书
（《史晨碑》）

林虚亦静听流水
觞尽未倦游暮山
（《兰亭序》）

事无成焉知非福
人有定亦可胜天
（《张迁碑》）

松下与君修旧雨
月明独自举金尊
（《礼器碑》）

事不如心常八九
文能传世无二三
（《郑文公碑》）

松岭云光多古气
莲池水色发异香
（《麻姑仙坛记》）

事君无如广平直
服官有若龙图清
（《西狭颂》）

松岭云来闻鸟语
莲池雨过有蝉声
（《麻姑仙坛记》）

事到从容能合度
路当逼侧敢依人
（《争坐位帖》）

松室夜灯禅影静
莎庭春雨道心空
（《圣教序》）

事前仿佛得真相
家外浮留掩岁华
（《瘗鹤铭》）

松涛在耳声弥静
山月照人清不寒
（《圣教序》）

画本纷披来野意
文辞古怪亦天真
（《争坐位帖》）

画法通灵华解语
道人生事石为粮
（《礼器碑》）

奇峰斗绝八九丈
怪石高低二三行
（《峿台铭》）

雨风好访农家谚
泉石常存吏隐心
（《曹全碑》）

抱有春怀可与世
足无峻气不游山
（《兰亭序》）

雨风阴阳大和会
郡国守相长寿年
（《礼器碑》）

抱庭流水三分绿
触石山云十里苍
（《圣教序》）

雨后残阳明屋角
庭前乱石长云根
（《曹全碑》）

到门犹有秦时月
设案应无汉后书
（《华山碑》）

雨来幡湿花多处
日暮舟维水一方
（《石鼓文》）

到门新月若初识
经雨秋山望益明
（《华山碑》）

雨余明月来书案
风载诸香到水亭
（《华山碑》）

到从月地参真佛
且据书城作寓公
（《争坐位帖》）

直奉经书为世袭
乐从山野尽天年
（《峄山碑》）

卓文君治觞行贾
冼夫人自将兴师
（《礼器碑》）

直谅喜来三径友
纵横富有百城书
（《争坐位帖》）

贤人浪迹怀稽老
大将能文有乐生
（《兰亭序》）

奇石灵泉含幽景
和风好月契清谭
（《崔敬邕碑》）

贤者乐群事文咏
幽人修静娱水山
（《兰亭序》）

贤能咸以虚和聚
感慨每由娱乐生
（《兰亭序》）

国士何如天下士
此人应是山中人
（《郑文公碑》）

尚论情深容窃比
清修道合悟真如
（《争坐位帖》）

国有长城无自坏
人犹古井任中干
（《史晨碑》）

明月不离光宅寺
清风常渡出山钟
（《圣教序》）

国雄圣贾伯于越
天败共工尊不周
（《礼器碑》）

明月吐华真解语
天风荡水戏为文
（《礼器碑》）

固厥真宰惟方外
微之前事重此君
（《瘗鹤铭》）

明月自来花解语
高风独举石不言
（《汉碑》）

忠言乃有裨于治
功业从未归诸天
（《天发神谶碑》）

明月超然怀远鉴
绪风和处觉春生
（《王居士砖塔铭》）

咏竹有人当春暮
观风无事得天长
（《兰亭序》）

明有通人著赤雅
汉称孝子褒黄香
（《史晨碑》）

岭竹亭兰随地气
春风化日畅天怀
（《兰亭序》）

明时不容恶溪患
直道能破衡山云
（《西狭颂》）

岩前炼石云为质
槛外流泉月有声
（《醴泉铭》）

果报在人业自作
华言满地色皆空
（《金刚经》）

知人有鉴冰为镜
应物无机水不波
（《醴泉铭》）

知人其难九德贵
闻过则喜百世师
（《争坐位帖》）

知己有生兰室内
怀人终古春风间
（《兰亭序》）

知己当若陈无己
室人大类管夫人
（《兰亭序》）

知己当期千岁后
幽人长在万山间
（《兰亭序》）

知己每怀文与可
情人合是随清娱
（《兰亭序》）

知己情怀清若水
可人风致静于兰
（《兰亭序》）

知足一生得自在
静观万类不人为
（《兰亭序》）

知足是人生一乐
无为得天地自然
（《兰亭序》）

知足随时咸可乐
虚怀遇事若无能
（《兰亭序》）

知昧人当风月夕
多情心爱雨花天
（《圣教序》）

和平峻望中书令
典则高文太史公
（《华山碑》）

牧之享二分明月
少文游万里长风
（《张迁碑》）

使我开怀惟夜月
令人深省是晨钟
（《圣教序》）

侣集江亭真爽垲
篆铭山石荡浮华
（《瘗鹤铭》）

舍曲一山犹带水
亭幽万竹静生风
（《兰亭序》）

舍后长年足流水
竹间终日听清风
（《兰亭序》）

舍南舍北通小市
河东河西皆丰年
（《史晨碑》）

金门日射天颜喜
紫极烟开圣泽生
（《争坐位帖》）

金台才子文名盛
紫府真人位业尊
（《争坐位帖》）

金台名士高前席
紫府真人校异书
（《争坐位帖》）

所难百事并欢悦
大好六时长安宁
（《西狭颂》）

所游思得山水遍
举尊会成人月三
（《华山碑》）

周天三百六十度
人皇一万八千年
（《圣教序》）

周京风起二南国
汉代门高万石君
（《华山碑》）

周宣王文勒贞石
尹吉甫诗颂清风
（《尹宙碑》）

鱼舍雨中三里市
凤城云际万人家
（《曹全碑》）

鱼鱼入世难为海
燕燕依人别有天
（《争坐位帖》）

庙中露见达摩眼
座上天生罗汉身
（《金刚经》）

夜月高高露已下
坚冰栗栗云不行
（《西狭颂》）

夜来犹思少年事
门外时见长者车
（《史晨碑》）

夜依望帝临江化
晨导思王度雒归
（《史晨碑》）

放水流长观其曲
为文气盛集于虚
（《兰亭序》）

放言极人生乐事
静坐得宇内大观
（《兰亭序》）

放怀随地一觞足
盛气化时万类和
（《兰亭序》）

刻石惟余西汉字
行歌爱约高阳徒
（《西狭颂》）

郑玄注易善言理
匡鼎论诗信解人
（《郑文公碑》）

郑武缁衣绵奕世
桓荣朱绂美中朝
（《郑文公碑》）

治河莫问陈三策
备海何心学四夷
（《郑文公碑》）

怪石廿丈峰自古
洄潭百尺波长清
（《峿台铭》）

治国应思随武子
行军尤数望诸君
（《郑文公碑》）

怪石临溪自高下
远山当户时有无
（《峿台铭》）

治诗常不悦郑卫
诂字直可如斯冰
（《西狭颂》）

怪石硱磳畜奇势
长松掩映若高人
（《峿台铭》）

学于古训乃有获
天之生物因其才
（《圣教序》）

法王造次雨华戏
天乐流传风水声
（《礼器碑》）

学子灵禁见心日
文家绝伎解头风
（《礼器碑》）

法雨慈云窥色相
清池明月露禅心
（《圣教序》）

学以精神通广大
家从清俭足平安
（《东方朔像赞》）

河东文小品可效
淮南子外教所宗
（《史晨碑》）

学会百川水东注
教垂三古道南来
（《礼器碑》）

波澜往事那堪说
门第虚名未足多
（《金刚经》）

学道有人齐物论
农桑无地著闲民
（《郑文公碑》）

治世之人安以乐
代北有马走如飞
（《石鼓文》）

宝符独得莫知所
灵瑟空闻不见人
（《礼器碑》）

宝树根深须善护
金兰义重最相知
（《金刚经》）

宝筏度人性不灭
金经照我眼方明
（《金刚经》）

宗师合与抗东野
子敬安能到右军
（《争坐位帖》）

定有传书名博议
好将诗咏纪华年
（《郑文公碑》）

定情异日传名作
华烛当年著史书
（《郑文公碑》）

官位早从三事后
文章尚在六朝前
（《曹全碑》）

官廷时下高人榻
野寺常然古佛香
（《争坐位帖》）

治宗黄老自清净
文造秦汉始沉深
（《张猛龙碑》）

诗文渊雅张平子
才器风流贺狄千
（《张迁碑》）

诗礼托先人之荫
啸咏明素志而言
（《玉版十三行》）

诗自周南迄殷武
史列本纪及世家
（《尹宙碑》）

诗咏二南含比兴
易传三圣阐阴阳
（《郑文公碑》）

诗裁伪体宗风雅
文受高华守汉京
（《张猛龙碑》）

诗赋六卿美宣子
酒留十日契平原
（《郑文公碑》）

诗新酒熟能留客
秋月春华不赠人
（《郑文公碑》）

诚存修省取诸震
德积高大贵能升
（《争坐位帖》）

建业江山归典午
会稽文字数将军
（《天发神谶碑》）

居士旧存千品酒
美人安坐七香车
（《史晨碑》）

居安思危介节见
积疑得悟清光来
（《争坐位帖》）

居称中天化人国
地绝华略海外州
（《郑文公碑》）

居官当世孰与比
学道惟君得其真
（《郑文公碑》）

屈两足坐悟本始
悦众人目非至文
（《争坐位帖》）

弥天雪月空中色
寒夜霜钟悟后心
（《圣教序》）

始于在家能及远
因之为道如登高
（《峄山碑》）

承恩湛露三春重
被体香罗九夏轻
（《圣教序》）

承家天官大史氏
绝学士礼高堂生
（《礼器碑》）

细与论文千载事
闲将作赋十年心
（《郑文公碑》）

细草疏华自秀发
秋鸿春燕相乘除
（《郑文公碑》）

终日无言知静趣
及时为乐作闲人
（《兰亭序》）

伴人惟有西湖月
利物当如太岳云
（《爨宝子碑》）

契古风流春不老
怀人天气日初长
（《兰亭序》）

春山有趣终年静
流水无弦尽日听
（《兰亭序》）

春日初长兰气静
惠风相引竹荫清
（《兰亭序》）

春日置酒成故事
秋月明空若古人
（《乙瑛碑》）

春气在山曲水曲
游人集长亭短亭
（《兰亭序》）

春长若水生静悟
竹老于人得清修
（《兰亭序》）

春气芳馨长乐殿
神光昭祀集灵宫
（《华山碑》）

春风不放游丝倦
生气能将短竹齐
（《兰亭序》）

春风有信来廿四
大华之高极五千
（《华山碑》）

春水初湍群类乐
风弦一曲万山听
（《兰亭序》）

春水随风生亭足
岭竹齐林当日阴
（《兰亭序》）

春归花外燕相识
雨洗林间翠欲流
（《圣教序》）

春至百华齐向日
云程千里独图南
（《郑文公碑》）

春光显露花开未
山色黄昏月上无
（《圣教序》）

春华开后清风至
秋草黄时燕子归
（《郑文公碑》）

春灯焰照九微火
华月光生五色云
（《圣教序》）

春阴十里常含雨
寒色三分为勒花
（《圣教序》）

春阴三月海棠发
清风四野素馨芳
（《爨宝子碑》）

春初人尽怀生气
老至文当异少时
（《兰亭序》）

春雨方深山气重
秋云初敛月华新
（《华山碑》）

春秋大义存王室
彪固雄文在汉书
（《爨龙颜碑》）

春秋之作继风雅
金石有铭大吉羊
（《尹宙碑》）

春秋风月资游事
汉唐碑铭生古香
（《华山碑》）

春信初至崇兰放
山气极清贤者游
（《兰亭序》）

春游放形得知己
述古不作契老彭
（《兰亭序》）

故君子言必有则
是作者情深于文
（《石门颂》）

春路案延经玉勒
秋光流荡触精屏
（《史晨碑》）

故事丰年陈市肆
闲时明月上扬州
（《曹全碑》）

城号受降得地利
园非独乐合人心
（《金刚经》）

胡公之书侔三传
太史为文统百家
（《礼器碑》）

草圣独宗王大令
古诗间学苏长公
（《张猛龙碑》）

南过衡山绝大庾
西平苻坚破赫连
（《西狭颂》）

带水抱山一间室
左觞右禊群少风
（《兰亭序》）

南阳高隐耕桑乐
东国休风雅颂声
（《郑文公碑》）

荒诞如陈穆王传
先声咸震岳家军
（《崔敬邕碑》）

南朝乐府三千首
东鲁春秋二百年
（《郑文公碑》）

荒碑自纪熹平岁
岩石犹存元狩年
（《华山碑》）

南朝自有真名士
东观曾翻未见书
（《郑文公碑》）

荡阴仙宰惟君侣
江表华词不此前
（《瘗鹤铭》）

南楼清景中秋月
西府名花万树春
（《多宝塔碑》）

故山此日畅游兴
当世于今尽寄生
（《兰亭序》）

相可补曹王少戆
经能通易雄太玄
（《乙瑛碑》）

相石亭前集仙侣
山丹华下篆铭词
（《瘗鹤铭》）

威斗运穷沙鹿谶
大风天授季龙知
（《礼器碑》）

相臣不受钱谷任
太尉有安社稷才
（《史晨碑》）

厚薄民风通古道
公平国法合天心
（《礼器碑》）

相臣雅度娄师德
经舍谐谈井大春
（《史晨碑》）

残阳远水南朝寺
月白风清北郭山
（《曹全碑》）

相知大有同人集
怀古尝为感遇文
（《兰亭序》）

持弓矢为古田猎
具舟舫作小优游
（《石鼓文》）

相知当不在形迹
修己岂可殊初终
（《兰亭序》）

持节合收南北满
种华分别东西园
（《金刚经》）

相喻以天无所事
有为于世不虚生
（《兰亭序》）

指麾文府才思盛
冠冕人伦道德尊
（《争坐位帖》）

柳荫西北出古寺
栗里左右俱黄花
（《石鼓文》）

临风一曲齐天乐
流水终年大地春
（《兰亭序》）

柳花一白水流处
栗子微黄日暮时
（《石鼓文》）

临文爱积双声字
作史人称一姓书
（《崔敬邕碑》）

树角夕阳归猎马
花阴微雨写来禽
（《石鼓文》）

临水人家茅盖屋
向阳渔舍网张门
（《曹全碑》）

临春揽古悼陈室
曲水清游怀昔贤
（《兰亭序》）

临流坐石二三子
俯饮仰歌千万春
（《史晨碑》）

尝因流水怀今日
每托清风感故人
（《兰亭序》）

尝将闲日观当世
又抱春风过一年
（《兰亭序》）

是山虽无阴亦静
此风可取惠之和
（《兰亭序》）

是贤者而后乐此
故君子有所不为
（《石门颂》）

品竹清流文与可
抱山静契阴长生
（《兰亭序》）

品居玉海金山上
文在东周西汉间
（《醴泉铭》）

品重香余风定后
一尊人在月明中
（《华山碑》）

畏友恨难终日对
异书喜有故人藏
（《争坐位帖》）

幽兰在室生和气
茂竹为林引惠风
（《兰亭序》）

幽兰极长竹合抱
流水不尽山当天
（《兰亭序》）

幽竹尽怀大古致
春山咸若少年人
（《兰亭序》）

幽竹亭临流水地
游丝风引暮春天
（《兰亭序》）

幽并名将空千古
燕许高文重一时
（《圣教序》）

幽林曲带亭间水
长日清游竹外山
（《兰亭序》）

幽亭清听山中雨
野阁平收屋上云
（《曹全碑》）

钟声远渡僧归早
花月微翻月上迟
（《圣教序》）

钟清竹外流云好
磬定松间山月高
（《麻姑仙坛记》）

香遍山中仙尉福
月明亭下玉人歌
（《华山碑》）

垂莫离觞举高咏
迟明画鼓发前川
（《礼器碑》）

和平宇广中书令
博奥文高太史公
（《礼器碑》）

重九新诗祖孔令
十千美酒宴陈王
（《郑文公碑》）

秋丰朔马夜行狩
月正南屏江上朝
（《史晨碑》）

重用士人为国宝
闲临书画见天真
（《礼器碑》）

秋日西行子午谷
隆冬北出清凉山
（《石门颂》）

重离日照山城见
三伏时过河汉清
（《金刚经》）

秋中天静明孤月
日没山空积乱云
（《郑文公碑》）

重集仙禽华表上
固留真侣石洪家
（《瘗鹤铭》）

秋月空明延夜坐
春江流注荡晨光
（《史晨碑》）

香不知名惟定品
月如相爱可长来
（《争坐位帖》）

秋月春风无主客
长天化日注光华
（《郑文公碑》）

香光不坏气精到
视息咸濡功肃成
（《史晨碑》）

秋风为剌黄华信
独客常随海燕还
（《郑文公碑》）

香华供养敬诸佛
功果修成度众生
（《金刚经》）

秋水长天共一色
明月对我成三人
（《史晨碑》）

秋空下霜山木苦
海心出月天光清
（《石门颂》）

秋草当门弥闲静
好山向我自清严
（《郑文公碑》）

秋黄肃屑亚池道
月黑通明舍利城
（《史晨碑》）

俗人不解得三昧
大老应当寿百年
（《金刚经》）

俗学全除方至道
名心还在未为高
（《郑文公碑》）

修于内有形于外
有诸己能喻诸人
（《兰亭序》）

修己可知有乐地
作文自合舍陈言
（《兰亭序》）

修己可知有乐地
作文每合舍陈言
（《兰亭序》）

修书稽古明文字
戒酒留尊奉故人
（《乙瑛碑》）

修竹趣生文与可
幽兰静契管夫人
（《兰亭序》）

修身以孝弟为本
所居在廉让之间
（《曹全碑》）

信之为言有诸己
文亦不外发乎情
（《兰亭序》）

信世修文为故老
与人和气得春天
（《兰亭序》）

信有文章留柱史
还期勋绩纪燕然
（《郑文公碑》）

信属于我言可复
山不在高仙则名
（《金刚经》）

皇极阐从穆伯长
考亭师有李延平
（《史晨碑》）

律身未可安平等
积学还当据上乘
（《郑文公碑》）

胜地花开香雪海
妙林经说大罗天
（《圣教序》）

胎息得闻仙佛说
道肩别有圣贤担
（《金刚经》）

亭阴静与古相若
山气清于人可怀
（《兰亭序》）

独有林华能致客
未应歌酒不如人
（《郑文公碑》）

亭间流水自今古
竹外春山时有无
（《兰亭序》）

独守残篇校史阙
新成变雅缉诗源
（《张猛龙碑》）

亭间流水齐今古
竹外春山时有无
（《兰亭序》）

独往名山乘逸兴
纵观雅乐遣闲情
（《郑文公碑》）

亭林日暮自为录
竹老风怀亦寄言
（《兰亭序》）

亭下黄华留宰相
家藏丹篆事仙真
（《瘗鹤铭》）

亭临水次尝无地
室在林间又有天
（《兰亭序》）

亭上征留江表集
华前篆得荡阴词
（《瘗鹤铭》）

亭前古石得云气
山下高人共月来
（《华山碑》）

亭外生天竹地竹
室内有山兰水兰
（《兰亭序》）

亭前亦集胎仙不
华下惟留石篆乎
（《瘗鹤铭》）

亭外竹荫临静室
山间兰气遇清流
（《兰亭序》）

度世金刚仙佛语
教人礼乐圣贤心
（《金刚经》）

亭台远望皆胜异
溪山深处自幽奇
（《峿台铭》）

度众生应无虚日
凡百事可以告天
（《金刚经》）

庭树笼烟景深邃
渊泉流石响清幽
（《崔敬邕碑》）

前席争传宣室对
等身唯守鲁堂书
（《争坐位帖》）

庭容车骑无人过
门对溪山有月临
（《西狭颂》）

将军功在天山建
校尉诏从大夏归
（《天发神谶碑》）

疾风入树发奇响
孤月沉潭妙清辉
（《崔敬邕碑》）

将军威略重边鄙
淑人硕望如山河
（《郑文公碑》）

闻钟未可虚清夜
揽镜还应及妙年
（《圣教序》）

将取固与得诸老
信古不作当为彭
（《兰亭序》）

闻道何时常恐暮
置身有地未辞高
（《争坐位帖》）

将相风和天地静
修齐事大古今同
（《兰亭序》）

美人并世斯清福
风汉趋时亦好官
（《西狭颂》）

恬然清行同南部
积有文才是左思
（《争坐位帖》）

美富文才传左国
清微画品数南宗
（《争坐位帖》）

洪流荡荡留石篆
此君亭亭掩上真
（《瘗鹤铭》）

前山后江亦宁土
华阴石篆藏仙家
（《瘗鹤铭》）

举酒纵论廿二史
研朱细注十三经
（《郑文公碑》）

前因妙语三生石
慧性灵通九曲珠
（《圣教序》）

举觞作字张长史
流水知音钟子期
（《礼器碑》）

举觞思发华争雨
和瑟声迟解上沙
（《礼器碑》）

语人提及经过事
无我养成自在心
（《金刚经》）

洞门静掩梨花月
古寺深藏松叶云
（《圣教序》）

语言文字意为法
节族声音和以天
（《礼器碑》）

洗心自制龙升降
闻法旁通石语言
（《礼器碑》）

神山高坐古香发
好友清谭今雨来
（《麻姑仙坛记》）

洗尽微尘空世界
种成大树寿山河
（《金刚经》）

神处威灵山月大
真龙变化海云高
（《麻姑仙坛记》）

济人可博门庭大
教幼先知粟麦难
（《西狭颂》）

神机纵横六国相
家世孝弟万石君
（《曹全碑》）

宣城敢屈李供奉
光禄见尊王太常
（《争坐位帖》）

神识萧疏晋中散
文章悲愍楚三闾
（《郑文公碑》）

室人贤惠能知足
同气和乐无间言
（《兰亭序》）

神灵申甫斯扬烈
心远渊明自解诗
（《玉版十三行》）

室以抱水随其曲
竹为观山不放长
（《兰亭序》）

祠神祀奉三百户
相地书传八五经
（《乙瑛碑》）

室临春水幽怀朗
每览贤人躁气无
（《兰亭序》）

诵读经书空一切
说明音切正四声
（《金刚经》）

郡县图经知险易
朝廷政典备中西
（《西狭颂》）

珠林雪满僧归寺
贝叶云开佛说经
（《圣教序》）

郡侯崇秩二千石
丞相故余八百桑
（《华山碑》）

珠林墨妙三唐字
金匮文高二汉风
（《圣教序》）

屋后云山三面合
雨余桃李十分开
（《曹全碑》）

起灭万流金自定
久长一念石为开
（《峄山碑》）

咫闻每易争家数
目论从来有异同
（《争坐位帖》）

壶为百器钟为乐
华自齐芳月自阴
（《礼器碑》）

盈盈一水归舟亟
莽莽高原勒马游
（《石鼓文》）

莫言今日无知己
自有清风作故人
（《兰亭序》）

绝世风流继张敞
平生山水慕嘉州
（《曹全碑》）

莫道善书踵开母
可能识字补凡将
（《郑文公碑》）

绝世文心白羽凤
殊常恩命紫金鱼
（《曹全碑》）

恭敬有余能得众
知行合一可希贤
（《金刚经》）

绝知风定雨来意
相咏水穷天尽头
（《礼器碑》）

晋君三雅颂新祉
遗我双鱼感旧游
（《张迁碑》）

素书独定平原旧
迁表先开永叔文
（《张迁碑》）

桂花松子有仙意
葛岭孤山无俗人
（《圣教序》）

桓君山辞述当世
张公艺谋示后人
（《张表碑》）

真宰亭亭山石重
华词荡荡江流洪
（《瘗鹤铭》）

桐梓尚思得所养
凤麟不复见于时
（《史晨碑》）

真宰裹玄黄以外
篆铭藏山石之前
（《瘗鹤铭》）

校书长爱阶前月
品画微闻坐右香
（《争坐位帖》）

真辅相才葵向日
大光明地月当门
（《争坐位帖》）

校书得理目如电
直节能光心比金
（《争坐位帖》）

原道为文兴八代
西铭精义本六经
（《华山碑》）

校理异文天禄阁
从容清绩盖公堂
（《争坐位帖》）

监酒令无严下户
掌书文特重名家
（《乙瑛碑》）

夏后均中原九土
高阳产才子八人
（《爨龙颜碑》）

峻品既为时所仰
清怀当与古同游
（《兰亭序》）

真长名理原超俗
中散孤高故不凡
（《郑文公碑》）

钱制因时无定式
梓材封弟有成书
（《史晨碑》）

真丹不外家藏集
重币惟征江上华
（《瘗鹤铭》）

乘兴时倾燕市酒
沉思还作楚冠身
（《郑文公碑》）

真华掩得山亭相
藏集浮于仙尉家
（《瘗鹤铭》）

称古道今成野史
登高极远绎山经
（《峄山碑》）

特立独行有如此
进德修业须及时
（《争坐位帖》）

爱道天开文府贵
无心月到画堂深
（《争坐位帖》）

俯听流水无弦曲
坐引和风一室春
（《兰亭序》）

卿故无加臣朔美
若安所得子南夫
（《史晨碑》）

俯仰倩文今与昔
纵横论列直而和
（《争坐位帖》）

高人不在百官表
古文深造八大家
（《汉碑》）

俯抱春风无浪迹
峻情山水自时流
（《兰亭序》）

高人自与山相识
香气时从风载来
（《华山碑》）

息夫人以不言著
任公子为大钩成
（《史晨碑》）

高士还如戴安道
乡侯合置王无功
（《争坐位帖》）

涓心悦目情文极
入地参天理数明
（《争坐位帖》）

高山流水闻天乐
墨海书城对古香
（《多宝塔碑》）

留侯传书通制礼
少孙补史雄造经
（《乙瑛碑》）

高文一卷金华笔
慧业三生玉井莲
（《多宝塔碑》）

爱才时下高人榻
礼佛常然古寺香
（《争坐位帖》）

高文师周秦诸子
荣名随金石百年
（《尹宙碑》）

爱月便居前席坐
披书如见古人来
（《争坐位帖》）

高文传世容述作
至乐在人无达穷
（《郑文公碑》）

高台月出生乡思
古寺烟深上佛香
（《争坐位帖》）

高台览月光无际
细石分流声不平
（《张迁碑》）

高伉能为曹子建
流丽不数杨文公
（《石门颂》）

高名一代文中子
圣学千秋鲁伏生
（《中兴颂》）

高如河汉功无极
大若须弥道始尊
（《乙瑛碑》）

高位尚须闻过友
美名不废等身书
（《争坐位帖》）

高松雨过发古色
浅水云来有异文
（《麻姑仙坛记》）

高秋山石千崖立
明月江声万马来
（《中兴颂》）

高阁有人都好好
太仓无粟不陈陈
（《西狭颂》）

高阁面山都别致
野亭临水足清光
（《曹全碑》）

高阁临溪先得月
远山推石亦成云
（《西狭颂》）

高歌不知白日尽
还乡应待青春深
（《张猛龙碑》）

座揽清辉万川月
胸涵和气四时春
（《圣教序》）

唐有一文即原道
汉垂大政为重农
（《乙瑛碑》）

唐时共识仙坛记
汉代犹存石阙铭
（《华山碑》）

唐时通典犹传佑
汉代大文惟有迁
（《华山碑》）

旁皇四周载风上
独造一意图天南
（《礼器碑》）

悦心未厌无名画
积行唯收有用书
（《争坐位帖》）

烟清忽见一勾月
人定微闻百和香
（《争坐位帖》）

烟景当春乐鱼鸟
金声震地来天人
（《张猛龙碑》）

酒中三万六千日
门外东南西北人
（《史晨碑》）

酒兴诗情留景物
月华海市竞辉光
（《郑文公碑》）

酒饮一石称大户
律谐五字守长城
（《史晨碑》）

酒徒大校依刘表
歌部公然假石崇
（《史晨碑》）

酒能避世故称圣
诗已穷人自绝伦
（《郑文公碑》）

涉世难为百六掾
得钱先刻十三经
（《西狭颂》）

凉月入闾照篇读
长松拔地起风云
（《张猛龙碑》）

凉风特地供长夏
明月同心拟故人
（《曹全碑》）

消尽俗人惊怖畏
通观世界去来今
（《金刚经》）

海上长风腾紫浪
天中大月吐流云
（《爨宝子碑》）

海经烛物辞非诞
木客能歌诗亦神
（《郑文公碑》）

海国风清春日永
山居树茂夏云深
（《崔敬邕碑》）

浮石山前得爽垲
相流亭下集真仙
（《瘞鹤铭》）

浮家阴得仙禽侣
爽垲惟留石尉亭
（《瘞鹤铭》）

浮家得遂华前集
征事爰留石上铭
（《瘞鹤铭》）

流水无人自弦管
幽怀随地足山林
（《兰亭序》）

流水因知弦外趣
清风可仰古时贤
（《兰亭序》）

流水放怀知者乐
春山得趣幽人娱
（《兰亭序》）

流水相娱视听外
春山时在有无间
（《兰亭序》）

流水悟将天地事
春风老尽少年人
（《兰亭序》）

流水悟将天地事
春风老尽世间人
（《兰亭序》）

流水崇山怀作者
春兰幽竹契风人
（《兰亭序》）

流水情文曲有致
至人怀抱合无同
（《兰亭序》）

流俗未能见及大
解人如此得之难
（《金刚经》）

家国利贞崇正道
人民福寿乐丰年
（《史晨碑》）

家居好水好山地
人在不夷不惠间
（《曹全碑》）

家侣亦藏江表集
山亭未篆荡阴词
（《瘗鹤铭》）

家裹华阴藏爽垲
石浮亭外集仙禽
（《瘗鹤铭》）

家藏古史存疑是
天与高文割爱难
（《争坐位帖》）

宰相以经世为重
守令是亲民之官
（《尹宙碑》）

朗日和风为静者
清修峻品是贤人
（《兰亭序》）

朗日和风畅怀抱
幽兰修竹叙情文
（《兰亭序》）

朗日映山春犹茂
曲亭带水风亦幽
（《兰亭序》）

朗风和月随管领
崇兰修竹极清幽
（《兰亭序》）

朗朗如行玉山上
熙熙若在春风中

（《爨龙颜碑》）

请于极盛登咸世
诵此无为道德经

（《峄山碑》）

请于泰上无为世
长作天家在野臣

（《峄山碑》）

诸将嗟无乐生在
世人尽感当时贤

（《兰亭序》）

娱目骋情山九曲
放怀寄感丝一弦

（《兰亭序》）

通大学先从小学
得经师不若人师

（《史晨碑》）

通天地人是曰圣
爵公侯伯极于王

（《乙瑛碑》）

通经垂文是则大
以平为政无曰高

（《乙瑛碑》）

通经物色诸宫传
辟谷耽延万户封

（《史晨碑》）

通神古有三公祀
主礼今垂百石碑

（《华山碑》）

通神古有吴道子
得仙久传王方平

（《麻姑仙坛记》）

能事不为人促迫
嘉时乃造山崔嵬

（《西狭颂》）

能品当若文与可
清咏时类陈后山

（《兰亭序》）

能继大禹治百渎
出为汉高守四方

（《西狭颂》）

能得时宜行自远
不与俗病道乃高

（《峿台铭》）

难得中朝宁水患
不教人治阻天行

（《西狭颂》）

邕容礼乐传邹鲁
典雅文章继建安

（《郑文公碑》）

理义明时有建白
功夫定后无思维

（《峄山碑》）

理道高明无止极
国家康乐有成书
（《峄山碑》）

盛会游山怀故老
清咏集古得时贤
（《兰亭序》）

著书自设严平市
问学曾经扬子居
（《郑文公碑》）

盛德可能图五瑞
先生大有史三长
（《西狭颂》）

黄龙驾云腾沧海
紫凤矫翮凌清霄
（《爨宝子碑》）

雪光如练鸿留景
月色上弦鱼有声
（《张迁碑》）

黄昏花影二分月
细雨春林一半烟
（《圣教序》）

掩盖松含云色相
垂阴花得月精神
（《圣教序》）

黄鹤非人自出世
白猿笑我不入山
（《柳州罗池庙碑》）

掷杯于庭变白鹤
戏米堕地成丹沙
（《麻姑仙坛记》）

教子以严智者乐
与人为善福之根
（《金刚经》）

虚怀视水人咸悟
和气为春天与游
（《兰亭序》）

奢国知俭近于礼
圣心法天高不言
（《礼器碑》）

虚过长日无随俗
尊重高年解卫生
（《金刚经》）

爽浮亭外华阴重
流相山前江势洪
（《瘗鹤铭》）

虚空入眼天然道
清白明心水不波
（《金刚经》）

盛地娱游无异感
崇文喻世在清言
（《兰亭序》）

虚将老日怀年少
无作长言向短人
（《兰亭序》）

常于良夜倚花立
更有清词对雨成
（《圣教序》）

常从曹宪识难字
喜与王充释异书
（《石门颂》）

常为远客思归久
亦有新诗作话传
（《郑文公碑》）

常为美人供役使
不从方士学长生
（《曹全碑》）

常过故人饮文字
喜有乐石遗春秋
（《石门颂》）

常愿与君子分过
恨不得古人同时
（《争坐位帖》）

略诵古今成野史
具言金石著山经
（《峄山碑》）

野广土膏群养马
风清月白网潜鱼
（《曹全碑》）

野烟有路知依寺
明月无心也进城
（《争坐位帖》）

累月度门饮文字
侵晨叙列朝明光
（《史晨碑》）

崖前湘竹为谁怨
亭畔山松长自吟
（《峿台铭》）

崇文大作古时有
流水春风知者无
（《兰亭序》）

崇怀可与老彭遇
静山当得少文游
（《兰亭序》）

铭篆藏山留仿佛
词流集侣事丹黄
（《瘗鹤铭》）

第一香应名士品
初三月是美人修
（《争坐位帖》）

梨云满地不见月
松涛半山疑有风
（《圣教序》）

得山水气寄怀抱
于古今文观异同
（《兰亭序》）

得时自有风云会
立品重于商周尊
（《华山碑》）

得闲岁月厌朝市
大好溪山无古今
（《峿台铭》）

得胜异处宜小步
当愤懑时作长歌
（《峿台铭》）

得意疑为天下雨
宅心真见古人风
（《汉碑》）

得趣在形骸以外
娱怀于天地之间
（《兰亭序》）

欲从月地参初佛
自据书城作寓公
（《争坐位帖》）

欲为高人常进履
不劳才子对修书
（《圣教序》）

欲向君平参理数
不同屈子论行藏
（《争坐位帖》）

欲观诸佛于兰若
为说大人则藐之
（《金刚经》）

颇有大名合众国
算来多数恒河沙
（《金刚经》）

颇解佛经生智慧
广收众说明是非
（《金刚经》）

脱俗书成一家法
写生卷有四时春
（《多宝塔碑》）

孰煞曾歌郑子产
怀清独吊楚灵均
（《爨宝子碑》）

康乐因登山而著
无功有高世之思
（《峄山碑》）

康成颖达经之佐
子建仲宣辞所宗
（《华山碑》）

率意不知行径晚
遂心时得异书藏
（《争坐位帖》）

盖代诗才师正雅
平生书体爱来禽
（《张迁碑》）

情人对月空怀远
异地观花不当春
（《圣教序》）

情文万古极群趣
风浪一天当大观
（《兰亭序》）

情文俯仰怀迁固
述作风流契老彭
（《兰亭序》）

惟余和气春生案
若逢高人月到门
（《华山碑》）

情文欲共尊彝古
志节应争日月光
（《争坐位帖》）

清川曲流山谷静
高木深丽朝阳鲜
（《石门颂》）

情怀曲曲陈知己
风致亭亭是可人
（《兰亭序》）

清门世业传三辅
才世文情抗六朝
（《争坐位帖》）

情词超迈高常侍
书法清圆赵集贤
（《玄秘塔碑》）

清风不管尝因竹
静气相临自有兰
（《兰亭序》）

惟日既暮马可勒
若渊不深鱼有忧
（《石鼓文》）

清风有信随兰得
激水为湍抱竹流
（《兰亭序》）

惟先忧乃有后乐
能下士不敢上人
（《史晨碑》）

清风竹外林尝静
日朗山间水自幽
（《兰亭序》）

惟有仲容闲乐律
还如季子识诗歌
（《郑文公碑》）

清风明月有其乐
嘉辰美景置诸怀
（《曹全碑》）

惟有杜康能得道
但闻汉武说求仙
（《华山碑》）

清风常慕郑东海
国士当如温太真
（《郑文公碑》）

惟有逆河波不净
莫云湿土树无根
（《金刚经》）

清白世家承祖武
商定礼乐起人文
（《曹全碑》）

清而不矫心无滓
俭以为节家之肥
（《东方朔像赞》）

清咏揽齐陈以后
大文稽迁固之间
（《兰亭序》）

清华词作云霞彩
典重文成金石声
（《圣教序》）

清香满室佛入定
明月出海天为高
（《争坐位帖》）

清名照耀驰天紫
文咏风流焕汉青
（《张猛龙碑》）

清香满堂佛应喜
明月出海天为高
（《争坐位帖》）

清时乃得闲岁月
此处自有好溪山
（《峿台铭》）

清和极品同齐惠
俯仰文情及左迁
（《兰亭序》）

清时盛治人同仰
名世高文众所师
（《争坐位帖》）

清和时古人异品
少长老斯世同春
（《兰亭序》）

清言自带山林气
幽室殊无人世情
（《兰亭序》）

清泉出谷云根老
明月在山风叶干
（《曹全碑》）

清言所寄舍形迹
幽事自娱齐古今
（《兰亭序》）

清荷脱衣野泉净
老松承盖秋烟高
（《张猛龙碑》）

清阴古致大夫竹
岁暮春风老少年
（《兰亭序》）

清溪得水亭台古
深山无历岁月长
（《峿台铭》）

清咏惟因明月夜
出门正直顺风时
（《西狭颂》）

鸿才久已称三绝
高义真能薄九天
（《郑文公碑》）

鸿归有信依然邈
云起无心何可期
（《郑文公碑》）

海天所向无长策
心地何年致太平
（《郑文公碑》）

淮濡明月春来献
江畔余皇夜却归
（《史晨碑》）

渊弓所出其唯道
康秀之徒或谓贤
（《石鼓文》）

渊岳动静得其所
春秋荣枯循乎常
（《爨宝子碑》）

渊鱼喋月有诗思
野禽随风无俗声
（《张迁碑》）

深堂有月同参佛
清昼无人自检书
（《争坐位帖》）

寄兴在山亭水竹
怀人于日暮春初
（《兰亭序》）

敢言误国非官礼
但欲作郡无监州
（《争坐位帖》）

随人俯仰未为是
与世迁流岂得贤
（《兰亭序》）

随时咸录古今事
今日放怀天地间
（《兰亭序》）

随物静观皆自逸
至人乐道信无为
（《郑文公碑》）

随所遇时将静悟
老于文者不陈言
（《兰亭序》）

骑屋四荣望异气
案池三母艺诸香
（《史晨碑》）

斯人与山水为契
其品在管乐之间
（《兰亭序》）

斯之未信斯能信
有所不为有可为
（《兰亭序》）

斯文之乐在自得
古者所言不尽然
（《兰亭序》）

斯世迁流不知极
贤人遇合自有时
（《兰亭序》）

博通时事心常达
细草军书气自超
（《郑文公碑》）

朝发龙门造嵩华
莫闻鹿里语周秦
（《礼器碑》）

彭老倦于人世事
向山同是竹林贤
（《兰亭序》）

朝雨微湿杨柳树
夕阳大好乐游原
（《石鼓文》）

敬乞上天佑寿命
广为中国施教言
（《金刚经》）

雄才表异曹子建
新辞焕发王仲宣
（《张表碑》）

槐叶收时烧药鼎
杨枝阙处置茅亭
（《曹全碑》）

揖让降升千古定
工商农织万人同
（《曹全碑》）

惠日初阴幽得趣
群山合坐静无言
（《兰亭序》）

揽世自期当管乐
骋情殊抱若随和
（《兰亭序》）

惠酒分醪常自足
获陇望蜀不为贪
（《曹全碑》）

掾丞大可名三字
廉吏能无选一钱
（《乙瑛碑》）

朝云独传海南日
楚客初歌天问时
（《郑文公碑》）

暂托无弦契流水
有时朗咏引天风
（《兰亭序》）

朝日升空光耀赤
大河行远汁流黄
（《史晨碑》）

暂时流水当今世
随地春山是故人
（《兰亭序》）

朝日阴阴出深柳
高原莽莽来黄花
（《石鼓文》）

紫阳传道继夫子
有若之言似圣人
（《麻姑仙坛记》）

紫盖山光云似锦
洞庭月色水如天
（《麻姑仙坛记》）

紫薇华省承纶诰
金粟香风舞彩衣
（《圣教序》）

最上上乘功至善
在明明德道弥高
（《金刚经》）

遇事虚怀观一是
与人和气察群言
（《兰亭序》）

嵬嵬崖壁如无路
曲曲山阿若有人
（《西狭颂》）

短亭尽揽山间趣
幽室能观世外天
（《兰亭序》）

集贤墨妙一千字
记室思精十八年
（《圣教序》）

御风而行诚善也
遗世独立其仙乎
（《圣教序》）

翕赫天门县若木
高清月府属常仪
（《西狭颂》）

禽立芳阴声自在
月来书幕景分明
（《张迁碑》）

鲁公书爱中兴颂
退之功在原道文
（《张迁碑》）

觞咏风流春未暮
清和天气日初长
（《兰亭序》）

然名香宜对古画
见明月又来故人
（《争坐位帖》）

就石成山亦华岳
周亭过水自宫商
（《华山碑》）

道人自乘白鹿出
寓公多为黄花来
（《石鼓文》）

道上秋风无定向
客中明月有余情
（《郑文公碑》）

道不可离方见性
义之与比无多言
（《金刚经》）

道心尚见今犹古
辞令能无抗与卑
（《争坐位帖》）

道边地湿无花果
山上年深老树根
（《金刚经》）

道德经高五千字
大令书重十三行
（《爨龙颜碑》）

道德高邈杨中立
江湖清旷张志和
（《爨宝子碑》）

道德流光多温润
文章披览自芬芳
（《张迁碑》）

曾南丰文章典重
王右丞居止清幽
（《曹全碑》）

曾颜懿德超然远
迁固雄文卓不群
（《爨龙颜碑》）

游山有路干云上
种树成荫更岁多
（《张迁碑》）

游山听水无虚日
感遇陈情有至文
（《兰亭序》）

游丝至地人迹静
流水映天山气清
（《兰亭序》）

游足东西十万里
文士上下数千年
（《圣教序》）

游春人若在天坐
听曲情随流水生
（《兰亭序》）

游览林亭极静迹
坐观兰竹自幽然
（《兰亭序》）

寒夜独然松叶火
清香时悟桂花禅
（《圣教序》）

寓公唯有白杨识
归舟多载黄花来
（《石鼓文》）

谢傅心情托山水
子瞻风骨是神仙
（《圣教序》）

登龙门而李膺悦
出隆中则汉事成
（《西狭颂》）

登高因诵白也作
立石自刻献之书
（《峄山碑》）

登泰山去天不远
乐盛世追古无为
（《峄山碑》）

楚金字若春山秀
伯玉文如秋月明
（《多宝塔碑》）

辞学元人六八子
书传大令十三行
（《乙瑛碑》）

感激无言知己遇
倦怀异地故人情
（《兰亭序》）

解义世相尊五鹿
雄心君自薄文龙
（《礼器碑》）

碑铭精鉴集唐汉
风月长新无古今
（《华山碑》）

新诗书就兼行草
薄酒中时任圣贤
（《郑文公碑》）

雷车发石声名赫
水镜蒙华意思深
（《礼器碑》）

阙里犹谈夫子壁
灵光特著鲁王宫
（《史晨碑》）

照来佛眼成大慧
切戒人身入下流
（《金刚经》）

数从来复记人日
心应清明在子时
（《金刚经》）

照眼山花春世界
称身云叶小神仙
（《圣教序》）

数参皇极知前定
书纪天官自有常
（《争坐位帖》）

置身古人敢不勉
美利天下终无言
（《争坐位帖》）

数起于一成于万
理动为流止为山
（《峄山碑》）

嵩华之灵钟于是
图书所载传罔穷
（《礼器碑》）

满地沙门聚亿万
观天经度无差分
（《金刚经》）

辞令兼该三字掾
门庭继美万石君
（《张表碑》）

满室古香人有会
当阶清荫月初中
（《争坐位帖》）

溪山胜处宜小筑
高台幽绝作长歌
（《峿台铭》）

溪谷云生恶龙出
石崖风动山君来
（《西狭颂》）

塞上树功成露布
座间说法信天缘
（《金刚经》）

谨其常而权自足
深于情者才始真
（《争坐位帖》）

群生咸若清风畅
盛世娱游惠日长
（《兰亭序》）

群兰生山咸向日
老竹俯地岂因风
（《兰亭序》）

群岭抱临朗春日
万言旁录寄故人
（《兰亭序》）

群流所会千层浪
万岭之间一短亭
（《兰亭序》）

静对炉烟含道气
时观山月悟禅心
（《多宝塔碑》）

静坐山林观自在
闲游兰若悟文殊
（《兰亭序》）

静坐不虚兰室趣
清游自带竹林风
（《兰亭序》）

静坐有时当日暮
放生每自向长流
（《兰亭序》）

静坐自与兰相契
虚怀当以竹为期
（《兰亭序》）

静坐观文一室内
闲游听竹万山间
（《兰亭序》）

静者能知当世事
清言犹有古人风
（《兰亭序》）

静悟古今无趣事
能为天地有情人
（《兰亭序》）

嘉月光风动情感
翔鸾鸣凤相威仪
（《爨宝子碑》）

嘉时为进清平曲
令德惟歌福禄诗
（《西狭颂》）

嘉宾造门敦宿好
美瑾出柙继夜明
（《西狭颂》）

慷慨高歌杜子美
从容清望郑当时
（《爨宝子碑》）

墙阴高旷庭轩静
山影清幽岁月长
（《爨宝子碑》）

漫渊水底多游鲤
杨柳荫中泊小舟
（《石鼓文》）

暮山有日人初静
春水无风浪自生
（《兰亭序》）

察往难言天宝事
序情安得永和年
（《石门颂》）

榻横左右书三尺
门向东南月一寮
（《争坐位帖》）

题诗名著香山句
谭道心从古石黄
（《麻姑仙坛记》）

管内观天有幽气
觞间叙古可畅怀
（《兰亭序》）

稽古人文若遇故
得贤者言同咏怀
（《兰亭序》）

僧因持戒空人欲
我梦然灯见佛心
（《金刚经》）

稽古每期以可信
取人当尽其所能
（《兰亭序》）

疑谤之来凡俗怖
达观须则圣贤修
（《金刚经》）

稽古独追秦以上
投壶曾共东王嬉
（《礼器碑》）

膏雨渥沾千里足
时风惠至万民欢
（《曹全碑》）

篆文尚识无专鼎
乐石曾观没字碑
（《郑文公碑》）

端拜南宫一品石
等观西母三成丘
（《史晨碑》）

篆石山前集仙尉
浮家江上得玄真
（《瘗鹤铭》）

篆势仿佛亭下石
仙家藏留山前华
（《瘗鹤铭》）

馔诗集就大令字
宝石浚得中郎经
（《西狭颂》）

德比幼安超独行
学如东海冠群儒
（《郑文公碑》）

燕石自秘有神契
闲鸿在空无俗音
（《郑文公碑》）

德在一尊立于大
物经千载品斯高
（《华山碑》）

燕如相识常依我
石不能言自可人
（《郑文公碑》）

德行有颜子曾子
开辟于天皇地皇
（《中兴颂》）

燕许文词臻博远
幽并人物总精神
（《圣教序》）

德克明卑牧著也
恭则寿福履宜之
（《尹宙碑》）

薛鼓鲁壶垂礼器
麟图鹿爵饰琦文
（《礼器碑》）

德取延和谦则吉
功资养性寿而安
（《醴泉铭》）

器车河图大宝镜
空青石瑟流离钟
（《礼器碑》）

德星人是东方朔
雄辩文如石曼卿
（《东方朔像赞》）

衡山乃千里而远
延陵实季子之封
（《郑文公碑》）

德望颉仰郭有道
文字精深苏长公
（《华山碑》）

羲皇上人识隐趣
延陵季子著高风
（《郑文公碑》）

鲤鱼之中何所有
杨花而后君或来
（《石鼓文》）

激水感时舍陈迹
观山怀古有幽情
（《兰亭序》）

褰衣所喜素心友
小饮能歌白雪辞
（《张猛龙碑》）

避世绝人独行士
拨乱起正匡时才
（《郑文公碑》）

藉甚仁声播东里
超然清望冠南州
（《郑文公碑》）

藏山不朽前日事
厥土惟宁此后词
（《瘗鹤铭》）

藏山前事留丹篆
江表浮家得上方
（《瘗鹤铭》）

霜下华闿迟莫节
水中月合眇明心
（《礼器碑》）

豳风七月民事备
河梁五字歌辞宗
（《华山碑》）

爵洗尚存三代石
鹿门抄食八家文
（《汉碑》）

邈矣孤高继严郑
行乎百世仰夷齐
（《郑文公碑》）

鹫岭烟云三世佛
鹿门风月一归人
（《圣教序》）

露余山清石崖出
云破月来诗致清
（《西狭颂》）

一山皆松大波如作
四时有竹得月乃清
（《峿台铭》）

一书不假十部从事
五言可辟万里长城
（《史晨碑》）

一水抱竹无有世趣
万山当户欣然静言
（《兰亭序》）

一水初生春流抱竹
群阴尽化朗日当天
（《兰亭序》）

一世风流少游兴可
万年间气若水文山
（《兰亭序》）

一代辞章柳氏有子
多识朝事王公之孙
（《石鼓文》）

一念不起彼我悉化
空山无人仙佛皆来
（《石峪金刚经》）

一官归来山林自乐
百年长守金石永存
（《爨宝子碑》）

一觞一咏自得真乐
古音古节乃为至文
（《汉碑》）

二王作书并有古意
两宋及第同是清才
（《争坐位帖》）

二月种蚕三月种谷
十年树德百年树人
（《张迁碑》）

十五月华八九云梦
廿三图史百二宝书
（《麻姑仙坛记》）

十字长存延陵碑石
千年刻纪武梁祠堂
（《华山碑》）

十步有兰人才咸在
三更观月天宇朗然
（《天发神谶碑》）

十里波光二分明月
六朝风致三辅贤名
（《尹宙碑》）

七政效灵三时无害
千仓毕备百谷乃成
（《史晨碑》）

八元八恺高氏才子
三月三日长安丽人
（《张迁碑》）

人无闲时不知取乐
文有静气可与言情
（《兰亭序》）

人云亦云岂能集事
自乐其乐可与观天
（《兰亭序》）

人世五常忠为上德
域中四大道与天尊
（《石门颂》）

人尽合群可以集事
天与不取是为无能
（《兰亭序》）

人极所能武侯集益
事得其理文子深思
（《华山碑》）

力排异端将军破贼
心存天理行子还家
（《争坐位帖》）

九日登高无远不尽
四时长望有山皆奇
（《峿台铭》）

九世共居人传盛德
一身自乐天与大年
（《汉碑》）

九地九天大将之陈
一山一水幽人所游
（《兰亭序》）

九宇流观朗于天日
一言相契情若丝弦
（《兰亭序》）

三百里中道子所画
五十年后达夫能文
（《多宝塔碑》）

三纲五常天地以位
百家诸子周秦居多
（《尹宙碑》）

三春九秋殊多风景
五光十色其有文章
（《尹宙碑》）

三皇纪补自小司马
百官表中列大长秋
（《史晨碑》）

于世俗中见本来面
处家庭内无利己心
（《多宝塔碑》）

于周秦文共仰古意
得孔颜乐复见天心
（《礼器碑》）

士会为汉姓所自出
考亭在圣门有大功
（《史晨碑》）

土厚溪长禾甘粟美
庭清人静云破月来
（《西狭颂》）

大化同流合少长老
风人所咏可兴观群
（《兰亭序》）

大地春时自流生趣
万山游尽得遇异人
（《兰亭序》）

大名在千佛经上见
此身于众香国中来
（《石峪金刚经》）

大知大能出大千世
不惴不栗登不二门
（《西狭颂》）

大始以来道立于一
王朝之辞允执其中
（《石鼓文》）

大海吞流崇山纳壤
慧镜无垢慈灯照微
（《多宝塔碑》）

大道存觚明德作镜
制礼以节载仁惟舆
（《礼器碑》）

大德有容能下百谷
好古而博不减三都
（《西狭颂》）

万有不齐放怀自得
一无所取知足犹能
（《兰亭序》）

上追成康国维以立
下奉纪群家道乃长
（《峄山碑》）

万年老竹化为与可
大地流水尽是天随
（《兰亭序》）

小猎平原乐吾时日
多涉古事求彼异同
（《石鼓文》）

万里远游穷历五鹿
三更清梦惊醒一虫
（《圣教序》）

子孝孙贤至乐无极
时和岁有百谷乃登
（《曹全碑》）

与小乐何如与众乐
有不为而后有所为
（《石鼓文》）

山川深广是发神谶
日月炳朗并视天章
（《天发神谶碑》）

与老人期岂可后至
为长者事大异时流
（《兰亭序》）

山不在高畜势自古
石焉能怪有峰则奇
（《峿台铭》）

与花传神宜于明月
为石立史表其高风
（《礼器碑》）

山阴细书遗教为上
鲁公大字中兴独高
（《张迁碑》）

与所及虽万言不尽
文之茂在一气相生
（《兰亭序》）

山林之间可以永日
风水相遇自然生文
（《兰亭序》）

才如子葵足与论圣
家有王李可公诸人
（《争坐位帖》）

山势掩前江流荡后
家浮午篆亭裹华阴
（《瘗鹤铭》）

上万言书以一日就
校四部字费十年功
（《天发神谶碑》）

山春初和可以放带
兰气极静为之不觞
（《兰亭序》）

山高水深斯人不出
烟情霞想其志可知
（《争坐位帖》）

山高流长请从所乐
道成德立自显于时
（《峄山碑》）

山峻于天清游未足
春永若岁和气所流
（《兰亭序》）

山峻林幽能怀太古
天长地永当仰清流
（《兰亭序》）

义熙风云渊明沉饮
永嘉山水灵运胜游
（《张猛龙碑》）

及此春初因时游目
每当岁暮终日怀人
（《兰亭序》）

及时乐天俯仰自得
尽日稽古风致不群
（《兰亭序》）

之子远行古人不见
流水今夕明月前身
（《争坐位帖》）

之纪之纲邦国所重
中矩中度堂构相承
（《张表碑》）

弓矢横持射人射马
归来独乐有车有鱼
（《石鼓文》）

小雨出游吾车既好
鸣禽来止流水自深
（《石鼓文》）

小学补旧史九千字
正书奉雒神十三行
（《史晨碑》）

小峰嵌窦宜间松竹
幽崖胜处悉为高台
（《峿台铭》）

习八分书得陕本贵
存百家目自隋志传
（《争坐位帖》）

子云润丽相如俊玮
更生高踔兰台雅纯
（《张迁碑》）

子长相如文章玮丽
建安黄初诗教大兴
（《张迁碑》）

子建鸿通公干渊雅
休文淑丽明远高骞
（《张迁碑》）

子卿长年犹守汉节
太史纪事不异鲁经
（《史晨碑》）

子瞻黄门大节无阙
元公明道至德可师
（《史晨碑》）

乡举贤良扬于州郡
朝任官吏录其岁年
（《爨宝子碑》）

王守仁于明道为近
周元公有邵子之风
（《张迁碑》）

王孟俊玮声出金石
钱郎新丽气少风云
（《张迁碑》）

王俭立朝风流自表
韩琦作相天下举安
（《汉碑》）

王谢门才机云世德
神仙福慧山水因缘
（《圣教序》）

开府词宗参军文品
右丞画意大令书香
（《争坐位帖》）

天大故高海深益下
香初已纵月晚犹明
（《争坐位帖》）

天上风流有王子晋
山中长命如黄野人
（《张迁碑》）

天上胜游曰清虚府
人间仙境有武陵源
（《争坐位帖》）

天之为天抱其静宇
水哉取水观此长流
（《兰亭序》）

天之所与事无不及
时固有穷情岂能迁
（《兰亭序》）

天之所兴事无不集
事虽有尽情岂能迁
（《兰亭序》）

天与人和贤能在列
清时盛世宇宙同文
（《兰亭序》）

天不长春年不长少
人无至察水无至清
（《兰亭序》）

天日清和人世闲乐
风云会合将相贤能
（《兰亭序》）

天生仙物三千岁孰
地溥美利九十月成
（《纪太山铭》）

天汉长流写输六极
豫章大木垂荫四围
（《石门颂》）

天地之初由无生有
山水所会以曲为幽
（《兰亭序》）

天有至情是能不老
人在大化未可虚生
（《兰亭序》）

天地有情长若春日
山林无事自是清流
（《兰亭序》）

天宝拾遗友惟白也
建安七子才数陈思
（《张迁碑》）

天府拜恩校书东观
圣门奉教治经西河
（《史晨碑》）

天咫少闻积以人力
日尺常满分为月光
（《争坐位帖》）

天清地和若在古宇
情至气盛是为今文
（《兰亭序》）

天清地浊若存古宇
情至气生是作今文
（《兰亭序》）

无为知主无为谋府
以循天理以顺人情
（《曹全碑》）

无极大极自生人极
天知地知未为不知
（《兰亭序》）

无极长生后天而老
有怀不尽集事为文
（《兰亭序》）

无事不能有长斯录
以述为作因情生文
（《兰亭序》）

无遇于今必得于古
能修于己自及于人
（《兰亭序》）

艺事之中具有道旨
文章若是率其天真
（《石鼓文》）

不世奇功书之简册
无疆善政铭于鼎彝
（《崔敬邕碑》）

不出门庭全收野景
相从里巷大有高人
（《曹全碑》）

不言功利天人三策
全有体用东西二铭
（《张迁碑》）

不言虚无所以崇有
乐于清静是为信天
（《兰亭序》）

不宜于时自合乎古
先能处事后可观人
（《礼器碑》）

不惊不怖不可思议
无量无边无余涅槃
（《金刚经》）

不惠不夷贤者乐此
或廉或让君子所居
（《曹全碑》）

太古之初由无生有
山川所会以曲为通
（《礼器碑》）

太史文章羽翼经传
长宫勋业正肃纪纲
（《尹宙碑》）

太华奇观万古积雪
广陵妙境八月惊涛
（《圣教序》）

太守五马朝廷旧制
河东三凤门望独荣
（《史晨碑》）

五车百城山人是福
六如十道宿世之因
（《西狭颂》）

五凤纪年二凤守阙
六马执国四马光门
（《史晨碑》）

五臣十人国留梁栋
一门群产芝挺庭阶
（《张表碑》）

五字成文王杨不废
四君得士赵魏其尤
（《曹全碑》）

五言长城爱君名作
三尺如意佐我清言
（《争坐位帖》）

五老游河星光下照
四子讲德风教长流
（《张猛龙碑》）

车马归城笙歌扰市
酒香在户春气合庐
（《史晨碑》）

少有清闲抱弦怀古
随其时地修己观人
（《兰亭序》）

日长如年著书自乐
山高立石思古不禁
（《峄山碑》）

日月光昭人所共仰
风雨和会岁其有秋
（《华山碑》）

日月垂光星辰昭仰
山泽通气风云会时
（《华山碑》）

日月崇光乾坤比寿
奎娄演象春秋纪年
（《史晨碑》）

日有所思经史如诏
久于其道金石为开
（《峄山碑》）

日新月异躬宣令德
春华秋实世重高才
（《张表碑》）

日观风清光开大地
云和乐奏声振齐州
（《郑文公碑》）

日观观天其大无外
春风风人为乐及时
（《兰亭序》）

日居月诸品修儒行
春祈秋报礼献农官
（《史晨碑》）

日食黄精可以得道
古重元酒日能飨神
（《史晨碑》）

日朗风清游观斯盛
左山右水觞咏其间
（《兰亭序》）

日暮何之骖维蜀道
雨来不速花散吴宫
（《石鼓文》）

中山开平功勋盖代
公安北地文字分流
（《张迁碑》）

中兴惟在九重天子
国家自有万里长城
（《张迁碑》）

气之所感不因情至
时有可为亦由人兴
（《兰亭序》）

气宇不群信为殊品
行骸永固得此大年
（《兰亭序》）

气淑年和群生咸遂
冰凝镜澈百姓为心
（《醴泉铭》）

气静同兰怀虚若竹
目清于水足快生风
（《兰亭序》）

升百尺台众涂可数
对三分月一心皆清
（《争坐位帖》）

升降一堂以古为镜
俯仰千载莫之与京
（《礼器碑》）

长于将将斯能集事
与少乐乐未是大贤
（《兰亭序》）

长杨丽辞章明天汉
若木垂荫炳焕坤舆
（《石门颂》）

月明中庭清咏无对
日下山谷牧歌远来
（《西狭颂》）

长河大川流注千里
周官鲁史垂之亿年
（《礼器碑》）

月耀长天宾鸿秋至
风和旷野宝马春行
（《爨宝子碑》）

长春内视静坐一观
文殊生天于今万年
（《兰亭序》）

风日无言一觞自足
山水所会万竹犹虚
（《兰亭序》）

化宇承平山川清美
文章盛世日月光华
（《麻姑仙坛记》）

风会所趣群随之俯
寄托有在不乐与同
（《兰亭序》）

从虎从龙各因其类
为螺为蚌自得于天
（《麻姑仙坛记》）

风固无形犹有可听
地以至静故能大生
（《兰亭序》）

今古大年老彭合契
人间崇抱管乐相期
（《兰亭序》）

风咏暮春至人所兴
感怀古昔贤者之情
（《兰亭序》）

今古毕陈趣生一室
人天兴感文可万言
（《兰亭序》）

风烈清高如忘官守
山居幽旷永保天年
（《爨宝子碑》）

公谷注经左国叙事
仓史制字德明考文
（《史晨碑》）

文川武乡与贤者处
金昆石友辟君子交
（《尹宙碑》）

月过北庭云垂东海
蝉声西陆鹤梦南天
（《麻姑仙坛记》）

文无古今皆有可取
人之风趣万不能齐
（《兰亭序》）

文中子之门出将相
王丞相所至如天人
（《争坐位帖》）

文管生风自然有竹
咏觞得趣可以无弦
（《兰亭序》）

文气得左迁诸作者
怀抱若管乐一流人
（《兰亭序》）

六艺删存礼乐皆定
二南佐治家国相通
（《史晨碑》）

文以载道史以纪事
礼繇义起乐繇音生
（《汉碑》）

六朝书画开人途径
百家文辞益我见闻
（《争坐位帖》）

文成万言如决天汉
诗高五字厥惟长城
（《张迁碑》）

六籍孔精百氏备究
三坟克阐五典允敷
（《郑文公碑》）

文成一家乃可千古
小饮三爵以除百忧
（《史晨碑》）

方重惟君乃真宰相
上下相得以宁江山
（《瘗鹤铭》）

文曲在天万夫欣仰
大悲视世群类和同
（《兰亭序》）

为文至迁能事毕矣
观乐于齐大风也哉
（《兰亭序》）

文物典章万古昭仰
和亲康乐四时吉祥
（《华山碑》）

为乐及时令德无极
去古不远直道在斯
（《峄山碑》）

文峻若山品清于水
事稽在古贤取诸今
（《兰亭序》）

为神农言即流异学
后文王作不越凡民
（《史晨碑》）

文能系世斯为至大
人有得天以故长生
（《兰亭序》）

尺书可当十部从事
名作便是五言长城
（《争坐位帖》）

引弦叙曲可以永日
怀兰契竹快哉此风
(《兰亭序》)

水间一亭风静修竹
舍后阴地天生短兰
(《兰亭序》)

以仁存心以义制事
与福相得与道合符
(《汉碑》)

水屋周遭无城市意
山光远近与风雨谋
(《曹全碑》)

以古今大文为述作
与天地清气相娱游
(《兰亭序》)

玉井莲新黄山松古
洞庭水碧云梦流清
(《麻姑仙坛记》)

以古为师心如帛日
立朝之辞道亚黄中
(《石鼓文》)

玉以丰年见重于世
璧能光夜大焕其文
(《史晨碑》)

以竹当风将兰映日
因山作室带水为亭
(《兰亭序》)

玉洞仙人苍山碧海
锦衣使者虎驾龙车
(《麻姑仙坛记》)

书上万言文工七步
才方一石功深十年
(《天发神谶碑》)

未定之天十年而变
己任为事一息尚存
(《史晨碑》)

书曰友于诗言相在
功则嘉乃心克尽其
(《尹宙碑》)

甘露卿云于斯为瑞
珠辉玉照盖代之华
(《醴泉铭》)

书法尊严颜与信本
诗文清远谢及左思
(《麻姑仙坛记》)

功加于民勒之乐石
文以载道重若天璆
(《华山碑》)

书诵秦汉二世而上
纪载春秋西狩之年
(《石门颂》)

功加于时勒之贞石
文以载道坚若长城
(《张猛龙碑》)

功厉十年德流五世
名震百里颂出万家
（《尹宙碑》）

功冠凌烟纪纲文武
才高画日损益古今
（《争坐位帖》）

功德久长言辞高远
诵称显著年纪康强
（《峄山碑》）

世无古人可托大事
后有作者犹仰清风
（《兰亭序》）

世有大人司马所赋
守如处女孙武之兵
（《曹全碑》）

世事原来行云流水
人生得意明月金尊
（《礼器碑》）

古义大明高出五鹿
家门极盛踔立八龙
（《汉碑》）

古今大年老彭合契
宇宙崇抱管乐相期
（《兰亭序》）

古月嵌山半峰幽绝
朝日出海九有阳回
（《峿台铭》）

古佛真仙前缘所会
经神易圣后世之师
（《圣教序》）

古画清香长天大日
名师益友盛业高文
（《争坐位帖》）

可以栖迟苍松古石
不知汉晋无怀葛天
（《争坐位帖》）

左有少游右有与可
昔为次山后为天随
（《兰亭序》）

左咏临流毕觞尽日
期情尽水列趣当风
（《兰亭序》）

右丞之作蜀得深秀
左徒既放乃为辞章
（《石鼓文》）

石门隆高涂出四域
海道通达利受八基
（《石门颂》）

石勒心受汉高祖命
子由躬上韩太尉书
（《曹全碑》）

石梁悬流上通天汉
海门出日光炳大荒
（《石门颂》）

本纪世家迁书是祖
子虚上林汉文所宗
（《张迁碑》）

平仲与人久而能敬
子产为政严以济宽
（《郑文公碑》）

龙门为文踔越西汉
麟士所学高出南朝
（《汉碑》）

东山相才西山理学
大雅纯粹小雅温柔
（《多宝塔碑》）

龙门纪传独抒见解
麟台文学共仰声华
（《礼器碑》）

东作西成万民足用
安内治外四夷来王
（《张迁碑》）

龙起南阳孔明辅汉
云从东野退之言诗
（《张迁碑》）

东作西成日用自足
父犁子种天性独全
（《张迁碑》）

龙起南阳孔明辅汉
鸿宿中野宣王兴周
（《张迁碑》）

东海如福南山比寿
庆云和降淑日昭光
（《礼器碑》）

平山利骑遣此秋兴
垂杨荫流荡厥春情
（《石门颂》）

东海桑田神仙狡狯
丹沙白石高士清修
（《麻姑仙坛记》）

平子二京文章震铄
长公判事司牧风流
（《尹宙碑》）

东鲁雅言诗书是尚
西京文字渊云为长
（《张迁碑》）

平子两京文章宗尚
高堂三礼圣业门涂
（《争坐位帖》）

北平之游射虎为乐
西人大猎献豜于公
（《石鼓文》）

平易通经屈曲方子
清高若秋和丽则春
（《石门颂》）

北平用武开弦决石
定远纪功刊山勒铭
（《张迁碑》）

北海文章推为绝调
西平忠义遂辅中兴
（《石门颂》）

北海奉尊贤德无极
南山上颂荣名所归
（《石门颂》）

归于江湖爰得其所
铭之金石长毋相忘
（《爨宝子碑》）

出处乃士人之大节
福寿惟德望以比崇
（《史晨碑》）

四子言如天清日永
六朝文若花放水流
（《石鼓文》）

四世传经是谓通德
一门训善惟以永年
（《争坐位帖》）

四望云山一尊风月
百年事业千古文章
（《华山碑》）

仙佛因缘名山慧业
明良际会盖世宏图
（《争坐位帖》）

仙侣相于得之丹篆
词流不朽铭以岁华
（《瘗鹤铭》）

仙侣留真表之丹篆
江山得势铭以洪词
（《瘗鹤铭》）

仙阙玉堂风云所会
故人瑶札河汉相望
（《华山碑》）

白也风流与神人等
退之文字为学者宗
（《曹全碑》）

白鱼兴周黄龙兆汉
卿云焕月丽日光天
（《张迁碑》）

白起用师横行七国
平原重友独高四君
（《张迁碑》）

令节芳辰会成康吉
和风甘雨备致嘉祥
（《华山碑》）

令名显扬咏歌朝野
清操高洁放浪江湖
（《爨宝子碑》）

令德光华晖流珠玉
至名显赫远溢徽山
（《醴泉铭》）

用武安君可平戎狄
排文俗吏以立功勋
（《张迁碑》）

乐天咏怀感慨无极
若兰寄外情文相生
（《兰亭序》）

立功德言有三不朽
尚齿爵位无一非尊
（《争坐位帖》）

乐云乐云今古一也
水哉水哉左右流之
（《兰亭序》）

立德立功大人之事
有为有守治世所珍
（《张迁碑》）

乐以和之人情斯畅
咸者感也气类相因
（《兰亭序》）

立德立功大人之事
多才多艺治世所珍
（《张迁碑》）

乐吾硕人古道可处
泛彼流水深花自逢
（《石鼓文》）

立德立功居之以敬
友直友谅尊其所闻
（《争坐位帖》）

乐哉斯游仰见明月
超然有悟时闻清钟
（《圣教序》）

兰有群清竹无一曲
山同人朗水与情长
（《兰亭序》）

乐浪无终尽有游迹
云亭日观是生古怀
（《兰亭序》）

兰信有期当春齐放
竹怀无曲至老犹虚
（《兰亭序》）

乐感人情若在山水
文得春风无所古今
（《兰亭序》）

汉世所重者二千石
斯人之生应五百年
（《华山碑》）

处则爱身出则宣力
恭以执事俭以居家
（《尹宙碑》）

汉世镜铭长宜官爵
周代石鼓载咏车工
（《汉碑》）

立人之道曰仁曰义
本诗为教以雅以南
（《张迁碑》）

礼制昭垂诸侯圭璧
乐章损益六代宫商
（《华山碑》）

寺经三到为文长老
方遗千金是孙真人
（《史晨碑》）

吏部能文参光日月
古圣舍己若决江河
（《史晨碑》）

老竹一林大有生气
流水九曲合得幽人
（《兰亭序》）

臣朔敢言明主见重
冯异大度汉廷具瞻
（《史晨碑》）

老竹当天清阴可托
春兰在室和气所生
（《兰亭序》）

在山流清出山流浊
十年树木百年树人
（《爨龙颜碑》）

老将引弦犹骋盛气
少时作文无为陈言
（《兰亭序》）

在水在山乐以永日
不齐不惠生当清时
（《兰亭序》）

老屋三间可蔽风雨
空山一士独注离骚
（《祀三公山碑》）

有大度人一空城府
望正学出无异凤麟
（《史晨碑》）

臣守官方同寅攸系
友用义合君子终臧
（《张表碑》）

有水有山登游无极
载歌载舞风月长新
（《华山碑》）

西方不数声闻外道
吾人所重通书西铭
（《张迁碑》）

有守有为德行强固
已安已治朝政清明
（《西狭颂》）

西望成都子云亭古
秋来大华通德门高
（《华山碑》）

有教无类与其进也
中道而立能者从之
（《麻姑仙坛记》）

吏部为文尽本周孔
子长修史不异春秋
（《史晨碑》）

成功退隐有范少伯
长命出世为黄初平
（《张迁碑》）

列纪陈纲是王者政
安仁布义与圣人居
（《曹全碑》）

光阴往来文通深致
山水纪载安石余风
（《华山碑》）

列坐引觞人生极乐
以风激水宇内至文
（《兰亭序》）

当大事不可有暮气
遇知己无故为虚文
（《兰亭序》）

毕生所长岂集在古
闲情自托亦不犹人
（《兰亭序》）

当极乐时不可尽兴
得静观趣足以引年
（《兰亭序》）

毕觞娱天内有至乐
迁文问世后无齐能
（《兰亭序》）

同人初九遇合在外
乐当大万古茂可观
（《兰亭序》）

至人之怀无可不可
时流所述其然岂然
（《兰亭序》）

曲室临山自然抱合
长天映水有此清虚
（《兰亭序》）

至人不言天地在抱
贤者有作世宙大兴
（《兰亭序》）

曲策高文导扬盛美
重山流水怡养安和
（《醴泉铭》）

至人所临万类咸若
贤者之大九流会同
（《兰亭序》）

因事感怀文人所乐
无知妄作贤者不为
（《兰亭序》）

至道无名放乎四海
嘉宾携手集于中庭
（《爨宝子碑》）

岁时若流古今异趣
天地为室俯仰同怀
（《兰亭序》）

至察至清人情不与
立功立德君子之基
（《石门颂》）

岁事有秋黄云在野
山光将莫素月流天
（《爨宝子碑》）

岂可于斯世求知己
或当与古人共风期
（《兰亭序》）

自南自北八方清晏
无春无秋四序和平
（《石门颂》）

朱石亭前浮于真侣
黄华山下集此仙禽
（《瘗鹤铭》）

传世大文不使摩灭
斯人高节自冠古今
（《华山碑》）

年得彭长气由老化
风因列聘曲合期听
（《兰亭序》）

传世之文曰经史子
先民有作立德功言
（《尹宙碑》）

先民所谓知人不诈
经典若曰官事有常
（《西狭颂》）

仲文长卿风气自近
退之东野云龙相从
（《张迁碑》）

竹气初流山宁若古
兰言相晤春永于年
（《兰亭序》）

华下藏阴亭前浮爽
留惟真侣集亦仙禽
（《瘗鹤铭》）

竹引清风当坐者乐
水抱和气于时为春
（《兰亭序》）

华朱杨黄事得真宰
江流山掩家藏篆铭
（《瘗鹤铭》）

竹荫在地日长若岁
林气映天水静于人
（《兰亭序》）

华阴之下茂留仙侣
江流以外仿佛君家
（《瘗鹤铭》）

迁且能良斯为利器
进常思退其惟哲人
（《张迁碑》）

伊尹以天下为己任
孔子作春秋正人心
（《郑文公碑》）

迁固司文惠列殊抱
管乐佐世老彭引年
（《兰亭序》）

似水官清闲云松岭
有年民喜灵雨桑田
（《麻姑仙坛记》）

后有万年坐当虚左
目无一世事不因人
（《兰亭序》）

安石嘉名文渊卓识
君平易理元常隶书
（《石门颂》）

行古五礼用三足爵
与人一心得二目鱼
（《争坐位帖》）

安国传书说经义古
乐天纪事风世辞新
（《华山碑》）

合室能文自是盛事
放生为乐可得大年
（《兰亭序》）

字重千金身通六艺
才高五岳位陟三台
（《张表碑》）

危山无石自显德峻
平桥有霜故知秋深
（《石门颂》）

字湛辞新光华焕发
行芳志馥才德兼长
（《张表碑》）

名挺七松贞乎素抱
香流五桂生有仙根
（《圣教序》）

农织丰登人民给足
工商云布朝野风清
（《曹全碑》）

妄诞不生虚无视事
幽闲自得清净为修
（《兰亭序》）

农家之事一本二力
丰年所得百谷千仓
（《史晨碑》）

兴所至虽万言不尽
文之茂在一气相生
（《兰亭序》）

妙画通灵异书独见
名花解语古石不言
（《汉碑》）

守礼好义惟古直道
立威经武为国长城
（《西狭颂》）

如来示经欢悦咏叹
阿难涉世福德因缘
（《西狭颂》）

安石出山能兴晋国
渊明退隐不拜督邮
（《张迁碑》）

好士若龙须知真似
望云如马莫定东西
（《麻姑仙坛记》）

观化天人放怀宇宙
寄情山水极目林亭
（《兰亭序》）

观书要能自出见解
处世无过善体人情
（《多宝塔碑》）

远源之富奕世之美
育善以和奖干以贞
（《崔敬邕碑》）

孝弟于家忠謇于国
进退有道新旧有恩
（《张迁碑》）

志在四方彰其令德
手携一集质于通人
（《爨宝子碑》）

志托慈良万福所会
心怀利济众善之门
（《争坐位帖》）

花柳禽鱼四时乐事
文章道德一代贤人
（《石鼓文》）

芳丽为文兰成孝穆
山林能事北苑巨然
（《张迁碑》）

芳树千章祖父所种
旧书万本子孙是遗
（《张迁碑》）

芳树千章崇兰万本
平野百里高山九重
（《张迁碑》）

轩然大波作于水上
幽绝古月映出亭间
（《峿台铭》）

时无作者俯仰今昔
古之大贤和同天人
（《兰亭序》）

时鸟变声名家诗思
神龙无迹绝世文心
（《麻姑仙坛记》）

时时与君子共游处
事事以古人为道师
（《石鼓文》）

时事迁流今犹古若
天怀欣畅己与人同
（《兰亭序》）

时然后言岂流于躁
乐不可极暂遇所欣
（《兰亭序》）

听风弦外若陈古乐
观山水间以畅天怀
（《兰亭序》）

我佛所宗真如贝叶
众经之长妙法莲花
（《争坐位帖》）

我思古人心有独得
世有作者功不敢居
（《争坐位帖》）

每年一集自为目录
终日万觞以娱情怀
（《兰亭序》）

每怀古人自知不足
即生斯世岂能无为
（《兰亭序》）

作圣功夫正心诚意
立身事业致知力行
（《争坐位帖》）

作圣述明道备礼乐
周谘博览学究天人
（《郑文公碑》）

作者之文古异畅茂
少年为人放诞风流
（《兰亭序》）

伯阳所言其宝曰啬
孔子之道惟在于时
（《张迁碑》）

余九余三年臻大有
让畔让路世极承平
（《史晨碑》）

坐有清言犹听万古
人能和气可得永年
（《兰亭序》）

坐华举杯抚松步月
背石观瀑刻竹题诗
（《麻姑仙坛记》）

应龙飞天所在变化
神鸟仪世其音归昌
（《张猛龙碑》）

间日一觞能乐所乐
春山九曲自然而然
（《兰亭序》）

怀勺饮河游鱼吹水
长松点露明月当春
（《张猛龙碑》）

怀古述今不无欣感
言情叙事自有短长
（《兰亭序》）

怀若水清品同山静
文随年老情与春长
（《兰亭序》）

怀若竹虚品同兰静
情与古会气为春和
（《兰亭序》）

快哉当风可以长坐
知者乐水自是清流
（《兰亭序》）

良玉润珠精神流照
吉金乐石左右交辉
（《醴泉铭》）

良平才知是兴汉代
渊骞德行独高孔门
（《张迁碑》）

灵雨洗觚空明自在
长风荡水图画天生
（《礼器碑》）

良知良能先师所教
天问天对才人之文
（《张迁碑》）

张绪少年风流相耀
终军弱冠才志已彰
（《爨宝子碑》）

初日幽兰生阴水曲
少室大竹合抱林间
（《兰亭序》）

张掾秋风兴思故国
山阴春日会集古亭
（《华山碑》）

初阳出林芳树丽景
明月在野高天起风
（《张迁碑》）

陈年为将长万在列
左贤怀化大毕向风
（《兰亭序》）

初念长明如暴之日
一成不动所乐者山
（《峄山碑》）

阳春曲高阳秋辞属
大荒经异大汉文隆
（《石门颂》）

君子无为得时则驾
圣人复起不变斯言
（《麻姑仙坛记》）

纵横百家才大如海
安坐一室意古于天
（《争坐位帖》）

君子处事有忍乃济
儒者属辞既和且平
（《曹全碑》）

表事于前旌铭以后
相君真宰集侣不华
（《瘗鹤铭》）

君子修德无不获报
儒者明理奚为费辞
（《曹全碑》）

武乡于书惟览大略
退之原道自是高文
（《张迁碑》）

君父子臣纲纪以正
公侯将相邦国之光
（《张表碑》）

环佩葳蕤金碧炅晃
云龙气象日月光辉
（《多宝塔碑》）

取友尊师辅我不及
进德修业立身大端
（《争坐位帖》）

取诸怀知人己一致
足其气与天地同流
（《兰亭序》）

取静于山寄情于水
虚怀若竹清气若兰
（《兰亭序》）

若无定志安有定力
不见异人必得异书
（《争坐位帖》）

若知者行其所无事
故君子名之必可言
（《争坐位帖》）

若稽古初当仰贤者
放迹山水不事大人
（《兰亭序》）

茂林与游有咏于竹
曲室相会其言若兰
（《兰亭序》）

范少伯不容为文种
王景略安能如孔明
（《张迁碑》）

林曲岭幽文情相引
日初风古游兴不群
（《兰亭序》）

林竹未齐无幽人集
山兰初放有静者知
（《兰亭序》）

林荫清和兰言曲畅
流水今日修竹古时
（《兰亭序》）

林表月明诗人感事
山中雪落高隐闭门
（《张迁碑》）

林类古人清风斯在
乐欣贤者无事可稽
（《兰亭序》）

述古少游同时作者
无可齐己化外能文
（《兰亭序》）

述古喻今文无妄作
观天察地人不虚生
（《兰亭序》）

事共时迁云今月古
理通禅说山虚水深
（《华山碑》）

事固有群生所寄托
文不以一日为短长
（《兰亭序》）

奔日驱霾所以出众
渔麋射鲤其艺异人
（《石鼓文》）

披百家书如对端士
从三径友尚论古人
(《争坐位帖》)

招隐山林与物无竞
敷荣草木得气之先
(《郑文公碑》)

非礼之礼非义之义
大德不德大仁不仁
(《曹全碑》)

贤矣老彭述夫作者
大哉林放契于至人
(《兰亭序》)

贤者不以察察为知
圣人常守危危之心
(《石门颂》)

贤者修齐怀有至乐
清时将相天生异人
(《兰亭序》)

贤者修能无妄无躁
风人情致可兴可观
(《兰亭序》)

贤者修能终日不倦
清时遇合一岁九迁
(《兰亭序》)

贤者所为亦殊静躁
风人之所可以兴观
(《兰亭序》)

明月为光成于七宝
朝阳丽景声闻九苞
(《张迁碑》)

明月吐华得大自在
神龙出水作其之而
(《礼器碑》)

明月当空秋水一色
飞花绕户古香四时
(《多宝塔碑》)

明月清风思我良友
贞金吉石长宜子孙
(《尹宙碑》)

明月瑶京时闻仙乐
神山玉府中有古书
(《华山碑》)

明道流通胜于正叔
伯恭敦素雅善文公
(《张迁碑》)

明德新民不为独善
忠君孝父出自天良
(《张迁碑》)

固录迁文在古无右
所兰可竹得气之清
(《兰亭序》)

罗浮括苍神仙所宅
图书金石作述之林
(《争坐位帖》)

咏歌长年国风十五
剖析古义礼经三千
（《西狭颂》）

舍短取长期于集事
察言观气所以知人
（《兰亭序》）

垂杨荫涂成安平域
美稼乐利书大有年
（《石门颂》）

金玉其相斯人邈矣
山林自乐清风穆然
（《爨宝子碑》）

垂杨断桥春流自写
美木灵石秋山益清
（《石门颂》）

金石千声台阁万仞
云霞五色日月重华
（《醴泉铭》）

知昔日始可喻今者
观己事所以察未然
（《兰亭序》）

金石相宜阳襄流亚
四六之体王杨先传
（《尹宙碑》）

知和而和以礼为节
上德不德其道自高
（《汉碑》）

金检玉函河山辉映
书城墨海文字精神
（《多宝塔碑》）

和气所致九世同室
内视有得万年长生
（《兰亭序》）

金阙玉京景云覆盖
大河太岳中天英华
（《张猛龙碑》）

和气春生惠流万有
清天朗日乐及群怀
（《兰亭序》）

命世治民堂阶不下
正身帅属州里斯行
（《张表碑》）

秉义怀仁宣风自远
尊贤育德流泽无疆
（《崔敬邕碑》）

所居临流亲近泉石
有人载酒商定文章
（《曹全碑》）

岳峻极天河深载地
云兴触石月明在山
（《华山碑》）

周礼六官大兴至治
黄帝四相效灵明时
（《史晨碑》）

周郎立功能烧孟德
孔明出师先定南蛮
（《张迁碑》）

治国若鱼不扰为福
养民如马有害斯除
（《曹全碑》）

周原柞棫是为嘉树
栗里杨柳中有贤人
（《石鼓文》）

宝月卿云庆钟盛世
仁风惠泽化洽荒隅
（《崔敬邕碑》）

周情孔思皆出天德
圣功王道壹本至诚
（《史晨碑》）

宝相朝荣文无晏丽
都梁晓静玉斗春开
（《石门颂》）

周鼎秦爵南金北石
春山夏云和雨惠风
（《曹全碑》）

宝镜当空见诸佛相
清钟触夜悟上乘禅
（《圣教序》）

鱼有百金乃泽国长
爵唯三足自日中来
（《争坐位帖》）

定远功勋自在万里
渊明文字长于五言
（《张迁碑》）

忽指月光犹有我相
自命书品为无佛尊
（《争坐位帖》）

诗分南雅迄于殷颂
史继春秋出自汉兴
（《尹宙碑》）

怪石硐磳半出水底
奇峰掩映悉当户前
（《浯台铭》）

诗颂殷周史纪秦汉
贤相文富勋臣良平
（《尹宙碑》）

法雨行龙仙云戏鹤
崇岩县瀑高岭垂松
（《麻姑仙坛记》）

建德立言自表高节
敦纯守素独遗世荣
（《张迁碑》）

学养有成家修廷献
纪纲既立经正民兴
（《史晨碑》）

居鲁国中乃知周礼
繇汉世后复见雄文
（《汉碑》）

录所作文不快时目
品其为人能齐古贤
（《兰亭序》）

居守安宅行依正路
门承旧德家有赐书
（《史晨碑》）

弥望万定顿成庐井
不远千里来谒门墙
（《史晨碑》）

细石平流游鱼可数
小山芳树珍禽时来
（《张迁碑》）

终日静修躁情自化
随时欣遇和气若春
（《兰亭序》）

经史之泽可以及后
道德既高因而显亲
（《峄山碑》）

经著上天分野可数
惠流下国利泽攸长
（《峄山碑》）

契天地事万殊一致
会古今文贤者同群
（《兰亭序》）

春日删经秋日演象
十年种梓百年养人
（《史晨碑》）

春风无色激水生浪
大地自宁长日即清
（《兰亭序》）

春风感人有形无迹
后贤怀古异世同情
（《兰亭序》）

春发其华秋结其实
陈义以乐宣德以诗
（《郑文公碑》）

春至无形因时生迹
天长不老以古为年
（《兰亭序》）

春社归来三爵毕饮
秋成纪节百谷际天
（《史晨碑》）

春酒壶尊犹存生趣
古书千本以尽天年
（《史晨碑》）

珍重景光从容文雅
平章风月仁爱禽鱼
（《张迁碑》）

封禅大文重若璆璧
云门高会时逢仙灵
（《华山碑》）

草木华发春光既达
山河辉曜地道能贞
（《郑文公碑》）

荡荡江流亭阴方午
重重山势石上流丹
（《瘗鹤铭》）

南风五弦大足民用
东方七宿近考天时
（《张迁碑》）

南阳孔明大名不朽
东里子产仁政在民
（《郑文公碑》）

相此洪流浮华不事
集乎仙侣真宰惟留
（《瘗鹤铭》）

相期以来是有真迹
所思不远若为平生
（《圣教序》）

相遇无言流水今日
不期而至清风故人
（《兰亭序》）

树谷鱼蚕啬夫是务
山林风月高隐所归
（《张迁碑》）

要言中尔说言谓尔
颠者辅之倾者匡之
（《石门颂》）

残石临丞相臣斯字
名山续司马子长文
（《曹全碑》）

皆有四端尽本一德
毕除三害从事六经
（《史晨碑》）

临水游山若其天放
左丝右竹尽得风流
（《兰亭序》）

临陈生得宇文化及
在世无为长乐老人
（《兰亭序》）

临类咸和取诸无妄
随时观感咸与同人
（《兰亭序》）

品为世迁是内不足
文与天遇得气之清
（《兰亭序》）

品乐言文一时之盛
引弦临陈万夫不当
（《兰亭序》）

品仰咸贤怀齐管乐
文崇迁固年永老彭
（《兰亭序》）

品重圭璧辞高坛宇
望崇山岳气载风云
（《华山碑》）

思不称己事有八九
望可与人言无二三
（《史晨碑》）

勋盖南阳文综西蜀
辞雄子建赋拟相如
（《曹全碑》）

钟磬元言鲁王宫宅
笾豆礼器孔子庙堂
（《礼器碑》）

香谷春长神仙福地
玉堂风定歌舞芳辰
（《华山碑》）

重仞高墙树根贞固
汪洋巨海器重宏深
（《华山碑》）

和乃不同君子之德
定而后安大学所先
（《曹全碑》）

和惠政声比于春日
邕容器识穆如清风
（《郑文公碑》）

种树成荫艺兰近石
对云思友就月披书
（《张迁碑》）

秋天月明璧能光夜
春空日上玉自生烟
（《史晨碑》）

秋日登高孟嘉清兴
春朝听曲仲若渊情
（《石门颂》）

秋月一轮春山半壁
名花四面精舍三楹
（《多宝塔碑》）

修之自长察之自在
言者能信感者能贤
（《兰亭序》）

修竹抱山春亭映水
幽兰得地虚室当风
（《兰亭序》）

修辞立诚文字所祖
擎祥敛福子孙其侯
（《华山碑》）

皇降之初维斯四德
天开于一乃有六书
（《峄山碑》）

追古思今道在作者
登高望远时复乐之
（《峄山碑》）

律有定制文无定式
史著阳秋叙纪阳春
（《史晨碑》）

食先举案学成伏案
书坐百城字守长城
（《史晨碑》）

独坐堂阶天高月满
忽披书本古到今来
（《争坐位帖》）

亭于山家华石相得
君乃仙侣旌币以征
（《瘗鹤铭》）

美人西方文士西蜀
先生南郭丞相南阳
（《曹全碑》）

亭不必高嵌松则古
石焉能怪得竹乃幽
（《峿台铭》）

美利不言国乃大治
书香克守家自长延
（《史晨碑》）

亭古竹幽月清若水
山深人鲜日长如年
（《峿台铭》）

前代礼乐本原功德
自古山岳配位乾坤
（《华山碑》）

亭后华阴亭前仙侣
山下石集山外江流
（《瘗鹤铭》）

前后留真藏山不朽
上下相得江表惟宁
（《瘗鹤铭》）

敦仁秉德并受其福
修礼陈义乃获有年
（《曹全碑》）

洪流荡前得此爽垲
集词不朽藏之仙山
（《瘗鹤铭》）

帝德王犹光天化日
周情孔思义路礼门
（《史晨碑》）

室内生春怀虚修竹
林间得趣气静崇兰
（《兰亭序》）

帝德光华堂隆松栋
臣躬扬对辞继柏梁
（《张表碑》）

室有管弦大是乐事
人无风趣岂得长生
（《兰亭序》）

养生有本惟重修道
守家之主端在节流
（《史晨碑》）

冠世英姿长驾远御
清门重望显姓扬名
（《爨龙颜碑》）

养性收心修身存志
高爵厚禄载福永年
（《曹全碑》）

冠世殊勋勒之乐石
一朝良辅载以后车
（《爨龙颜碑》）

神化无方及物自富
仁声所至与人胥春
（《郑文公碑》）

莲叶东西仙源今古
烟云空旷风月因缘
（《圣教序》）

神龙出渊云黄天紫
若木分景岩焕壑宣
（《张猛龙碑》）

莫莫高山有如泰古
攸攸白日可作长年
（《峄山碑》）

诵康成经纪大家史
作野王乐刻献之书
（《峄山碑》）

桂花开时香雪成海
月轮高处广寒有宫
（《圣教序》）

诵道德经如亲古史
著金石略能纪皇初
（《峄山碑》）

桂实万年食之不老
兰花时秀嘉其清芳
（《张猛龙碑》）

既然得水岂可无竹
时或观山亦当有亭
（《兰亭序》）

桂露莲波色香世界
松风花雨卉木精神
（《圣教序》）

屋后远山门前流水
农父赐酒童子贡鱼
（《曹全碑》）

桥仁扬荣执礼弗失
渊明乐天属辞自然
（《石门颂》）

参军言鱼自况高志
少伯闻犬心知异人
（《争坐位帖》）

夏鼎周彝流传奕世
高文大册发扬国光
（《崔敬邕碑》）

绝壁洄潭无非胜异
长松小竹毕皆幽奇
（《峿台铭》）

真宰相得未表乎外
词华不朽乃藏于山
（《瘗鹤铭》）

秦世诏书刻辞勒石
汉宫文字长生延年
（《华山碑》）

栗里黄花古趣可涉
柳荫白日清游自逢
（《石鼓文》）

砥砺其行广大其器
礼乐斯悦诗书斯敦
(《华山碑》)

高不抑埤冠山三石
静而后动面壁十年
(《西狭颂》)

爽垲此得厥流惟下
浮华不事真宰乃洪
(《瘗鹤铭》)

高台九重大石对立
游鱼三五文禽数声
(《张迁碑》)

峰阙云开晓声时发
水明雪净清光大来
(《张猛龙碑》)

高阁朝阳寅宾出日
远邮趋化徒骑连云
(《西狭颂》)

峻抱在山揽兴无极
流年若水观化自娱
(《兰亭序》)

涉历八荒纪纲百度
光明六合藕朗千年
(《石门颂》)

特禀清贞少播令誉
人参彝叙出佐边戎
(《崔敬邕碑》)

海风吹云变化万体
华月流影光明八方
(《张猛龙碑》)

称大方家在古作者
明四始义能长言之
(《峄山碑》)

流水长林大有闲地
春天日暮永怀故人
(《兰亭序》)

称颂古今请从群史
著明理道具在六经
(《峄山碑》)

流水长亭春风静宇
幽兰一室修竹万山
(《兰亭序》)

俯仰天人自得之乐
管领山水足畅幽怀
(《兰亭序》)

流水长亭幽兰一室
春风静宇修竹万山
(《兰亭序》)

高士谭经大方家数
美人佳色绝世神光
(《麻姑仙坛记》)

流水今日相喻无事
清风故人不期而来
(《兰亭序》)

流水高山素心以喜
金风玉露化国有年
（《张猛龙碑》）

能明能强成功壹也
为上为下直道从之
（《峄山碑》）

流水激弦仰与古会
清风在坐畅若天游
（《兰亭序》）

能致其功修己以敬
无纵我欲畏天之威
（《争坐位帖》）

浪游曾至大室少室
临陈生致左贤右贤
（《兰亭序》）

通达人情有如雅颂
纲纪世事无若春秋
（《石门颂》）

家国身心修其在我
功名富贵定之自天
（《争坐位帖》）

通达诗书纂序今古
平章华竹导引山川
（《麻姑仙坛记》）

宰乎真藏岁华以固
征于前事江表惟宁
（《瘗鹤铭》）

骋情万古抱趣一室
极目天外放怀人间
（《兰亭序》）

诸天清畅欣然在抱
万品和乐遇之于春
（《兰亭序》）

邕容和令辉曜累世
笃信直亮才略应时
（《郑文公碑》）

朗日和风世有静者
清修峻品古之贤人
（《兰亭序》）

教化所繇爱人以德
清静而治缘督为经
（《西狭颂》）

朗日映怀和春在抱
崇兰临水古竹当风
（《兰亭序》）

聆曲风自亭幽水会
怀虚趣得情至文生
（《兰亭序》）

陶令归来五子示矩
山公旌美一字流芳
（《张表碑》）

黄人守日相臣正也
赤子观井行路忧之
（《史晨碑》）

黄云蔽野百谷斯贱
金风纪节万宝克成
（《张迁碑》）

黄叶半林所思不远
明月千里我劳如何
（《圣教序》）

黄华方胎丹禽爰集
亭阴未午仙侣重留
（《瘗鹤铭》）

黄河西来乃出天汉
仓灵炳耀共仰文明
（《史晨碑》）

黄鹤下飞知报福事
白猿高笑来进寿丹
（《柳州罗池庙碑》）

乾坤四渎江淮河汉
春秋三家公谷左邱
（《史晨碑》）

桂花开时香雪成海
月轮高处广寒有宫
（《争坐位帖》）

盛世右文异类向化
清时无外九有同风
（《兰亭序》）

雪满千岩山高月小
春来万里水流花开
（《圣教序》）

辅汉高祖以除白帝
从黄石公拜受素书
（《张迁碑》）

辅弼帝王开明道德
崇尚孔孟浏览诗书
（《张迁碑》）

掷地有声当作金石
步虚无迹如行玉山
（《麻姑仙坛记》）

据榻燃香即同供佛
合目数息便是修真
（《争坐位帖》）

据德依仁制行独异
称经述典陈义甚高
（《郑文公碑》）

虚竹故人已殊群品
幽兰知己同尽一觞
（《兰亭序》）

虚能引和静能生悟
仰以察古俯以观今
（《兰亭序》）

虚斯能崇静斯能永
清不至激和不至流
（《兰亭序》）

崇兰一山短竹列坐
清流引带和风激弦
（《兰亭序》）

崇兰受风素芬自远
野棠如雪丽景方开
（《张迁碑》）

得天之和有惠在抱
述古不倦与彭齐年
（《兰亭序》）

崇竹次修时贤集咏
幽兰齐放春日观山
（《兰亭序》）

得古尊彝可正史误
收名书画以作家传
（《争坐位帖》）

铭篆词华藏之不朽
江亭山石裹以洪流
（《瘗鹤铭》）

得石空灵故应一拜
延月畅饮可作三人
（《史晨碑》）

犁黄龙府为我郡县
刊贺兰山以铭武功
（《张迁碑》）

得此山家乃留真宰
洪惟石相不事浮华
（《瘗鹤铭》）

假学士宅以光化里
表经生庐曰通德门
（《史晨碑》）

得此洪流华亦真侣
宁惟丹宰阴相君家
（《瘗鹤铭》）

得一以清乃至于道
无远不尽自畅其心
（《峿台铭》）

得自在天初无形相
游极乐地可以悟言
（《兰亭序》）

得一以清自无终极
遇群能化是为大同
（《兰亭序》）

康成经神唐宗人鉴
汉高亭长方朔岁星
（《华山碑》）

得大山铭余廿九字
砻之不石刻十三行
（《峿台铭》）

康降自天长乐无极
功争不日经始有成
（《峄山碑》）

得山者静得水者知
其仰无古其俯无今
（《兰亭序》）

惟春和丽万世所宝
有山清凉六朝之遗
（《石门颂》）

剪雪裁风裂云剖月
跨山超海刊石登峰
（《张猛龙碑》）

清气若兰虚怀当竹
乐情在水静趣同山
（《兰亭序》）

清风满怀朗月在抱
万虑皆息一尘不惊
（《争坐位帖》）

清品若兰虚怀当竹
乐情在水静气同山
（《兰亭序》）

清香画然数息淡定
满月出时寓心高明
（《争坐位帖》）

清酒雅歌百礼所祖
旷观达论二氏之言
（《郑文公碑》）

清宴初开才人忽到
名香始纵大月还来
（《争坐位帖》）

清游之地不异天宇
和气所在若坐春风
（《兰亭序》）

鸿鸣素秋相处于野
凤翔紫闼将宾乎王
（《爨宝子碑》）

渐鸿在天或三万里
牧羊之地历十九年
（《尹宙碑》）

淑日宣明卿云焕丽
文风广化善气通行
（《张迁碑》）

渊有愚溪山有愚谷
庭无恶木门无恶宾
（《西狭颂》）

深渊求鱼大罟所载
平原射虎硕弓自鸣
（《石鼓文》）

维钱有神祭以酒脯
与玉比德见其光明
（《史晨碑》）

琼质金相当时之宝
颂经风纬冠世而华
（《醴泉铭》）

斯文粹精铭之金石
其人秀挺发自湖山
（《爨宝子碑》）

鼓瑟风前会心在是
举觞月下乐意自知
（《汉碑》）

敬以直内义以方外
乐能和德礼能制行
（《郑文公碑》）

朝南便行真遂意事
日东而作有及时功
（《争坐位帖》）

集古之文能事未毕
得天者异其趣不穷
（《兰亭序》）

惠泽仁声温然春日
高怀峻节穆如清风
（《崔敬邕碑》）

集江表词藏山阴篆
得朱家爽留黄石真
（《瘗鹤铭》）

惠酒分醪与钱籴米
望山拜石举网得鱼
（《曹全碑》）

集灵游仙神歆其福
丰年大有民说无疆
（《华山碑》）

厥土惟宁江山不朽
浮家于此华石相留
（《瘗鹤铭》）

集群人文咸古作者
有一间室与竹同之
（《兰亭序》）

景行三明令德有谷
齐声八俊通才如林
（《张迁碑》）

禽丽九苞云征五色
器珍三雅书送双鱼
（《张迁碑》）

景略奇才声闻华夏
子卿大节远播遐荒
（《崔敬邕碑》）

鲁国二生无补旧学
司空表圣方是端人
（《史晨碑》）

践迹风诗楚惟正则
服膺夷惠汉有幼安
（《西狭颂》）

鲁国麟经作者至圣
西天象教立于世尊
（《史晨碑》）

遇世故人以和为得
驰形迹外有激而然
（《兰亭序》）

鲁恭作郡报政三异
宋公撰史华烛十行
（《郑文公碑》）

赐也言诗会心不远
羲之作字绝诣通玄
（《郑文公碑》）

童龀好学少而定志
贤王得士德以使人
（《曹全碑》）

道人风姿明可化月
诗致天出清如造冰
（《西狭颂》）

道义可风播为歌咏
孝弟之至通于神明
（《郑文公碑》）

道合天人以无用用
心有权度以不平平
（《争坐位帖》）

道别九流书通七略
诗崇二雅史负三长
（《张迁碑》）

道学源流六经诸子
文章辉耀三都二京
（《爨龙颜碑》）

道重九能书崇五教
风宣八节气化四时
（《张迁碑》）

道统相传孔颜所乐
礼仪大备周鲁之朝
（《汉碑》）

道望清高瞻如北斗
峰势硱磳峭若南山
（《唔台铭》）

道隆从隆惟我孔子
上德不德闻之伯阳
（《张迁碑》）

道德五千乃究其奥
礼仪三百为学所传
（《汉碑》）

道德不虚重在有用
忠孝无二出于良知
（《张迁碑》）

道德极高必登山若
名理难达与凿空同
（《石门颂》）

道镜日月宝是天爵
文鼓风雨方之人龙
（《礼器碑》）

温公相才远人佩德
永叔文伯后生之师
（《张迁碑》）

寒山拾得世曰尊者
龙渊太阿君为解人
（《石门颂》）

登山举杯傍松闻瀑
坐华望月背石观书
（《麻姑仙坛记》）

登高而思此乐万古
立言不袭自成一家
（《峄山碑》）

楚汉之先其惟广涉
嘉隆以降乃致天崇
（《西狭颂》）

辞有其祖河梁五字
思之所触少陵七歌
（《华山碑》）

嘉禾千仓斯惟甘露
安车四徼美哉国风
（《西狭颂》）

篆石山前浮华江上
丹禽爰集仙侣相留
（《瘗鹤铭》）

暮年为文自有老气
言情诸作尽在少时
（《兰亭序》）

简质无文山居乐事
少长有礼野处休风
（《爨宝子碑》）

暮年临觞会列九老
少时作文日得万言
（《兰亭序》）

简敕无多具四方事
杨柳之秀如六朝人
（《石鼓文》）

慕义怀仁深以歌咏
显烋扬烈树之风声
（《爨龙颜碑》）

新蘅当春初荷出水
长松万仞积石千寻
（《张猛龙碑》）

槛筑恒春金莲满地
城开不夜璧月当天
（《多宝塔碑》）

源泉有本过情者恶
泥涂而章写心之光
（《曹全碑》）

管坐不迁寄怀于静
彭年无极取乐及时
（《兰亭序》）

静观自得无时不乐
虚怀所契大地皆春
（《兰亭序》）

管领人间一山一水
叙录宇内快事快文
（《兰亭序》）

静坐引觞可以永日
浪游寄迹信足乐人
（《兰亭序》）

趣会万殊若合一契
少长咸集列叙时人
（《兰亭序》）

静得彭年和气所舍
流观向录作者之林
（《兰亭序》）

稽古右文崇于盛世
长言短咏得自风人
（《兰亭序》）

德义无官位而足重
文章勒金石以不刊
（《曹全碑》）

德义既高不慕爵禄
文章之美故有师承
（《曹全碑》）

德动弱渊风清若木
威行安息令肃斯宾
（《西狭颂》）

德秀时哲望高世族
玄契圣理道异恒儒
（《郑文公碑》）

德宾安西威行不夜
诗歌常武民化时雍
（《西狭颂》）

德焕光荣有同春日
威宣肃穆无异秋霜
（《张表碑》）

履曰天泽临曰地泽
大哉乾元至哉坤元
（《石门颂》）

羲和纪日常仪袭月
丞相大篆灵均楚辞
（《郑文公碑》）

豳国古风梁州明月
柴桑时雨颍川德星
（《华山碑》）

蹈德咏仁治登于古
化民善俗人游其天
（《张猛龙碑》）

及时为乐请自今日始
与世无争长如泰古初
（《峄山碑》）

气盛斯言无长短尽当
情至者文之风趣自生
（《兰亭序》）

今文与古文期其一是
无极为太极化可万殊
（《兰亭序》）

仙侣集朱亭势曰爽垲
篆铭旌黄石华表留真
（《瘗鹤铭》）

迁固之文叙事有生气
陈随以后作者无古风
（《兰亭序》）

其人为大彭诸稽以后
寄迹于山阴天目之间
（《兰亭序》）

其人在兰亭竹林以内
寄迹于会稽天目之间
（《兰亭序》）

其室清幽有初兰少竹
所抱朗畅若流水春山
（《兰亭序》）

家藏惟江表词华亭集
真侣乃丹阳尉黄石仙
（《瘗鹤铭》）

风兰抱和气观天不于管
水竹畅幽怀听风时在弦
（《兰亭序》）

玄币朱旌于此山征宰相
词流仙侣惟方外得真华
（《瘗鹤铭》）

在文同人有古作者之致
天生大可以不相得为贤
（《兰亭序》）

有时春不管其文得清气
无事日初长此风怀昔贤
（《兰亭序》）

华表禽荡阴宰乃真侣也
石留词江上集不亦仙乎
（《瘗鹤铭》）

轩然大波泛泛从石底出
清绝半月苍苍嵌松窦间
（《峿台铭》）

虚室足清气得趣觞咏外
能事尽放言骋怀山水间
（《兰亭序》）

一水长流春不尽及此盛年当述古
万山当坐风自清岂因短视不观天
（《兰亭序》）

道其道德其德义理自在
高者高下者下山泽攸分
（《峄山碑》）

游咏山林贤者然后乐此
怀抱天地至人足以当之
（《兰亭序》）

丹篆朱铭藏于此山以不朽
仙禽华石征之前事亦留真
（《瘗鹤铭》）

列竹抱弦托兴在亭阴水曲
引觞陈管放怀于日暮春初
（《兰亭序》）

林间生文无内虚古终日及
室仙有崇兰天竹万岁长春
（《兰亭序》）

溪畔行三四百步前有怪石
磴道高八九十尺下当洄潭
（《峿台铭》）

园乃甚小山亦不深颇得真意
食尚有肉衣则以布自称老人
（《石峪金刚经》）

咏怀诸作若齐陈若随若初盛
叙事之文为迁固为左为短长
（《兰亭序》）

大文得山水之趣清游无地不怀古
至人以今古为年春气有时能倦人
（《兰亭序》）

竹有虚怀得古趣倦向林荫抱春气
兰为清气足天和静于竹外引天风
（《兰亭序》）

作吏不论官阶惟时时念朝廷德意
居家别无事业只心心思祖父传言
（《争坐位帖》）

后日思今今复思古不如尽除此念
天下在国国乃在家其维自定于初
（《峄山碑》）

和风时与修兰遇此生无山水不乐
春气每于流水清其气与天地同春
（《兰亭序》）

重山裹后洪流荡前厥势乃相宁固也
方外留真仙尉集侣惟君得以仿佛之
（《瘗鹤铭》）

重山藏铭华石留词惟厥流丹相玄黄以不朽
江上浮家亭前集侣得此爽势乃仿佛乎真仙
（《瘗鹤铭》）

我愿置高阁尊藏班固史相如文右军书道子画取古来才人诚心尚友
世安得崇台挺立抗九疑凌太室拥天柱俯终南合当前名地纵目平瞻
（《争坐位帖》）

附 录

声律启蒙

车万育

上 卷

一 东

云对雨,雪对风,晚照对晴空。来鸿对去燕,宿鸟对鸣虫。三尺剑,六钧弓。岭北对江东。人间清暑殿,天上广寒宫。两岸晓烟杨柳绿,满园春色杏花红。两鬓风霜,途次早行之客;一蓑烟雨,溪边晚钓之翁。

沿对革,异对同。白叟对黄童。江风对海雾,牧子对渔翁。颜巷陋,阮途穷。冀北对辽东。池中濯足水,门外打头风。梁帝讲经同泰寺,汉皇置酒未央宫。尘虑萦心,懒抚七弦绿绮;霜华满鬓,羞看百炼青铜。

贫对富,塞对通。野叟对溪童。鬓皤对眉绿,齿皓对唇红。天浩浩,日融融。佩剑对弯弓。半溪流水绿,千树落花红。野渡燕穿杨柳雨,芳池鱼戏芰荷风。女子眉纤,额下现一弯新月;男儿气壮,胸中吐万丈长虹。

二　冬

春对夏，秋对冬。暮鼓对晨钟。观山对玩水，绿竹对苍松。冯妇虎，叶公龙。舞蝶对鸣蛩。衔泥双紫燕，课蜜几黄蜂。春日园中莺恰恰，秋天塞外雁雍雍。秦岭云横，迢递八千远路；巫山雨洗，嵯峨十二危峰。

明对暗，淡对浓。上智对中庸。镜奁对衣笥，野杵对村舂。花灼烁，草蒙茸。九夏对三冬。台高名戏马，斋小号蟠龙。手擘蟹螯从毕卓，身披鹤氅自王恭。五老峰高，秀插云霄如玉笔；三姑石大，响传风雨若金镛。

仁对义，让对恭。禹舜对羲农。雪花对云叶，芍药对芙蓉。陈后主，汉中宗。绣虎对雕龙。柳塘风淡淡，花圃月浓浓。春日正宜朝看蝶，秋风那更夜闻蛩。战士邀功，必借戈干成勇武；逸民适志，须凭诗酒养疏慵。

三　江

楼对阁，户对窗。巨海对长江。蓉裳对蕙帐，玉斝对银釭。青布幔，碧油幢。宝剑对金缸。忠心安社稷，利口覆家邦。世祖中兴延马武，桀王失道杀龙逄。秋雨潇潇，熳烂黄花都满径；春风袅袅，扶疏绿竹正盈窗。

旌对旆，盖对幢。故国对他邦。千山对万水，九泽对三江。山岌岌，水淙淙。鼓振对钟撞。清风生酒舍，皓月照书窗。阵上倒戈辛纣战，道旁系剑子婴降。夏日池塘，出没浴波鸥对对；春风帘幕，往来营垒燕双双。

铢对两，只对双。华岳对湘江。朝车对禁鼓，宿火对寒缸。青琐闼，碧纱窗。汉社对周邦。笙箫鸣细细，钟鼓响摐摐。主簿栖鸾名有览，治中展骥姓惟庞。苏武牧羊，雪屡餐于北海；庄周活鲋，水必决于西江。

四　支

茶对酒，赋对诗。燕子对莺儿。栽花对种竹，落絮对游丝。四目颉，一足夔。鸲鹆对鹭鸶。半池红菡萏，一架白荼蘼。几阵秋风能应候，一犁春雨甚知时。智伯恩深，国士吞变形之炭；羊公德大，邑人竖堕泪之碑。

行对止，速对迟。舞剑对围棋。花笺对草字，竹简对毛锥。汾水鼎，岘山碑。虎豹对熊罴。花开红锦绣，水漾碧琉璃。去妇因探邻舍枣，出妻为种后园葵。笛韵和谐，仙管恰从云里降；橹声咿哑，渔舟正向雪中移。

戈对甲，鼓对旗。紫燕对黄鹂。梅酸对李苦，青眼对白眉。三弄笛，一围棋。雨打对风吹。海棠春睡早，杨柳昼眠迟。张骏曾为槐树赋，杜陵不作海棠诗。晋士特奇，可比一斑之豹；唐儒博识，堪为五总之龟。

五　微

来对往，密对稀。燕舞对莺飞。风清对月朗，露重对烟微。霜菊瘦，雨梅肥。客路对渔矶。晚霞舒锦绣，朝露缀珠玑。夏暑客思欹石枕，秋寒妇念寄边衣。春水才深，青草岸边渔父去；夕阳半落，绿莎原上牧童归。

宽对猛，是对非。服美对乘肥。珊瑚对玳瑁，锦绣对珠玑。桃灼灼，柳依依。绿暗对红稀。窗前莺并语，帘外燕双飞。汉致太平三尺剑，周臻大定一戎衣。吟成赏月之诗，只愁月堕；斟满送春之酒，惟憾春归。

声对色，饱对饥。虎节对龙旗。杨花对桂叶，白简对朱衣。尨也吠，燕于飞。荡荡对巍巍。春暄资日气，秋冷借霜威。出使振威冯奉世，治民异等尹翁归。燕我弟兄，载咏棣棠韡韡；命伊将帅，为歌杨柳依依。

六　鱼

无对有，实对虚。作赋对观书。绿窗对朱户，宝马对香车。伯乐马，浩然驴。弋雁对求鱼。分金齐鲍叔，奉璧蔺相如。掷地金声孙绰赋，回文锦字窦滔书。未遇殷宗，胥靡困傅岩之筑；既逢周后，太公舍渭水之渔。

终对始，疾对徐。短褐对华裾。六朝对三国，天禄对石渠。千字策，八行书。有若对相如。花残无戏蝶，藻密有潜鱼。落叶舞风高复下，小荷浮水卷还舒。爱见人长，共服宣尼休假盖；恐彰己吝，谁知阮裕竟焚车。

麟对凤，鳖对鱼。内史对中书。犁锄对耒耜，畎浍对郊墟。犀角带，象牙梳。驷马对安车。青衣能报赦，黄耳解传书。庭畔有人持短剑，门前无客曳长裾。波浪拍船，骇舟人之水宿；峰峦绕舍，乐隐者之山居。

七　虞

金对玉，宝对珠。玉兔对金乌。孤舟对短棹，一雁对双凫。横醉眼，捻吟须。李白对杨朱。秋霜多过雁，夜月有啼乌。日暖园林花易赏，雪寒村舍酒难沽。人处岭南，善探巨象口中齿；客居江左，偶夺骊龙颔下珠。

贤对圣，智对愚。傅粉对施朱。名缰对利锁，挈榼对提壶。鸠哺子，燕调雏。石帐对郇厨。烟轻笼岸柳，风急撼庭梧。鸜眼一方端石砚，龙涎三炷博山炉。曲沼鱼多，可使渔人结网；平田兔少，漫劳耕者守株。

秦对赵，越对吴。钓客对耕夫。箕裘对杖履，杞梓对桑榆。天欲晓，日将晡。狡兔对妖狐。读书甘刺股，煮粥惜焚须。韩信武能平四海，左思文足赋三都。嘉遁幽人，适志竹篱茅舍；胜游公子，玩情柳陌花衢。

八 齐

岩对岫，涧对溪。远岸对危堤。鹤长对凫短，水雁对山鸡。星拱北，月流西。汉露对汤霓。桃林牛已放，虞坂马长嘶。叔侄去官闻广受，弟兄让国有夷齐。三月春浓，芍药丛中蝴蝶舞；五更天晓，海棠枝上子规啼。

云对雨，水对泥。白璧对玄圭。献瓜对投李，禁鼓对征鼙。徐稚榻，鲁班梯。凤翥对鸾栖。有官清似水，无客醉如泥。截发惟闻陶侃母，断机只有乐羊妻。秋望佳人，目送楼头千里雁；早行远客，梦惊枕上五更鸡。

熊对虎，象对犀。霹雳对虹霓。杜鹃对孔雀，桂岭对梅溪。萧史凤，宋宗鸡。远近对高低。水寒鱼不跃，林茂鸟频栖。杨柳和烟彭泽县，桃花流水武陵溪。公子追欢，闲骤玉骢游绮陌；佳人倦绣，闷欹珊枕掩香闺。

九 佳

河对海，汉对淮。赤岸对朱崖。鹭飞对鱼跃，宝钿对金钗。鱼圉圉，鸟喈喈。草履对芒鞋。古贤崇笃厚，时辈喜诙谐。孟训文公谈性善，颜师孔子问心斋。缓抚琴弦，像流莺而并语；斜排筝柱，类过雁之相挨。

丰对俭，等对差。布袄对荆钗。雁行对鱼阵，榆塞对兰崖。挑荠女，采莲娃。菊径对苔阶。诗成六义备，乐奏八音谐。造律吏哀秦法酷，知音人说郑声哇。天欲飞霜，塞上有鸿行已过；云将作雨，庭前多蚁阵先排。

城对市，巷对街。破屋对空阶。桃枝对桂叶，砌蚓对墙蜗。梅可望，橘堪怀。季路对高柴。花藏沽酒市，竹映读书斋。马首不容孤竹扣，车轮终就洛阳埋。朝宰锦衣，贵束乌犀之带；宫人宝髻，宜簪白燕之钗。

十 灰

增对损，闭对开。碧草对苍苔。书签对笔架，两曜对三台。周召虎，宋桓魋。阆苑对蓬莱。薰风生殿阁，皓月照楼台。却马汉文思罢献，吞蝗唐太冀移灾。照耀八荒，赫赫丽天秋日；震惊百里，轰轰出地春雷。

沙对水，火对灰。雨雪对风雷。书淫对传癖，水浒对岩隈。歌旧曲，酿新醅。舞馆对歌台。春棠经雨放，秋菊傲霜开。作酒固难忘曲糵，调羹必要用盐梅。月满庾楼，据胡床而可玩；花开唐苑，轰羯鼓以奚催。

休对咎，福对灾。象箸对犀杯。宫花对御柳，峻阁对高台。花蓓蕾，草根荄。剔藓对剜苔。雨前庭蚁闹，霜后阵鸿哀。元亮南窗今日傲，孙弘东阁几时开。平展青茵，野外茸茸软草；高张翠幄，庭前郁郁凉槐。

十一 真

邪对正，假对真。獬豸对麒麟。韩卢对苏雁，陆橘对庄椿。韩五鬼，李三人。北魏对西秦。蝉鸣哀暮夏，莺啭怨残春。野烧焰腾红烁烁，溪流波皱碧粼粼。行无踪，居无庐，颂成酒德；动有时，藏有节，论著钱神。

哀对乐，富对贫。好友对嘉宾。弹冠对结绶，白日对青春。金翡翠，玉麒麟。虎爪对龙鳞。柳塘生细浪，花径起香尘。闲爱登山穿谢屐，醉思漉酒脱陶巾。雪冷霜严，倚槛松筠同傲岁；日迟风暖，满园花柳各争春。

香对火，炭对薪。日观对天津。禅心对道眼，野妇对宫嫔。仁无敌，德有邻。万石对千钧。滔滔三峡水，冉冉一溪冰。充国功名当画阁，子张言行贵书绅。笃志诗书，思入圣贤绝域；忘情官爵，羞沾名利纤尘。

十二　文

家对国，武对文。四辅对三军。九经对三史，菊馥对兰芬。歌北鄙，咏南薰。迩听对遥闻。召公周太保，李广汉将军。闻化蜀民皆草偃，争权晋土已瓜分。巫峡夜深，猿啸苦哀巴地月；衡峰秋早，雁飞高贴楚天云。

欹对正，见对闻。偃武对修文。羊车对鹤驾，朝旭对晚曛。花有艳，竹成文。马燧对羊欣。山中梁宰相，树下汉将军。施帐解围嘉道韫，当垆沽酒叹文君。好景有期，北岭几枝梅似雪；丰年先兆，西郊千顷稼如云。

尧对舜，夏对殷。蔡惠对刘蕡。山明对水秀，五典对三坟。唐李杜，晋机云。事父对忠君。雨晴鸠唤妇，霜冷雁呼群。酒量洪深周仆射，诗才俊逸鲍参军。鸟翼长随，凤兮洵众禽长；狐威不假，虎也真百兽尊。

十三　元

幽对显，寂对喧。柳岸对桃源。莺朋对燕友，早暮对寒暄。鱼跃沼，鹤乘轩。醉胆对吟魂。轻尘生范甑，积雪拥袁门。缕缕轻烟芳草渡，丝丝微雨杏花村。诣阙王通，献《太平》十二策；出关老子，著《道德》五千言。

儿对女，子对孙。药圃对花村。高楼对邃阁，赤豹对玄猿。妃子骑，夫人轩。旷野对平原。匏巴能鼓瑟，伯氏善吹埙。馥馥早梅思驿使，萋萋芳草怨王孙。秋夕月明，苏子黄冈游绝壁；春朝花发，石家金谷启芳园。

歌对舞，德对恩。犬马对鸡豚。龙池对凤沼，雨骤对云屯。刘向阁，李膺门。唳鹤对啼猿。柳摇春白昼，梅弄月黄昏。岁冷松筠皆有节，春喧桃李本无言。噪晚齐蝉，岁岁秋来泣恨；啼宵蜀鸟，年年春去伤魂。

十四　寒

多对少，易对难。虎踞对龙蟠。龙舟对凤辇，白鹤对青鸾。风淅淅，露漙漙。绣毂对雕鞍。鱼游荷叶沼，鹭立蓼花滩。有酒阮貂奚用解，无鱼冯铗必须弹。丁固梦松，柯叶忽然生腹上；文郎画竹，枝梢倏尔长毫端。

寒对暑，湿对干。鲁隐对齐桓。寒毡对暖席，夜饮对晨餐。叔子带，仲由冠。郏鄏对邯郸。嘉禾忧夏旱，衰柳耐秋寒。杨柳绿遮元亮宅，杏花红映仲尼坛。江水流长，环绕似青罗带；海蟾轮满，澄明如白玉盘。

横对竖，窄对宽。黑志对弹丸。朱帘对画栋，彩槛对雕栏。春既老，夜将阑。百辟对千官。怀仁称足足，抱义美般般。好马君王曾市骨，食猪处士仅思肝。世仰双仙，元礼舟中携郭泰；人称连璧，夏侯车上并潘安。

十五　删

兴对废，附对攀。露草对霜菅。歌廉对借寇，习孔对希颜。山垒垒，水潺潺。奉璧对探镮。礼由公旦作，诗本仲尼删。驴困客方经灞水，鸡鸣人已出函关。几夜霜飞，已有苍鸿辞北塞；数朝雾暗，岂无玄豹隐南山。

犹对尚，侈对悭。雾髻对烟鬟。莺啼对鹊噪，独鹤对双鹇。黄牛峡，金马山。结草对衔环。昆山惟玉集，合浦有珠还。阮籍旧能为眼白，老莱新爱着衣斑。栖迟避世人，草衣木食；窈窕倾城女，云鬓花颜。

姚对宋，柳对颜。赏善对惩奸。愁中对梦里，巧慧对痴顽。孔北海，谢东山。使越对征蛮。淫声闻濮上，离曲听阳关。骁将袍披仁贵白，小儿衣着老莱斑。茅舍无人，难却尘埃生榻上；竹亭有客，尚留风月在窗间。

下　卷

一　先

晴对雨,地对天。天地对山川。山川对草木,赤壁对青田。郏鄏鼎,武城弦,木笔对苔钱。金城三月柳,玉井九秋莲。何处春朝风景好,谁家秋夜月华圆。珠缀花梢,千点蔷薇香露;练横树杪,几丝杨柳残烟。

前对后,后对先。众丑对孤妍。莺簧对蝶板,虎穴对龙渊。击石磬,观韦编。鼠目对鸢肩。春园花柳地,秋沼芰荷天。白羽频挥闲客坐,乌纱半坠醉翁眠。野店几家,羊角风摇沽酒旆;长川一带,鸭头波泛打鱼船。

离对坎,震对乾。一日对千年。尧天对舜日,蜀水对秦川。苏武节,郑虔毡。涧壑对林泉。挥戈能退日,持管莫窥天。寒食芳辰花烂漫,中秋佳节月婵娟。梦里荣华,飘忽枕中之客;壶中日月,安闲市上之仙。

二　萧

恭对慢,吝对骄。水远对山遥。松轩对竹槛,雪赋对风谣。乘五马,贯双雕。烛灭对香消。明蟾常彻夜,骤雨不终朝。楼阁天凉风飒飒,关河地隔雨潇潇。几点鹭鸶,日暮常飞红蓼岸;一双鸂鶒,春朝频泛绿杨桥。

开对落,暗对昭。赵瑟对虞韶。轺车对驿骑,锦绣对琼瑶。羞攘臂,懒折腰。范甑对颜瓢。寒天鸳帐酒,夜月凤台箫。舞女腰肢杨柳软,佳人颜貌海棠娇。豪客寻春,南陌草青香阵阵;闲人避暑,东堂蕉绿影摇摇。

班对马,董对晁。夏昼对春宵。雷声对电影,麦穗对禾苗。八千路,廿四桥。总角对垂髫。露桃匀嫩脸,风柳舞纤腰。贾谊赋成伤鹏鸟,周公诗就托鸱鸮。幽寺寻僧,逸兴岂知俄尔尽;长亭送客,离魂不觉黯然消。

三 肴

风对雅，象对爻。巨蟒对长蛟。天文对地理，蟋蟀对螵蛸。龙夭矫，虎咆哮。北学对东胶。筑台须垒土，成屋必诛茅。潘岳不忘秋兴赋，边韶常被昼眠嘲，抚养群黎，已见国家隆治；滋生万物，方知天地泰交。

蛇对虺，蜃对蛟。麟薮对鹊巢。风声对月色，麦穗对桑苞。何妥难，子云嘲。楚甸对商郊。五音惟耳听，万虑在心包。葛被汤征因仇饷，楚遭齐伐责包茅。高矣若天，洵是圣人大道；淡而如水，实为君子神交。

牛对马，犬对猫。旨酒对嘉肴。桃红对柳绿，竹叶对松梢。藜杖叟，布衣樵。北野对东郊。白驹形皎皎，黄鸟语交交。花圃春残无客到，柴门夜永有僧敲。墙畔佳人，飘扬竞把秋千舞；楼前公子，笑语争将蹴踘抛。

四 豪

琴对瑟，剑对刀。地迥对天高。峨冠对博带，紫绶对绯袍。煎异茗，酌香醪。虎兕对猿猱。武夫攻骑射，野妇务蚕缫。秋雨一川淇澳竹，春风两岸武陵桃。螺髻青浓，楼外晚山千仞；鸭头绿腻，溪中春水半篙。

刑对赏，贬对褒。钺斧对征袍。梧桐对橘柚，枳棘对蓬蒿。雷焕剑，吕虔刀。橄榄对葡萄。一椽书舍小，百尺酒楼高。李白能诗时秉笔，刘伶爱酒每餔糟。礼别尊卑，拱北众星常灿灿；势分高下，朝东万水自滔滔。

瓜对果，李对桃。犬子对羊羔。春分对夏至，谷水对山涛。双凤翼，九牛毛，主逸对臣劳。水流无限阔，山耸有余高。雨打村童新牧笠，尘生边将旧征袍。俊士居官，荣列鹓鸿之序；忠臣报国，誓殚犬马之劳。

五　歌

山对水，海对河。雪竹对烟萝。新欢对旧恨，痛饮对高歌。琴再抚，剑重磨。媚柳对枯荷。荷盘从雨洗，柳线任风搓。饮酒岂知欹醉帽，观棋不觉烂樵柯。山寺清幽，直踞千寻云岭；江楼宏敞，遥临万顷烟波。

繁对简，少对多。里咏对途歌。宦情对旅况，银鹿对铜驼。刺史鸭，将军鹅。玉律对金科。古堤垂亸柳，曲沼长新荷。命驾吕因思叔夜，引车蔺为避廉颇。千尺水帘，今古无人能手卷；一轮月镜，乾坤何匠用功磨。

霜对露，浪对波。径菊对池荷。酒阑对歌罢，日暖对风和。梁父咏，楚狂歌。放鹤对观鹅。史才推永叔，刀笔仰萧何。种橘犹嫌千树少，寄梅谁信一枝多。林下风生，黄发村童推牧笠；江头日出，皓眉溪叟晒渔蓑。

六　麻

松对柏，缕对麻。蚁阵对蜂衙。赪鳞对白鹭，冻雀对昏鸦。白堕酒，碧沉茶。品笛对吹笳。秋凉梧堕叶，春暖杏开花。雨长苔痕侵壁砌，月移梅影上窗纱。飒飒秋风，度城头之筚篥；迟迟晚照，动江上之琵琶。

优对劣，凸对窊。翠竹对黄花。松杉对杞梓，菽麦对桑麻。山不断，水无涯。煮酒对烹茶。鱼游池面水，鹭立岸头沙。百亩风翻陶令秫，一畦雨熟邵平瓜。闲捧竹根，饮李白一壶之酒；偶擎桐叶，啜卢仝七碗之茶。

吴对楚，蜀对巴。落日对流霞。酒钱对诗债，柏叶对松花。驰驿骑，泛仙槎。碧玉对丹砂。设桥偏送笋，开道竟还瓜。楚国大夫沉汨水，洛阳才子谪长沙。书箧琴囊，乃士流活计；药炉茶鼎，实闲客生涯。

七　阳

高对下，短对长。柳影对花香。词人对赋客，五帝对三王。深院落，小池塘。晚眺对晨妆。绛霄唐帝殿，绿野晋公堂。寒集谢庄衣上雪，秋添潘岳鬓边霜。人浴兰汤，事不忘于端午；客斟菊酒，兴常记于重阳。

尧对舜，禹对汤。晋宋对隋唐。奇花对异草，夏日对秋霜。八叉手，九回肠。地久对天长。一堤杨柳绿，三径菊花黄。闻鼓塞兵方战斗，听钟宫女正梳妆。春饮方归，纱帽半淹邻舍酒；早朝初退，衮衣微惹御炉香。

荀对孟，老对庄。亸柳对垂杨。仙宫对梵宇，小阁对长廊。风月窟，水云乡。蟋蟀对螳螂。暖烟香霭霭，寒烛影煌煌。伍子欲酬渔父剑，韩生尝窃贾公香。三月韶光，常忆花明柳媚；一年好景，难忘橘绿橙黄。

八　庚

深对浅，重对轻。有影对无声。蜂腰对蝶翅，宿醉对余酲。天北缺，日东生。独卧对同行。寒冰三尺厚，秋月十分明。万卷书容闲客览，一樽酒待故人倾。心侈唐玄，厌看霓裳之曲；意骄陈主，饱闻玉树之赓。

虚对实，送对迎。后甲对先庚。鼓琴对舍瑟，搏虎对骑鲸。金匼匝，玉玱琤。玉宇对金茎。花间双粉蝶，柳内几黄莺。贫里每甘藜藿味，醉中厌听管弦声。肠断秋闺，凉吹已侵重被冷；梦惊晓枕，残蟾犹照半窗明。

渔对猎，钓对耕。玉振对金声。雉城对雁塞，柳袅对葵倾。吹玉笛，弄银笙。阮杖对桓筝。墨呼松处士，纸号楮先生。露浥好花潘岳县，风搓细柳亚夫营。抚动琴弦，遽觉座中风雨至；哦成诗句，应知窗外鬼神惊。

九　青

红对紫，白对青。渔火对禅灯。唐诗对汉史，释典对仙经。龟曳尾，鹤梳翎。月榭对风亭。一轮秋夜月，几点晓天星。晋士只知山简醉，楚人谁识屈原醒。绣倦佳人，慵把鸳鸯文作枕；吮毫画者，思将孔雀写为屏。

行对坐，醉对醒。佩紫对纡青。棋枰对笔架，雨雪对雷霆。狂蛱蝶，小蜻蜓。水岸对沙汀。天台孙绰赋，剑阁孟阳铭。传信子卿千里雁，照书车胤一囊萤。冉冉白云，夜半高遮千里月；澄澄碧水，宵中寒映一天星。

书对史，传对经。鹦鹉对鹡鸰。黄茅对白荻，绿草对青萍。风绕铎，雨淋铃。水阁对山亭。渚莲千朵白，岸柳两行青。汉代宫中生秀柞，尧时阶畔长祥蓂。一枰决胜，棋子分黑白；半幅通灵，画色间丹青。

十　蒸

新对旧，降对升。白犬对苍鹰。葛巾对藜杖，涧水对池冰。张兔网，挂鱼罾。燕雀对鹏鲲。炉中煎药火，窗下读书灯。织锦逐梭成舞凤，画屏误笔作飞蝇。宴客刘公，座上满斟三雅爵；迎仙汉帝，宫中高插九光灯。

儒对士，佛对僧。面友对心朋。春残对夏老，夜寝对晨兴。千里马，九霄鹏。霞蔚对云蒸。寒堆阴岭雪，春泮水池冰。亚父愤生撞玉斗，周公誓死作金縢。将军元晖，莫怪人讥为饿虎；侍中卢昶，难逃世号作饥鹰。

规对矩，墨对绳。独步对同登。吟哦对讽咏，访友对寻僧。风绕屋，水襄陵。紫鹄对苍鹰。鸟寒惊夜月，鱼暖上春冰。扬子口中飞白凤，何郎鼻上集青蝇。巨鲤跃池，翻几重之密藻；颠猿饮涧，挂百尺之垂藤。

十一　尤

荣对辱，喜对忧。夜宴对春游。燕关对楚水，蜀犬对吴牛。茶敌睡，酒消愁。青眼对白头。马迁修史记，孔子作春秋。适兴子猷常泛棹，思归王粲强登楼。窗下佳人，妆罢重将金插鬓；筵前舞妓，曲终还要锦缠头。

唇对齿，角对头。策马对骑牛。毫尖对笔底，绮阁对雕楼。杨柳岸，荻芦洲。语燕对啼鸠。客乘金络马，人泛木兰舟。绿野耕夫春举耜，碧池渔父晚垂钩。波浪千层，喜见蛟龙得水；云霄万里，惊看雕鹗横秋。

庵对寺，殿对楼。酒艇对渔舟。金龙对彩凤，豮豕对童牛。王郎帽，苏子裘。四季对三秋。峰峦扶地秀，江汉接天流。一湾绿水渔村小，万里青山佛寺幽。龙马呈河，羲皇阐微而画卦；神龟出洛，禹王取法以陈畴。

十二　侵

眉对目，口对心。锦瑟对瑶琴。晓耕对寒钓，晚笛对秋砧。松郁郁，竹森森。闵损对曾参。秦王亲击缶，虞帝自挥琴。三献卞和尝泣玉，四知杨震固辞金。寂寂秋朝，庭叶因霜摧嫩色；沉沉春夜，砌花随月转清阴。

前对后，古对今。野兽对山禽。犍牛对牝马，水浅对山深。曾点瑟，戴逵琴。璞玉对浑金。艳红花弄色，浓绿柳敷阴。不雨汤王方剪爪，有风楚子正披襟。书生惜壮岁韶华，寸阴尺璧；游子爱良宵光景，一刻千金。

丝对竹，剑对琴。素志对丹心。千愁对一醉，虎啸对龙吟。子罕玉，不疑金，往古对来今。天寒邹吹律，岁旱傅为霖。渠说子规为帝魄，侬知孔雀是家禽。屈子沉江，处处舟中争系粽；牛郎渡渚，家家台上竞穿针。

十三　覃

千对百，两对三。地北对天南。佛堂对仙洞，道院对禅庵。山泼黛，水浮蓝。雪岭对云潭。凤飞方翙翙，虎视已眈眈。窗下书生时讽咏，筵前酒客日醺酣。白草满郊，秋日牧征人之马；绿桑盈亩，春时供农妇之蚕。

将对欲，可对堪。德被对恩覃。权衡对尺度，雪寺对云庵。安邑枣，洞庭柑。不愧对无惭。魏徵能直谏，王衍善清谈。紫梨摘去从山北，丹荔传来自海南。攘鸡非君子所为，但当月一；养狙是山公之智，止用朝三。

中对外，北对南。贝母对宜男。修池对浚井，谏苦对言甘。千取百，二为三。魏尚对周堪。海门翻夕浪，山市拥晴岚。新缔直投公子纻，旧交犹脱馆人骖。文达淹通，已叹冰兮寒过水；永和博雅，可知青者胜于蓝。

十四　盐

悲对乐，爱对嫌，玉兔对银蟾。醉侯对诗史，眼底对眉尖。风习习，雨绵绵。李苦对瓜甜。画堂施锦帐，酒市舞青帘。横槊赋诗传孟德，引壶酌酒尚陶潜。两曜迭明，日东生而月西出；五行式序，水下润而火上炎。

如对似，减对添。绣幕对朱帘。探珠对献玉，鹭立对鱼潜。玉屑饭，水晶盐。手剑对腰镰。燕巢依邃阁，蛛网挂虚檐。夺槊至三唐敬德，弈棋第一晋王恬。南浦客归，湛湛春波千顷净；西楼人悄，弯弯夜月一钩纤。

逢对遇，仰对瞻。市井对闾阎。投簪对结绶，握发对掀髯。张绣幕，卷珠帘。石碏对江淹。宵征方肃肃，夜饮已厌厌。心褊小人长戚戚，礼多君子屡谦谦。美刺殊文，备三百五篇诗咏；吉凶异画，变六十四卦爻占。

十五　咸

清对浊，苦对咸。一启对三缄。烟蓑对雨笠，月榜对风帆。莺睍睆，燕呢喃。柳杞对松杉。情深悲素扇，泪痛湿青衫。汉室既能分四姓，周朝何用叛三监。破的而探牛心，豪矜王济；竖竿以挂犊鼻，贫笑阮咸。

能对否，圣对贤。卫瓘对浑瑊。雀罗对鱼网，翠巘对苍岩。红罗帐，白布衫。笔格对书函。蕊香蜂竞采，泥软燕争衔。凶孽誓清闻祖逖，王家能乂有巫咸。溪叟新居，渔舍清幽临水岸；山僧久隐，梵宫寂寞倚云岩。

冠对带，帽对衫。议鲠对言谗。行舟对御马，俗弊对民岩。鼠且硕，兔多毚。史册对书缄。塞城闻奏角，江浦认归帆。河水一源形弥弥，泰山万仞势岩岩。郑为武公，赋缁衣而美德；周因巷伯，歌贝锦以伤谗。

笠翁对韵

李　渔

上　卷

一　东

天对地，雨对风。大陆对长空。山花对海树，赤日对苍穹。雷隐隐，雾蒙蒙。日下对天中。风高秋月白，雨霁晚霞红。牛女二星河左右，参商两曜斗西东。十月塞边，飒飒寒霜惊戍旅；三冬江上，漫漫朔雪冷鱼翁。

河对汉，绿对红。雨伯对雷公。烟楼对雪洞，月殿对天宫。云叆叇，日曈曚。蜡屐对渔篷。过天星似箭，吐魄月如弓。驿旅客逢梅子雨，池亭人挹藕花风。茅店村前，皓月坠林鸡唱韵；板桥路上，青霜锁道马行踪。

山对海，华对嵩。四岳对三公。宫花对禁柳，塞雁对江龙。清暑殿，广寒宫。拾翠对题红。庄周梦化蝶，吕望兆飞熊。北牖当风停夏扇，南檐曝日省冬烘。鹤舞楼头，玉笛弄残仙子月；凤翔台上，紫箫吹断美人风。

二　冬

晨对午，夏对冬。下饷对高舂。青春对白昼，古柏对苍松。垂钓客，荷锄翁。仙鹤对神龙。凤冠珠闪烁，螭带玉玲珑。三元及第才千顷，一品当朝禄万钟。花萼楼间，仙李盘根调国脉；沉香亭畔，娇杨擅宠起边风。

清对淡，薄对浓。暮鼓对晨钟。山茶对石菊，烟锁对云封。金菡萏，玉芙蓉。绿绮对青锋。早汤先宿酒，晚食继朝饔。唐库金钱能化蝶，延津宝剑会成龙。巫峡浪传，云雨荒唐神女庙；岱宗遥望，儿孙罗列丈人峰。

繁对简，叠对重。意懒对心慵。仙翁对释伴，道范对儒宗。花灼灼，草茸茸。浪蝶对狂蜂。数竿君子竹，五树大夫松。高皇灭项凭三杰，虞帝承尧殛四凶。内苑佳人，满地风光愁不尽；边关过客，连天烟草憾无穷。

三　江

奇对偶，只对双。大海对长江。金盘对玉盏，宝烛对银釭。朱漆槛，碧纱窗。舞调对歌腔。汉兴推马武，谏夏著龙逄。四收列国群王伏，三筑高城众敌降。跨凤登台，潇洒仙姬秦弄玉；斩蛇当道，英雄天子汉刘邦。

颜对貌，像对庞。步辇对徒杠。停针对搁笔，意懒对心降。灯闪闪，月幢幢。揽辔对飞艭。柳堤驰骏马，花院吠村尨。酒量微酣琼杏颊，香尘浅印玉莲蹤。诗写丹枫，韩女幽怀流御水；泪弹斑竹，舜妃遗恨积湘江。

四　支

泉对石，干对枝。吹竹对弹丝。山亭对水榭，鹦鹉对鸬鹚。五色笔，十香词。泼墨对传卮。神奇韩干画，雄浑李陵诗。几处花街新夺锦，有人香径淡凝脂。万里烽烟，战士边头争保塞；一犁膏雨，农夫村外尽乘时。

菹对醢，赋对诗。点漆对描脂。璠簪对珠履，剑客对琴师。沽酒价，买山资。国色对仙姿。晚霞明似锦，春雨细如丝。柳绊长堤千万树，花横野寺两三枝。紫盖黄旗，天象预占江左地；青袍白马，童谣终应寿阳儿。

箴对赞，缶对卮。萤照对蚕丝。轻裾对长袖，瑞草对灵芝。流涕策，断肠诗。喉舌对腰肢。云中熊虎将，天上凤麟儿。禹庙千年垂橘柚，尧阶三尺覆茅茨。湘竹含烟，腰下轻纱笼玳瑁；海棠经雨，脸边清泪湿胭脂。

争对让，望对思。野葛对山栀。仙风对道骨，天造对人为。专诸剑，博浪椎。经纬对干支。位尊民物主，德重帝王师。望切不妨人去远，心忙无奈马行迟。金屋闭来，赋乞茂陵题柱笔；玉楼成后，记须昌谷负囊词。

五　微

贤对圣，是对非。觉奥对参微。鱼书对雁字，草舍对柴扉。鸡晓唱，雉朝飞。红瘦对绿肥。举杯邀月饮，骑马踏花归。黄盖能成赤壁捷，陈平善解白登危。太白书堂，瀑泉垂地三千尺；孔明祀庙，老柏参天四十围。

戈对甲，幄对帏。荡荡对巍巍。严滩对邵圃，靖菊对夷薇。占鸿渐，卜凤飞。虎榜对龙旗。心中罗锦绣，口内吐珠玑。宽宏豁达高皇量，叱咤喑哑霸主威。灭项兴刘，狡兔尽时走狗死；连吴拒魏，貔貅屯处卧龙归。

衰对盛，密对稀。祭服对朝衣。鸡窗对雁塔，秋榜对春闱。乌衣巷，燕子矶。久别对初归。天姿真窈窕，圣德实光辉。蟠桃紫阙来金母，岭荔红尘进玉妃。灞上军营，亚父丹心撞玉斗；长安酒市，谪仙狂兴换银龟。

六　鱼

羹对饭，柳对榆。短袖对长裾。鸡冠对凤尾，芍药对芙蕖。周有若，汉相如。王屋对匡庐。月明山寺远，风细水亭虚。壮士腰间三尺剑，男儿腹内五车书。疏影暗香，和靖孤山梅蕊放；轻阴清昼，渊明旧宅柳条舒。

吾对汝，尔对余。选授对升除。书籍对药柜，耒耜对耰锄。参虽鲁，回不愚。阀阅对阎闾。诸侯千乘国，命妇七香车。穿云采药闻仙犬，踏雪寻梅策蹇驴。玉兔金乌，二气精灵为日月；洛龟河马，五行生克在图书。

欹对正，密对疏。囊橐对苞苴。罗浮对壶峤，水曲对山纡。骖鹤驾，待鸾舆。桀溺对长沮。搏虎卞庄子，当熊冯婕妤。南阳高士吟梁父，西蜀才人赋子虚。三径风光，白石黄花供杖履；五湖烟景，青山绿水在樵渔。

七　虞

红对白，有对无。布谷对提壶。毛锥对羽扇，天阙对皇都。谢蝴蝶，郑鹧鸪。蹈海对归湖。花肥春雨润，竹瘦晚风疏。麦饭豆糜终创汉，莼羹鲈脍竟归吴。琴调轻弹，杨柳月中潜去听；酒旗斜挂，杏花村里共来沽。

罗对绮，茗对蔬。柏秀对松枯。中元对上巳，返璧对还珠。云梦泽，洞庭湖。玉烛对冰壶。苍头犀角带，绿鬓象牙梳。松阴白鹤声相应，镜里青鸾影不孤。竹户半开，对牖不知人在否；柴关深闭，停车还有客来无。

宾对主，婢对奴。宝鸭对金凫。升堂对入室，鼓瑟对投壶。觇合璧，颂联珠。提瓮对当垆。仰高红日近，望远白云孤。歆向秘书窥二酉，机云芳誉动三吴。祖饯三杯，老去常斟花下酒；荒田五亩，归来独荷月中锄。

君对父，魏对吴。北岳对西湖。菜蔬对茶荈，苣藤对菖蒲。梅花数，竹叶符。廷议对山呼。两都班固赋，八阵孔明图。田庆紫荆堂下茂，王裒青柏墓前枯。出塞中郎，羝有乳时归汉室；质秦太子，马生角日返燕都。

八　齐

鸾对凤，犬对鸡。塞北对关西。长生对益智，老幼对旄倪。颁竹策，剪桐圭。剥枣对蒸藜。绵腰如弱柳，嫩手似柔荑。狡兔能穿三穴隐，鹪鹩权借一枝栖。角里先生，策杖垂绅扶少主；於陵仲子，辟纑织履赖贤妻。

鸣对吠，泛对栖。燕语对莺啼。珊瑚对玛瑙，琥珀对玻璃。绛县老，伯州犁。测蠡对燃犀。榆槐堪作荫，桃李自成蹊。投巫救女西门豹，赁浣逢妻百里奚。阙里门墙，陋巷规模原不陋；隋堤基址，迷楼踪迹亦全迷。

越对赵，楚对齐。柳岸对桃蹊。纱窗对绣户，画楼对香闺。修月斧，上天梯。螮蝀对虹霓。行乐游春圃，工谀病夏畦。李广不封空射虎，魏明得立为存麑。按辔徐行，细柳功成劳王敬；闻声稍卧，临泾名震止儿啼。

九　佳

门对户，陌对街。枝叶对根荄。斗鸡对挥麈，凤髻对鸾钗。登楚岫，渡秦淮。子犯对夫差。石鼎龙头缩，银筝雁翅排。百年诗礼延余庆，万里风云入壮怀。能辨名伦，死矣野哉悲季路；不由径窦，生乎愚也有高柴。

冠对履，袜对鞋。海角对天涯。鸡人对虎旅，六市对三街。陈俎豆，戏堆埋。皎皎对皑皑。贤相聚东阁，良朋集小斋。梦里山川书越绝，枕边风月记齐谐。三径萧疏，彭泽高风怡五柳；六朝华贵，琅琊佳气种三槐。

勤对俭,巧对乖。水榭对山斋。冰桃对雪藕,漏箭对更牌。寒翠袖,贵荆钗。慷慨对诙谐。竹径风声籁,花溪月影筛。携囊佳韵随时贮,荷锄沉酣到处埋。江海孤踪,雪浪风涛惊旅梦;乡关万里,烟峦云树切归怀。

杞对梓,桧对楷。水际对山崖。舞裙对歌袖,玉陛对瑶阶。风入袂,月盈怀。虎兕对狼豺。马融堂上帐,羊侃水中斋。北面黉宫宜拾芥,东巡岱畤定燔柴。锦缆春江,横笛洞箫通碧落;华灯夜月,遗簪堕翠遍香街。

十 灰

春对夏,喜对哀。大手对长才。风清对月朗,地阔对天开。游阆苑,醉蓬莱。七政对三台。青龙壶老杖,白燕玉人钗。香风十里望仙阁,明月一天思子台。玉橘冰桃,王母几因求道降;莲舟藜杖,真人原为读书来。

朝对暮,去对来。庶矣对康哉。马肝对鸡肋,杏眼对桃腮。佳兴适,好怀开。朔雪对春雷。云移鸡鹊观,日晒凤凰台。河边淑气迎芳草,林下轻风待落梅。柳媚花明,燕语莺声浑是笑;松号柏舞,猿啼鹤唳总成哀。

忠对信,博对该。忖度对疑猜。香消对烛暗,鹊喜对蛩哀。金花报,玉镜台。倒斝对衔杯。岩巅横老树,石磴覆苍苔。雪满山中高士卧,月明林下美人来。绿柳沿堤,皆因苏子来时种;碧桃满观,尽是刘郎去后栽。

十一 真

莲对菊,凤对麟。浊富对清贫。渔庄对佛舍,松盖对花茵。萝月叟,葛天民。国宝对家珍。草迎金埒马,花醉玉楼人。巢燕三春尝唤友,塞鸿八月始来宾。古往今来,谁见泰山曾作砺;天长地久,人传沧海几扬尘。

兄对弟，吏对民。父子对君臣。勾丁对甫甲，赴卯对同寅。折桂客，簪花人。四皓对三仁。王乔云外舄，郭泰雨中巾。人交好友求三益，士有贤妻备五伦。文教南宣，武帝平蛮开百越；义旗西指，韩侯扶汉卷三秦。

申对夭，侃对訚。阿魏对茵陈。楚兰对湘芷，碧柳对青筠。花馥馥，叶蓁蓁。粉颈对朱唇。曹公奸似鬼，尧帝智如神。南阮才郎差北富，东邻丑女效西颦。色艳北堂，草号忘忧忧甚事；香浓南国，花名含笑笑何人。

十二　文

忧对喜，戚对欣。二典对三坟。佛经对仙语，夏耨对春耘。烹早韭，剪春芹。暮雨对朝云。竹间斜白接，花下醉红裙。掌握灵符五岳箓，腰悬宝剑七星纹。金锁未开，上相趋听宫漏永；珠帘半卷，群僚仰对御炉熏。

词对赋，懒对勤。类聚对群分。鸾箫对凤笛，带草对香芸。燕许笔，韩柳文。旧话对新闻。赫赫周南仲，翩翩晋右军。六国说成苏子贵，两京收复郭公勋。汉阙陈书，侃侃忠言推贾谊；唐廷对策，岩岩直谏有刘蕡。

言对笑，绩对勋。鹿豕对羊羵。星冠对月扇，把袂对书裙。汤事葛，说兴殷。萝月对松云。西池青鸟使，北塞黑鸦军。文武成康为一代，魏吴蜀汉定三分。桂苑秋宵，明月三杯邀曲客；松亭夏日，薰风一曲奏桐君。

十三　元

卑对长，季对昆。永巷对长门。山亭对水阁，旅舍对军屯。扬子渡，谢公墩。德重对年尊。承乾对出震，习坎对重坤。志士报君思犬马，仁王养老察鸡豚。远水平沙，有客泛舟桃叶渡；斜风细雨，何人携榼杏花村。

君对相，祖对孙。夕照对朝曛。兰台对桂殿，海岛对山村。碑堕泪，赋招魂。报怨对怀恩。陵埋金吐气，田种玉生根。相府珠帘垂白昼，边城画角动黄昏。枫叶半山，秋去烟霞堪倚杖；梨花满地，夜来风雨不开门。

十四　寒

家对国，治对安。地主对天官。坎男对离女，周诰对殷盘。三三暖，九九寒。杜撰对包弹。古壁蛩声匝，闲亭鹤影单。燕出帘边春寂寂，莺闻枕上漏珊珊。池柳烟飘，日夕郎归青锁闼；砌花雨过，月明人倚玉栏干。

肥对瘦，窄对宽。黄犬对青鸾。指环对腰带，洗钵对投竿。诛佞剑，进贤冠。画栋对雕栏。双垂白玉箸，九转紫金丹。陕右棠高怀召伯，河阳花满忆潘安。陌上芳春，弱柳当风披彩线；池中清晓，碧荷承露捧珠盘。

行对卧，听对看。鹿洞对鱼滩。蛟腾对豹变，虎踞对龙蟠。风凛凛，雪漫漫。手辣对心酸。莺莺对燕燕，小小对端端。蓝水远从千涧落，玉山高并两峰寒。至圣不凡，嬉戏六龄陈俎豆；老莱大孝，承欢七秩舞斑斓。

十五　删

林对坞，岭对峦。昼永对春闲。谋深对望重，任大对投艰。裙袅袅，佩珊珊。守塞对当关。密云千里合，新月一钩弯。叔宝君臣皆纵逸，重华父母是嚚顽。名动帝畿，西蜀三苏来日下；壮游京洛，东吴二陆起云间。

临对仿，吝对悭。讨逆对平蛮。忠肝对义胆，雾鬓对云鬟。埋笔冢，烂柯山。月貌对天颜。龙潜终得跃，鸟倦亦知还。陇树飞来鹦鹉绿，湘筠啼处鹧鸪斑。秋露横江，苏子月明游赤壁；冻云迷岭，韩公雪拥过蓝关。

下卷

一 先

寒对暑，日对年。蹴踘对秋千。丹山对碧水，淡雨对轻烟。歌宛转，貌婵娟。雪赋对云笺。荒芦栖南雁，疏柳噪秋蝉。洗耳尚逢高士笑，折腰肯受小儿怜。郭泰泛舟，折角半垂梅子雨；山涛骑马，接篱倒着杏花天。

轻对重，肥对坚。碧玉对青钱。郊寒对岛瘦，酒圣对诗仙。依玉树，步金莲。凿井对耕田。杜甫清宵立，边韶白昼眠。豪饮客吞波底月，酣游人醉水中天。斗草青郊，几行宝马嘶金勒；看花紫陌，千里香车拥翠钿。

吟对咏，授对传。乐矣对凄然。风鹏对雪雁，董杏对周莲。春九十，岁三千。钟鼓对管弦。入山逢宰相，无事即神仙。霞映武陵桃淡淡，烟荒隋堤柳绵绵。七碗月团，啜罢清风生腋下；三杯云液，饮余红雨晕腮边。

中对外，后对先。树下对花前。玉柱对金屋，叠嶂对平川。孙子策，祖生鞭。盛席对华筵。解醉知茶力，消愁识酒权。彩剪芰荷开东沼，锦妆凫雁泛温泉。帝女衔石，海中遗魄为精卫；蜀王叫月，枝上游魂化杜鹃。

二 萧

琴对管，斧对瓢。水怪对花妖。秋声对春色，白缣对红绡。臣五代，事三朝。斗柄对弓腰。醉客歌金缕，佳人品玉箫。风定落花闲不扫，霜余残叶湿难烧。千载兴周，尚父一竿投渭水；百年霸越，钱王万弩射江潮。

荣对悴，夕对朝。露地对云霄。商彝对周鼎，殷濩对虞韶。樊素口，小蛮腰。六诏对三苗。朝天车奕奕，出塞马萧萧。公子幽兰重泛舸，王孙芳草正联镳。潘岳高怀，曾向秋天吟蟋蟀；王维清兴，尝于雪夜画芭蕉。

耕对读，牧对樵。琥珀对琼瑶。兔毫对鸿爪，桂楫对兰桡。鱼潜藻，鹿藏蕉。水远对山遥。湘灵能鼓瑟，嬴女解吹箫。雪点寒梅横小院，风吹弱柳覆平桥。月牖通宵，绛蜡罢时光不减；风帘当昼，雕盘停后篆难消。

三 肴

诗对礼，卦对爻。燕引对莺调。晨钟对暮鼓，野馔对山肴。雉方乳，鹊始巢。猛虎对神獒。疏星浮荇叶，皓月上松梢。为邦自古推瑚琏，从政于今愧斗筲。管鲍相知，能交忘形胶漆友；蔺廉有隙，终对刎颈死生交。

歌对舞，笑对嘲。耳语对神交。焉乌对亥豕，獭髓对鸾胶。宜久敬，莫轻抛。一气对同胞。祭遵甘布被，张禄念绨袍。花径风来逢客访，柴扉月到有僧敲。夜雨园中，一颗不雕王子柰；秋风江上，三重曾卷杜公茅。

衙对舍，廪对庖。玉磬对金铙。竹林对梅岭，起凤对腾蛟。鲛绡帐，兽锦袍。露果对风梢。扬州输橘柚，荆土贡菁茅。断蛇埋地称孙叔，渡蚁作桥识宋郊。好梦难成，蛩响阶前偏唧唧；良朋远到，鸡声窗外正嘐嘐。

四 豪

茭对茨，荻对蒿。山麓对江皋。莺簧对蝶板，麦浪对桃涛。骐骥足，凤凰毛。美誉对嘉褒。文人窥蠹简，学士书兔毫。马援南征载薏苡，张骞西使进葡萄。辩口悬河，万语千言常亹亹；词源倒峡，连篇累牍自滔滔。

梅对杏，李对桃。棫朴对旌旄。酒仙对诗史，德泽对恩膏。悬一榻，梦三刀。拙逸对贵劳。玉堂花烛绕，金殿月轮高。孤山看鹤盘云下，蜀道闻猿向月号。万事从人，有花有酒应自乐；百年皆客，一丘一壑尽吾豪。

台对省，署对曹。分袂对同袍。鸣琴对击剑，返辙对回艚。良借箸，操提刀。香茗对醇醪。滴泉归海大，篑土积山高。石室客来煎雀吞，画堂宾至饮羊羔。被谪贾生，湘水凄凉吟鹏鸟；遭谗屈子，江潭憔悴著离骚。

五　歌

微对巨，少对多。直干对平柯。蜂媒对蝶使，雨笠对烟蓑。眉淡扫，面微酡。妙舞对清歌。轻衫裁夏葛，薄袂剪春罗。将相兼行唐李靖，霸王杂用汉萧何。月本阴精，岂有羿妻曾窃药；星为夜宿，浪传织女漫投梭。

慈对善，虐对苛。缥缈对婆娑。长杨对细柳，嫩蕊对寒莎。追风马，挽日戈。玉液对金波。紫诏衔丹凤，黄庭换白鹅。画阁江城梅作调，兰舟野渡竹为歌。门外雪飞，错认空中飘柳絮；岩边瀑响，误疑天半落银河。

松对竹，荇对荷。薜荔对藤萝。梯云对步月，樵唱对渔歌。升鼎雉，听经鹅。北海对东坡。吴郎哀废宅，邵子乐行窝。丽水良金皆待冶，昆山美玉总须磨。雨过皇州，琉璃色灿华清瓦；风来帝苑，荷芰香飘太液波。

笼对槛，巢对窝。及第对登科。冰清对玉润，地利对人和。韩擒虎，荣驾鹅。青女对素娥。破头朱泚笏，折齿谢鲲梭。留客酒杯应恨少，动人诗句不须多。绿野凝烟，但听村前双牧笛；沧江积雪，惟看滩上一渔蓑。

六　麻

清对浊，美对嘉。鄙吝对矜夸。花须对柳眼，屋角对檐牙。志和宅，博望槎。秋实对春华。乾炉烹白雪，坤鼎炼丹砂。深宵望冷沙场月，边塞听残野戍笳。满院松风，钟声隐隐为僧舍；半窗花月，锡影依依是道家。

雷对电，雾对霞。蚁阵对蜂衙。寄梅对怀橘，酿酒对烹茶。宜男草，益母花。杨柳对蒹葭。班姬辞帝辇，蔡琰泣胡笳。舞榭歌楼千万尺，竹篱茅舍两三家。珊枕半床，月明时梦飞塞外；银筝一奏，花落处人在天涯。

圆对缺，正对斜。笑语对咨嗟。沈腰对潘鬓，孟笋对卢茶。百舌鸟，两头蛇。帝里对仙家。尧仁敷率土，舜德被流沙。桥上授书曾纳履，壁间题句已笼纱。远塞迢迢，露碛风沙何可极；长沙渺渺，雪涛烟浪信无涯。

疏对密，朴对华。义鹘对慈鸦。鹤群对雁阵，白苎对黄麻。读三到，吟八叉。肃静对喧哗。围棋兼把钓，沉李并浮瓜。羽客片时能煮石，狐禅千劫似蒸沙。党尉粗豪，金帐笼香斟美酒；陶生清逸，银铛融雪啜团茶。

七　阳

台对阁，沼对塘。朝雨对夕阳。游人对隐士，谢女对秋娘。三寸舌，九回肠。玉液对琼浆。秦皇照胆镜，徐肇返魂香。青萍夜啸芙蓉匣，黄卷时摊薜荔床。元亨利贞，天地一机成化育；仁义礼智，圣贤千古立纲常。

红对白，绿对黄。昼永对更长。龙飞对凤舞，锦缆对牙樯。云弁使，雪衣娘。故国对他乡。雄文能徙鳄，艳曲为求凰。九日高峰惊落帽，暮春曲水喜流觞。僧占名山，云绕茂林藏古殿；客栖胜地，风飘落叶响空廊。

衰对壮，弱对强。艳饰对新妆。御龙对司马，破竹对穿杨。读班马，识求羊。水色对山光。仙棋藏绿橘，客枕梦黄粱。池草入诗因有梦，海棠带恨为无香。风起画堂，帘箔影翻青荇沼；月斜金井，辘轳声度碧梧墙。

臣对子，帝对王。日月对风霜。乌台对紫府，雪牖对云房。香山社，昼锦堂。蔀屋对岩廊。芬椒涂内壁，文杏饰高梁。贫女幸分东壁影，幽人高卧北窗凉。绣阁探春，丽日半笼青镜色；水亭醉夏，熏风常透碧筒香。

八 庚

形对貌,色对声。夏邑对周京。江云对涧树,玉磬对银筝。人老老,我卿卿。晓燕对春莺。玄霜舂玉杵,白露贮金茎。贾客君山秋弄笛,仙人缑岭夜吹笙。帝业独兴,尽道汉高能用将;父书空读,谁言赵括善知兵。

功对业,性对情。月上对云行。乘龙对附骥,阆苑对蓬瀛。春秋笔,月旦评。东作对西成。隋珠光照乘,和璧价连城。三箭三人唐将勇,一琴一鹤赵公清。汉帝求贤,诏访严滩逢故旧;宋廷优老,年尊洛社重耆英。

昏对旦,晦对明。久雨对新晴。蓼湾对花港,竹友对梅兄。黄石叟,丹丘生。犬吠对鸡鸣。暮山云外断,新水月中平。半榻清风宜午梦,一犁好雨趁春耕。王旦登庸,误我十年迟作相;刘蒉不第,愧他多士早成名。

九 青

庚对甲,己对丁。魏阙对彤庭。梅妻对鹤子,珠箔对银屏。鸳浴沼,鹭飞汀。鸿雁对鹡鸰。人间寿者相,天上老人星。八月好修攀桂斧,三春须系护花铃。江阁凭临,一水净连天际碧;石栏闲倚,群山秀向雨余青。

危对乱,泰对宁。纳陛对趋庭。金盘对玉箸,泛梗对浮萍。群玉圃,众芳亭。旧典对新型。骑牛闲读史,牧豕自横经。秋首田中禾颖重,春余园内菜花馨。旅次凄凉,塞月江风皆惨淡;筵前欢笑,燕歌赵舞独娉婷。

十 蒸

蘋对蓼,芡对菱。雁弋对鱼罾。齐纨对鲁绮,蜀绵对吴绫。星渐没,日初升。九聘对三征。萧何曾作吏,贾岛昔为僧。贤人视履循规矩,大匠挥斤校准绳。野渡春风,人喜乘潮移酒舫;江天暮雨,客愁隔岸对渔灯。

谈对吐，谓对称。冉闵对颜曾。侯嬴对伯嚭，祖逖对孙登。抛白纻，宴红绫。胜友对良朋。争名如逐鹿，谋利似趋蝇。仁杰姨惭周不仕，王陵母识汉方兴。句写穷愁，浣花寄迹传工部；诗吟变乱，凝碧伤心叹右丞。

十一　尤

荣对辱，喜对忧。缱绻对绸缪。吴娃对越女，野马对沙鸥。茶解渴，酒消愁。白眼对苍头。马迁修史记，孔子作春秋。莘野耕夫闲举耜，渭滨渔父晚垂钩。龙马游河，羲帝因图而画卦；神龟出洛，禹王取法以明畴。

冠对履，舄对裘。院小对庭幽。面墙对膝地，错智对良筹。孤嶂耸，大江流。芳泽对圜丘。花潭来越唱，柳屿起吴讴。莺懒燕忙三月雨，蛩摧蝉退一天秋。钟子听琴，荒径入林山寂寂；谪仙捉月，洪涛接岸水悠悠。

鱼对鸟，鹡对鸠。翠馆对红楼。七贤对三友，爱日对悲秋。虎类狗，蚁如牛。列辟对诸侯。陈唱临春乐，隋歌清夜游。空中事业麒麟阁，地下文章鹦鹉洲。旷野平原，猎士马蹄轻似箭；斜风细雨，牧童牛背稳如舟。

十二　侵

歌对曲，啸对吟。往古对来今。山头对水面，远浦对遥岑。勤三上，惜寸阴。茂树对平林。卞和三献玉，杨震四知金。青皇风暖催芳草，白帝城高急暮砧。绣虎雕龙，才子窗前挥彩笔；描鸾刺凤，佳人帘下度金针。

登对眺，涉对临。瑞雪对甘霖。主欢对民乐，交浅对言深。耻三战，乐七擒。顾曲对知音。大车行槛槛，驷马骤骎骎。紫电青虹腾剑气，高山流水识琴心。屈子怀君，极浦吟风悲泽畔；王郎忆友，扁舟卧雪访山阴。

十三　覃

宫对阙，座对龛。水北对天南。蜃楼对蚁郡，伟论对高谈。遴杞梓，树楩楠。得一对函三。八宝珊瑚枕，双珠玳瑁簪。萧王待士心惟赤，卢相欺君面独蓝。贾岛诗狂，手拟敲门行处想；张颠草圣，头能濡墨写时酣。

闻对见，解对谙。三橘对双柑。黄童对白叟，静女对奇男。秋七七，径三三。海色对山岚。鸾声何哕哕，虎视正眈眈。仪封疆吏知尼父，函谷关人识老聃。江相归池，止水自盟真是止；吴公作宰，贪泉虽饮亦何贪。

十四　盐

宽对猛，冷对炎。清直对尊严。云头对雨脚，鹤发对龙髯。风台谏，肃堂廉。保泰对鸣谦。五湖归范蠡，三径隐陶潜。一剑成功堪佩印，百钱满卦便垂帘。浊酒停杯，容我半酣愁际饮；好花傍座，看他微笑悟时拈。

连对断，减对添。淡泊对安恬。回头对极目，水底对山尖。腰袅袅，手纤纤。凤卜对鸾占。开田多种粟，煮海尽成盐。居同九世张公艺，恩给千人范仲淹。箫弄凤来，秦女有缘能跨羽；鼎成龙去，轩臣无计得攀髯。

人对己，爱对嫌。举止对观瞻。四知对三语，义正对辞严。勤雪案，课风檐。漏箭对书笺。文繁归獭祭，体艳别香奁。昨夜题诗更一字，早春来燕卷重帘。诗以史名，愁里悲歌怀杜甫；笔经人索，梦中显晦老江淹。

十五　咸

栽对植，薙对芟。二伯对三监。朝臣对国老，职事对官衔。鹿麌麌，兔毚毚。启牍对开缄。绿杨莺睍睆，红杏燕呢喃。半篱白酒娱陶令，一枕黄粱度吕岩。九夏炎飙，长日风亭留客骑；三冬寒冽，漫天雪浪驻征帆。

梧对杞，柏对杉。夏濩对韶咸。涧瀍对溱洧，巩洛对崤函。藏书洞，避诏岩。脱俗对超凡。贤人羞献媚，正士嫉工谗。霸越谋臣推少伯，佐唐藩将重浑瑊。邺下狂生，羯鼓三挝羞锦袄；江州司马，琵琶一曲湿青衫。

袍对笏，履对衫。匹马对孤帆。琢磨对雕镂，刻划对镌镵。星北拱，日西衔。卮漏对鼎馋。江边生桂若，海外树都咸。但得恢恢存利刃，何须咄咄达空函。彩凤知音，乐典后夔须九奏；金人守口，圣如尼父亦三缄。